# ÉTUDE SUR LES CLOCHES

## DE L'ANCIEN DIOCÈSE DE LIMOGES

# ÉTUDE

SUR

# LES CLOCHES

## DE L'ANCIEN DIOCÈSE DE LIMOGES

PAR

**L'Abbé A. LECLER**

Chanoine honoraire

LIMOGES

IMPRIMERIE ET LIBRAIRIE LIMOUSINES

Ve H. DUCOURTIEUX

Libraire de la Société archéologique du Limousin et de la Société Gay-Lussac

7, RUE DES ARÈNES, 7

1902

# ÉTUDE

SUR LES

# CLOCHES DU DIOCÈSE DE LIMOGES

---

Cette étude sur les cloches de l'ancien diocèse de Limoges peut avoir quelque importance, non seulement au point de vue de l'épigraphie campanaire dans les différends siècles qui y sont représentés, mais aussi à celui des anciennes familles qui y sont nommées, et dont quelques unes portent des noms historiques, d'autres des noms de magistrats, de fonctionnaires publics et de gens jouissant d'une certaine notoriété, mais à des titres divers. Elle embrasse aussi les cloches modernes qui ne sont pas sans intérêt, car elles offriront à la postérité des renseignements curieux sur les mœurs et les usages de notre époque.

Avant de reproduire les inscriptions qui sont la partie principale de ce travail, il est bon de donner quelques éclaircissements sur différentes questions se rapportant au même sujet, tels que l'origine des cloches, leur fabrication, leur matière, leur ornementation, sans oublier les fondeurs qui les ont faites, la bénédiction, improprement appelée baptême, qu'elles ont reçue, les usages auxquels elles sont employées, etc., etc.

Plusieurs origines ont été indiquées, sans toutefois les appuyer de quelque preuve. La plus répandue est bien la suivante qu'on trouve dans tous les articles de journaux, et aussi dans plus d'un ouvrage ayant des prétentions scientifiques : ils affirment qu' « au ve siècle, saint Paulin de Nole fit fondre de grosses cloches dans le but de remplacer les *planches sacrées* sur lesquelles on frappait, en se servant d'un maillet, pour convoquer les fidèles aux assemblées religieuses ; et qu'elles portèrent le nom de *Campana* ou de *Nola* des noms de la province ou de la ville dans lesquelles elles avaient été fondues. » (*Gazette du Centre,* article signé H. R., le 19 avril 1881.)

Cette hypothèse repose peut-être sur la ressemblance des mots campane et campanelle désignant les cloches et les clochettes au moyen-âge, avec le nom de la province italienne la Campanie, mais elle n'est nullement fondée. D'ailleurs sa gratuité résulte du silence de saint Paulin, évêque de Nole, lui-même, à ce sujet. Il a fait une minutieuse description de la basilique élevée par ses soins dans la ville de Nole, et il ne dit un seul mot ni de cloche ni de clocher.

Si les cloches ou campanes devaient leur nom à la Campanie, il vaudrait mieux admettre, avec Thiers, dans son *Traité des cloches*, qu'il leur a été donné à cause de l'excellence de l'airain fourni par cette province et employé pour leur fabrication.

Quant à l'hypothèse des *planches sacrées* que saint Paulin de Nole aurait remplacées par des cloches au ve siècle, elle semble reposer sur une mauvaise lecture d'un texte que l'on trouve dans la vie de saint Sacerdos, évêque de Limoges. La Bibliothèque nationale possède (fonds latin n° 5575) un manuscrit du XIIIe siècle provenant de l'ancienne bibliothèque Colbert, dans lequel se trouve la *Vie et les miracles de saint Sacerdos.* On y lit dans le récit d'un de ses miracles, que, vers l'an 900, au milieu d'un incendie allumé dans un monastère : *Repente fit clamor, fragor exoritur... ad ipsam S. Salvatoris Basilicam usque provehitur; verumtamen ad funes lignorum concurritur, sonus illorum procul diffunditur,* etc. Les Bollandistes ont lu *lignorum*, et dans leurs notes (tome II de mai) ils font des efforts inouis pour arriver a démontrer que, dans les monastères, on se servait quelquefois d'appareils en bois pour remplacer les cloches de métal. L'erreur vient de ce que la première lettre du mot où l'on voit *lignorum* n'est pas *l*, mais *s* de forme allongée, et l'on doit lire *ad funes signorum,* les cordes des cloches. *Signum* est le terme qu'emploie toujours l'Eglise dans sa liturgie pour désigner la cloche, ainsi qu'on le verra plus loin.

Ces deux assertions écartées, constatons que l'antiquité a connu la clochette manuelle, dont les usages étaient nombreux, mais la cloche qui est le même objet agrandi est d'adoption plus récente.

Nos livres saints nous parlent de clochettes dont le bas de la robe du grand prêtre était garnie, afin d'avertir le peuple lorsqu'il entrait dans le sanctuaire devant le seigneur. *Per circuitum quasi mala punica facies, mixtis in medio tintinnabulis. Et vestietur ea Aaron in officio ministerii, ut audiatur sonitus quando ingreditur et egreditur sanctuarium* (Exode, chapitre XXVIII, versets 33, 34, 35). C'est dans le même but que l'Eglise se sert aujourd'hui de la sonnette pendant la célébration des offices.

Le prophète Zacharie fait mention de sonnettes qu'on attachait au cou des chevaux, et les nomme *mesillot*, expression qu'on a cherché à traduire par *frein*, mais qui indique mieux les sonnettes ou grelots qu'on mettait au cou du cheval : *In die illa erit, quod super frœnum equi est, sanctum Domino* (Zacharie, chapitre XIV, verset 20). D'ailleurs plusieurs passages des auteurs grecs et latins font mention de cet usage. Il est encore certain que les Grecs suspendaient aussi des clochettes au cou de leurs chevaux. Diodore de Sicile rapporte (XVIII, 27, 5) qu'aux funérailles d'Alexandre le Grand, chaque mule avait une clochette d'or.

Sans parler des Chinois qui, à une époque très reculée, avaient des cloches plus ou moins grandes, les Egyptiens connaissaient les clochettes. On en a recueilli un certain nombre en Egypte; elles sont aujourd'hui conservées en Angleterre au British Muséum, ainsi que d'autres trouvées à Nimroud en Assyrie.

Chez les Romains, les auteurs en parlent souvent, ainsi qu'on le voit dans Strabon, Pline, Suétone, et dans les poètes Juvénal et Martial. Chez eux elles présentent les mêmes formes et servent aux mêmes usages que chez nous. Elles sont à la porte des maisons pour avertir les domestiques; dans les bains, pour prévenir quand l'eau est prête ; sur la place publique, pour annoncer l'ouverture du marché ; elles sont aussi employées dans les sacrifices, et enfin au cou des animaux, comme objet à la fois d'ornement et d'utilité. (Rich, *Dict. d'antiquités romaines*).

Tout autre est la cloche proprement dite qui fait le sujet de ce travail. C'est le *Signum* que l'Eglise catholique place dans les clochers pour appeler les fidèles à la célébration des saints mystères et aux autres cérémonies du culte. Elle n'a pu être employée qu'après l'année 324, lorsque Constantin, maître de l'Empire, eut donné la liberté à l'Eglise.

Nous avons déjà vu que saint Paulin de Nole, mort en 431, n'en parle pas en décrivant minutieusement tout ce qui se trouve dans une basilique. Suivant plusieurs chronologistes, les cloches commencèrent à être en usage dans l'Occident vers l'an 480. Pour la France, c'est à Grégoire de Tours que nous devons la première mention connue de l'usage des cloches. Dans le récit des miracles de saint Martin, en 591, il s'exprime ainsi : *Reverti autem cupiens nocte ad funem illum de quo signum commovetur, advenit...* (Greg. de Tours, *Miracles de saint Martin,* Liv. I, chap. 28). — *Quasi signum quod matutinis commoveri solet sonentem* (*Idem.*, livre II, chap. 45).

Au siècle suivant, saint Ouen, évêque de Rouen, en parle aussi dans sa vie de saint Eloi en l'année 640 : *Presbiter dictus funem terebrans cum cerneret tinnulum omnino permanere mutum, egressus protinus basilicam, causam cunctis manifestat.,. Mox signo tacto, sonus protinus rediit in tintinnabulum* (Saint Ouen, *Vie de saint Eloi*, livre II, chap. 20).

Bede le Vénérable, qui termina en 731 son *Histoire ecclésiastique d'Angleterre*, nous révèle, à propos de la mort de l'abbesse Hilda, la coutume qu'on avait alors de se servir de cloches dans les communautés de femmes. Mais à partir de cette époque les témoignages des écrivains deviennent trop nombreux pour être cités.

Au XIII$^{e}$ siècle, Durand de Mende, dans son *Rational* donne les noms des diverses sortes de cloches et leur emploi spécial à l'église et au cloître. — Vers 1290. — *Nota sex esse genera tintinnabulorum quibus in ecclesia pulsantur, scilicet : Squilla, Cymbalum, Nola, Nolula seu dupla campana, Campana et Signum. Squilla pulsatur in triclinio, id est in refectorio, Cymbalum in claustro, Nola in choro, Nolula seu dupla campana in horologio, Campana in campanili, Signum in turri* (Livre I, chap. 4, § 11).

Jusque vers le X$^{e}$ siècle, les cloches étaient très souvent en fer battu, formées de plaques réunies par des clous rivés, comme le serait une chaudière ; elles étaient en effet un travail de chaudronnerie et non l'œuvre d'un fondeur. On en possède encore quelques-unes, parmi lesquelles il faut citer celle de sainte Godeberte, conservée à Noyon et qui est attribuée au VI$^{e}$ siècle. Celle de sainte Cécile de Cologne, du VII$^{e}$ siècle, qui aurait été trouvée dans un marais, vers 613, et bénite par Cumbert, quinzième évêque de Cologne.

Nous pouvons aussi citer deux cloches de cette époque reculée qui se trouvent sur les limites du Limousin. Celle de la Villedieu, recueillie vers le confluent du Rebeyron et de l'Elle, petite rivière qui séparait vers ce point le Limousin du Périgord. Elle est aujourd'hui à la Villedieu, canton de Terrasson. Sa hauteur est de 0,45 centimètres et son diamètre à la base de 0,39 centimètres. Elle a été décrite et dessinée par M. Rupin dans le *Bulletin de la Société de Brive* (XVII, 237).

La cloche de Notre-Dame de Rocamadour, suspendue à la voûte de la chapelle, est aussi en fer forgé et modelé au marteau. Sa forme est celle d'un timbre, reproduisant la moitié d'une sphère. Elle a 0,24 centimètres de hauteur et 0,33 centimètres de diamètre. Elle a été décrite et dessinée par M. Rupin dans la *Revue de l'art chrétien* (XXXIX, 302).

On connait aussi un certain nombre de clochettes en fer trouvées dans des sépultures franques et gallo-romaines, particulièrement en Normandie. Il y en a une de forme conique, qui a été recueillie dans notre diocèse, en 1865, par M. Pierre de Cessac, lorqu'il fit des fouilles dans les buttes de la Tour-Saint-Austrille. Elle a été déposée au musée de Guéret.

C'est vers le xe siècle que le fer cessa d'être employé pour la fabrication de cloches proprement dites, on ne s'en sert plus que pour les clochettes destinées à différents usages. Le bronze le remplace complètement. La plus ancienne cloche de bronze que l'on connaisse se trouve à Sienne, dans la tour Bisdomini; elle a la forme d'un tonneau, porte la date de 1159 et mesure un mètre de hauteur (V. Gay, *Glossaire archéologique*, p. 395).

A partir du XIIIe siècle, le galbe des cloches, sans être uniforme, ne présente plus que des variétés peu sensibles. L'intérêt de leur étude se concentre dans leurs inscriptions et les bas-reliefs qui les accompagnent.

Avant d'être placée dans le clocher, où elle doit remplir une mission particulière, la cloche reçoit une bénédiction spéciale, une sorte de consécration réservée en principe à l'évêque du diocèse, et que les prêtres ne peuvent lui donner sans une délégation personnelle. M. Lacroix, dans le *Moyen-âge et la Renaissance* (article superstition), dit à tort que « la consécration des cloches ne paraît pas remonter au-delà du XIVe siècle ». Baronius en place l'origine au Xe, en faisant remarquer que le pape Jean XIII aurait donné le premier exemple de cet usage, lorsqu'il conféra son propre nom à une cloche de Saint-Jean-de-Latran. Mais cette institution est plus ancienne puisqu'il en est parlé dans des documents des VIIIe et IXe siècles, comme les *Capitulaires* de Charlemagne, en 789, le *Pontifical* d'Egbert du VIIIe siècle, etc. (J. Corblet, *Histoire du sacrement de baptême*, I. 16). On cite encore : « Alcuin, précepteur de Charlemagne, qui parle de la bénédiction des cloches comme d'un usage antérieur à 770 ». (*Semaine relig. de Limoges*, XXXI, 908).

L'expression populaire de *Baptême des cloches* doit être entendue dans le sens de *Bénédiction des cloches*, car jamais l'église ne leur a donné le sacrement de régénération que reçoivent les chrétiens à leur naissance. La présence d'un parrain et d'une marraine pour la cérémonie de la bénédiction d'une cloche, à laquelle ils imposent leur nom, ainsi que les onctions faites sur le métal, ont contribué, par leur analogie avec ce qui a lieu dans l'administration du sacrement de baptême, à faire passer ce nom dans le langage ordinaire.

Sebrand Chabot, évêque de Limoges (1171-1198), suivant l'exemple du pape Jean XIII cité plus haut, fit un don à sa cathédrale d'une cloche à laquelle il imposa son nom. C'est le premier exemple que je connaisse, en Limousin, d'une cloche portant le nom de son parrain. On peut aussi constater dans le recueil d'inscriptions, que les plus anciennes ne portent qu'un seul nom de parrain. On suivait en cela l'usage de l'Eglise qui, primitivement, n'admettait qu'un parrain ou une marraine pour l'administration du baptême. C'est seulement en 1555, sur la cloche de Palazinge, et sur celle de Saint-Maurice de Limoges en 1567 que l'on trouve à la fois un parrain et une marraine, usage qui s'est continué jusqu'à nos jours.

La bénédiction d'une cloche était toujours l'occasion d'une grande fête pour la paroisse où elle avait lieu. Le parrain et la marraine étaient naturellement les rois de la fête. Cet honneur était très recherché. Nous remarquerons plus loin qu'une cloche fondue pour l'église de Saint-Martial de notre ville, en 1638, eut pour parrain et marraine deux pauvres de l'hopital de Saint-Martial. On voit par là qu' « à Limoges les pauvres étaient traités avec bonté, et la piété leur réservait quelquefois la place d'honneur ». (P. Laforest, *Limoges au* XVII*e* *siècle*, p. 249).

La privation des cloches a été quelquefois un châtiment imposé à des villes pour leur révolte contre le roi, ou autres faits analogues. Nous en avons pour Limoges un exemple qui impressionna fortement ses habitants. En novembre 1548, pendant les troubles arrivés à l'occasion de la gabelle, quelques malintentionnés de Limoges se joignirent à des vagabonds étrangers, s'armèrent une nuit et se saisirent des clefs et des portes de la ville. Le lendemain, ils détruisirent le grenier à sel, pillèrent et saccagèrent plusieurs maisons et restèrent maîtres de la place pendant deux jours. Le troisième jour pourtant, les bourgeois purent s'entendre, s'assembler bien armés et chasser cette troupe de vauriens. A la nouvelle de cette émeute, le connétable de Montmorenci qui s'était rendu à Bordeaux pour punir une semblable émeute, envoya à Limoges assez de troupes pour y rétablir l'ordre et faire exécuter l'ordonnance qu'il envoyait au sénéchal du Limousin. On lit, entre autres choses, dans cette ordonnance : « Aussy est faict commandement à tous consulz, eschevins, gouverneurs de villes, marguilliers, scindictz et procureurs de paroisses, et à tous abbés, prieurs et couvents de ladite sénéchaussée, qu'ils ayent, dans dix jours après la publication des présentes, pour tout délays, à faire abbattre, rompre et faire mettre en pièces toutes et chascunes les cloches grosses et petites qu'ilz ont en leurs églises, et qui se trouveront aux lieux communs et publictz des dittes villes et sans aucune excepter ne réserver ». (*Annales manuscrites de Limoges*, p. 332).

Cette ordonnance fut exécutée. Les consuls de Limoges ont consigné le fait sur leurs registres : « Le 6e jour de novembre, jour de Monsieur sainct Léonard, audit an, arrivèrent en cette ville messires les cappitaines de La Fayette et de La Terride avec leurs bandes.... firent descendre les cloches des clochiers de lad. ville et cité, sans nulz exempter jusques aux orloges inclusivement, tellement que, l'espace de trois ans, ou environ, on demeura en lad. ville et pays sans ouyr cloche ne orloge ». (*Reg. cons.*, I. 448). Ce ne fut en effet qu'en 1551 qu'il fut permis aux habitants de Limoges « de remonter lesd. cloches ez clochiers et lieux accoustumés, pour en user comme devant ». C'est aussi à cette date que plusieurs cloches furent fondues à Limoges. Je donne plus loin l'inscription de trois, dont deux étaient pour Saint-Martial et une pour Saint-Michel.

Mais la plus malheureuse époque pour les cloches est le temps de la Révolution, pendant lequel il en fut détruit un si grand nombre. On ne peut se défendre d'un sentiment de profonde tristesse lorsqu'on étudie les liasses de nos archives départementales (Série Q, n° 269 et suivants), portant pour titre ces mots : « Dépouille des églises ». Tout ce qui était métal attirait particulièrement l'attention et excitait la rapacité des spoliateurs. Que d'objets d'art ont été détruits alors. Pour les cloches, on voit combien nous avons perdu, tant au point de vue artistique et historique, que comme valeur intrinsèque de leur matière. Je citerai quelques exemples de ce que firent les habitants de nos paroisses pour les soustraire aux agents du gouvernement, et je donnerai aussi quelques procès-verbaux constatant leur enlèvement.

Presque toutes nos anciennes cloches ont été fondues par des ouvriers étrangers à notre province. On les appelait senhiers ou sintiers, c'est-à-dire fabricants de seing, du mot *Signum*, cloche. Ils figurent cependant, au XIIIe siècle, sur la liste des trente-trois corps de métiers indiqués par l'ancien registre des consuls de Limoges (fol. 86 verso). Peut-être dès cette époque, il s'en trouvait qui, après être venu chercher du travail chez nous, s'y étaient fixés et avaient transmis leur art à leurs enfants, comme nous le verrons dans les siècles suivants.

La Lorraine, ou plus exactement le Bassigny lorrain, était autrefois pour l'art campanaire, ce qu'était Limoges pour l'orfèvrerie et l'émaillerie. C'est de là que sont venus presque tous ceux dont j'ai pu découvrir le lieu d'origine. C'étaient de curieux ouvriers d'art, ces sintiers, qui, chaque année, le printemps venu, partaient du pays lorrain pour se répandre à travers l'Europe occidentale, emportant avec eux quelques instruments nécessaires à leur profession, et des matrices pour l'ornementation et la composition des inscriptions.

Ils allaient ainsi à l'aventure, charmant les loisirs du chemin en taillant dans du buis dur leurs matrices, dont quelques-unes sont de véritables modèles de bon goût, quêtant l'ouvrage de ville en ville, de paroisse en paroisse, guettant les cloches dont le son fêlé blessait l'oreille et l'orgueil des paroissiens. Vite ils accouraient offrir leurs services que les villageois, « réunis au devant de la porte et principale entrée de l'église paroissiale », finissaient par accepter, après maints débats. Et comme la méfiance est chose naturelle entre étrangers, le notaire était appelé pour constater l'accord et en donner acte. On trouvera plus loin quelques-uns de ces contrats.

Le fondeur s'installait, le plus près possible de l'église, où il trouvait un terrain convenable. Il établissait son fourneau et construisait son moule. Le moment de la coulée venu, le prêtre bénissait le métal, puis le fondeur débouchait le trou de coulée : le métal en nappe de feu, se précipitait dans le moule qui, au bout d'un certain temps, était brisé, et la cloche sortait toute pimpante de sa chrysalide. (R. Drouault, *Bull. soc. Périgord*, XXIII, 121).

C'est ainsi que les choses se passaient chez nous, où j'ai vu le fondeur Causard travailler à Limoges jusqu'en 1852, et les frères Barbier à Oradour Saint-Genest en 1861. Depuis cette époque la facilité des transports est cause que nos cloches sont presque toutes fondues dans des usines établies en certaines villes; et la fonte sur place est devenue une rare exception. Si pour le talent les maîtres fondeurs de nos jours ne sont pas inférieurs à ceux des temps passés, on n'en voit pas moins disparaître, sans quelque regret, l'artiste nomade qui venait, chaque année, au milieu des populations de nos paroisses, refaire, sous leurs yeux, la cloche qu'un accident avait détériorée ou augmenter celle qui leur paraissait insuffisante. Aussi me suis-je appliqué à recueillir le nom de tous ceux qui ont travaillé chez nous, à signaler leur œuvres, à faire connaître dans quelles conditions ils traitaient avec les paroisses, en un mot, à mettre en lumière, par quelques lignes biographiques, des ouvriers d'art qui ne sont pas assez connus.

Bien d'autres observations pourraient encore être faites, tant sur les cloches que sur les inscriptions qu'elles portent, mais afin de ne pas allonger ces préliminaires, elles trouveront place dans les pages suivantes, à la suite des inscriptions qui les provoqueront.

Il est bon cependant de signaler ici le rapport qui existe entre le poids des cloches, leur diamètre et la note qu'elles donnent. Voici un tableau sur lequel figurent, en regard des notes, les diamètres et poids correspondant à ces notes.

| Notes | LA dièse | LA | SOL dièse | SOL | FA dièse | FA | MI | RÉ dièse | RÉ | DO dièse | DO | SI |
|---|---|---|---|---|---|---|---|---|---|---|---|---|
| Diamètres | 40 c/m | 42c 5m | 45 c/m | 48 c/m | 50 c/m | 53 c/m | 56 c/m | 60 c/m | 64 c/m | 67 c/m | 71 c/m | 75 c/m |
| Poids correspondants | 38 k | 43 k | 50 k | 62 k | 70 k | 85 k | 100 k | 125 k | 150 k | 170 k | 200 k | 240 k |

| Notes | LA dièse | LA | SOL dièse | SOL | FA dièse | FA | MI | RÉ dièse | RÉ | DO dièse | DO |
|---|---|---|---|---|---|---|---|---|---|---|---|
| Diamètres | 80 c/m | 85 c/m | 90 c/m | 96 c/m | 1m00 | 1m06 | 1m12 | 1m20 | 1m28 | 1m34 | 1m42 |
| Poids correspondants | 300 k | 350 k | 410 k | 500 k | 550 k | 660 k | 800 k | 960 k | 1150 k | 1350 k | 1600 k |

On voit qu'une cloche qui a 0,40 centimètres de diamètre pèse 38 kilos et donne la note *la* dièse. Celle qui a 0,71 centimètres de diamètre, pèse 200 kilos et donne la note *do*, etc.

---

## Xe Siècle

De l'existence des clochers, on peut conclure qu'il existait des cloches, car ils n'ont pas été construits pour autre chose que pour les recevoir.

D'abord peu volumineuses, les cloches ne nécessitèrent pas l'érection d'un bâtiment particulier : ce ne fut guère qu'au VIIIe ou au IXe siècle que leur volume, plus considérable, rendit les tours indispensables. Anastase-le-Bibliothécaire rapporte qu'en 770 le pape Etienne III en fit bâtir une, sur l'église de Saint-Pierre-de-Rome, dans laquelle il plaça trois cloches pour appeler les fidèles aux offices. « *Stephanus III, an. D. 770 fecit super basilicam Sancti Petri turrem, in qua tres posuit campanas quæ clerum et populum ad officium Dei convocarent.* » (Anast. Biblioth., *in Vita Stephani III.*)

Or, si la première basilique du monde chrétien ne fut pourvue d'une tour que dans la deuxième moitié du VIIIe siècle, nous pouvons admettre hardiment qu'on n'en éleva guère avant cette époque en France, et encore y furent-elles rares jusqu'à la fin du Xe siècle. La plupart de nos abbayes n'en avaient point dans le IXe, car il n'en est pas fait mention dans les descriptions que nous possédons et qui renferment des détails très circonstanciés sur les différentes parties de ces édifices, tels qu'ils existaient alors. (De Caumont, p. 224.)

On peut citer deux clochers dans le diocèse de Limoges appartenant au xe siècle.

C'est d'abord celui de la cathédrale, dont la base et les deux premiers étages, aujourd'hui masqués, sont antérieurs à l'église romane fondée en 1014, puisque la voûte de cette église masquait en partie les trois baies de son premier étage. Il est de la seconde moitié du xe siècle, comme celui de Saint-Front de Périgueux, auquel il ressemble. (Arbellot, *Histoire de la Cathédrale*, p. 58.)

Le second est celui de Saint-Martial. La *Chronique* de ce monastère nous apprend en effet que l'abbé Guy, mort en 990, avait fait agrandir le sépulcre de Saint-Martial, construire la voûte de Saint-Pierre et commencer le clocher : *Wido abbas. Iste ampliavit sepulcrum sancti Martialis, et fecit vultum sancti Petri, et incoavit clocarium.* (*Chron.*, p. 286.)

## XIe Siècle

On ne connaît pas en France de cloche du xie siècle. Aussi ne pouvant en décrire aucune, je me contenterai de rapporter les mentions de celles qui existaient alors dans le diocèse et qui, pour la plupart, sont signalées par des auteurs contemporains.

**1014**. — LIMOGES, *à la Cathédrale*. — L'évêque de Limoges Gérald fut sacré à Poitiers, en 1014, et accompagné à Limoges par Arnaud, évêque de Périgueux, et Grimoard, évêque d'Angoulême. Arrivé dans sa cathédrale, l'évêque Grimoard lui mit en main les clefs des portes de l'église et Arnaud les cordes des cloches, et tous deux l'intronisèrent ainsi sur le siège de Saint-Martial. — *Grimoaldus tradidit ei portas ecclesiæ, Arnaldus cordas signorum, et ambo in sedem sancti Martialis inthronizaverunt eum.* (Adémar, *Patrolog.*, tome CXLI, col. 62.)

**1060**. — LE DORAT. — Dans la guerre entre le baron de Magnac et les habitants du Dorat (entre 1047 et 1088), cette dernière ville fut prise et l'église incendiée. « Les cloches mêmes furent fondues et découlaient en ruisseaux de métal. » (Bonaventure de Saint-Amable, III, p. 385.)

**1062**. — Le *Cartulaire d'Uzerche* rapporte que sous le règne du roi Philippe, vers 1062, une cérémonie fut faite *sonantibus signis,* *seu truitio, in ecclesia Sancti Sori.* (*Cartulaire* n° 268, Champeval). *Truitio* signifie probablement carillon.

**1063.** — LIMOGES. *Abbaye de Saint-Martial.* — Adémar, qui fut abbé de Saint-Martial en 1063, non seulement fit faire deux nouvelles et excellentes cloches pour son abbaye, mais encore lui procura des ornements garnis de clochettes d'or et d'argent qui rappellent celui du grand-prêtre décrit dans le livre de l'Exode. Voici les textes où ces faits sont consignés : *Signa quoque duo illa obtima que nova vocantur, cum reliquis ipse fieri precepit.* Et on lit en marge du manuscrit : *Signa fecit fieri magna.* (*Chron. de Saint-Martial*, p. 9). *Cappas vero duas candidas, tintinnabulis aureis et argenteis ornatas, ipse fieri fecit.* Et ailleurs : *Cappas duas cum chillis emit.* (*Chron. de Saint-Martial*, p. 10).

**1096.** — UZERCHE. — Gaubert de Malafaide, élu abbé d'Uzerche en 1096, fit faire pour son abbaye deux fortes cloches, que le *Cartulaire* signale en ces termes : *Factæ sunt etiam duæ campanæ magni ponderis suo tempore* (*Cartulaire d'Uzerche.* Champeval, *Bull. Soc. Tulle*, IX 545).

## XIIe Siècle

Pendant le XIIe siècle, un grand nombre de cloches ont été détruites à Limoges dans deux incendies qui s'étendirent sur toute la ville. Les textes anciens signalent quelques dons de cloches faits aux églises. Celle que Sebrand Chabot donna à sa cathédrale portait la plus ancienne inscription qui me soit connue.

**1122.** — LIMOGES. — « Cette année fut lugubre à Limoges, car tout le château, qui est la ville, le monastère de Saint-Martial, les cloches et le clocher, les cloîtres et les officines, l'église de Saint-Pierre-du-Queyroix et de Saint-Michel-des-Lions, et le monastère de Saint-Martin hors des murs de la ville, furent brûlés d'une façon incroyable, au premier jour de septembre. » (Bonaventure de Saint-Amable, III, p. 454). Quelques mémoires placent cet incendie en 1112 (*idem*, p. 441).

**1124.** — AMBAZAC (Haute-Vienne). — Lorsque Saint-Etienne de Muret expira le 8 février 1124, un enfant du bourg d'Ambazac, à la suite d'une vision qui précéda sa mort, annonça ce qui venait d'avoir lieu à Muret, et ajouta : « Maintenant j'entends de tous côtés les cloches qui sonnent dans les églises et les monastères des environs. » *Nunc audio circumquaque per ecclesias et per monasteria signa sonare.* (*Vita S. Stephani Grandimontensis*, cap. XLIII. *Patrolog.*, tome CCIV, col. 1026 )

**1159**. — Dans la vie de saint Etienne d'Obasine, écrite par un religieux, son contemporain, on voit qu'en 1159 on sonnait toutes les cloches dans les lieux où passait le convoi après la mort de ce saint : « Les cloches des églises, celles des monastères situés sur le chemin que suivait le cortège (de Bonnaigue à Obazine), faisaient entendre un son si éclatant, qu'on aurait dit qu'elles étaient mises en mouvement par une force divine, et non par la main des hommes. *Per omnes ecclesias ac monasteria per quæ transituri erant, signa ilico omnia concrepabant tam repentino fragore, ut putarentur non humana manu pulsari, sed divinitus commoveri.* » (*Vita Beati Stephani, liber III, n° V*).

**1161**. — LIMOGES. *Abbaye de Saint-Martial.* — Aimeric de Brucia, sous-prieur à l'abbaye de Saint-Martial (1161-1198), donna une cloche à cette abbaye : *Dedit Deo et beato Marciali unam de campanis que sunt in domo.* (*Bull. Soc. arch. Lim.*, XLII, p. 338.)

**1167**. — LIMOGES. — *Anno gracie* M° C° LX VII° *crematum est castrum Lemovicense, et monasterii navis cum clocario, et omnia signa corruerunt.* (*Chronique de Saint-Martial*, p. 56.) Les *Annales manuscrites de Limoges* nous disent aussi : « Fut de rechef brûlée la ville de Limoges, avec les clochers de Saint-Martial et de Saint-Michel » (page 152). Mais elles ajoutent que ce fut en l'an 1147. Je laisse à cet incendie, où furent encore détruites les cloches de Saint-Martial et de Saint-Michel, la date que lui donne la Chronique de l'abbaye, ainsi que Geoffroi de Vigeois.

**1171**. — LIMOGES. *Cathédrale.* — ME DEDIT ANTISTES SEBRANDUS, ET EST MIHI NOMEN.

Sebrand Chabot, évêque de Limoges (1171-1198), voulant laisser dans sa cathédrale un mémorial de sa foi, fit fondre une belle cloche, la plus grande de toutes, qu'il baptisa de son nom, et sur laquelle on lisait le vers ci-dessus. C'est ce que rapporte Bernard Guidonis en ces termes : *Hic majus cymbalum cathedralis ecclesiæ Sancti Stephani fieri jussit, unde sequens versus in cymbalo scriptus habetur : « Me dedit antistes Sebrandus et est mihi nomen.»* (*Apud* Labbe, t. II, p. 270.) Le Père Bonaventure de Saint-Amable, qui donne aussi cette inscription, a mis *hoc* au lieu de *est* (tome III, p. 517). M. le chanoine Arbellot la traduit ainsi :

De Sebrand je porte le nom,
Car de Sebrand je suis un don.

(*Cathéd. de Limoges*, p. 63.)

Cette première inscription nous fait voir que l'évêque de Limoges suivait l'exemple du pape Jean XIII, déjà signalé, en donnant une cloche à sa cathédrale et en lui imposant son nom. Il dut lui-même en faire la bénédiction, improprement appelée baptême, tout comme l'avait fait ce pape au xe siècle.

Une seconde observation m'est suggérée par la manière dont les fondeurs de cloches produisaient ces inscriptions. Pour les composer, ils se servaient de lettres isolées les unes des autres, de véritables *caractères mobiles*. Ils imprimaient sur le bronze. On ne s'en est servi en typographie qu'à partir de 1440. Il conviendrait d'ajouter à l'histoire de l'imprimerie que les fondeurs de cloches avaient trouvé les *caractères mobiles*, et s'en étaient servis longtemps avant cette date.

**1175.** — LIMOGES. *Abbaye de Saint-Martial.* — Galterius, qui vivait en 1175, fit fondre pour l'abbaye de Saint-Martial une cloche qui était nommée : La voix du Seigneur. *Galterius fecit signum quod vocatur* VOX DOMINI. (*Chronique de Saint-Martial*, p. 284 et 59.) C'est presque l'inscription de la cloche de Chavanat du XIVe siècle : *Vox domini sonat.*

**1197.** — LIMOGES. *Abbaye de Saint-Martial.* — Guillaume de La Concha, religieux de l'abbaye de Saint-Martial, vivant en 1197, fit faire deux cloches qui coûtèrent cinq cents sous : *Fecit idem W. de La Concha duo signa que constiterunt D. sol.* (*Chron. de Saint-Martial*, p. 303 et 304.)

## XIIIe Siècle

Au XIIIe siècle, les cloches sont longues et sveltes. Leurs inscriptions sont fort courtes, et le plus souvent se composent d'une simple invocation. Comme nous en possédons encore, j'en donne quelques dessins, qui feront connaître la forme des lettres, signe distinctif de cette époque Ce sont des majuscules, gothiques arrondies, sans vignettes ni fleurons qui les entourent.

**XIII[e] siècle.** — COUZEIX (Haute-Vienne). — ✠ JHS. SCS MARCIALIS ORA PRO NOBIS. AVE MARIA. — ✠ *Jésus. Saint-Martial priez pour nous. Je vous salue Marie.*

Cette cloche, qui existe encore dans le clocher de Couzeix, porte sur une seule ligne qui l'entoure les mots ci-dessus. L'ouvrier, en les composant, a oublié la lettre A dans le mot *Martialis.*

Couzeix était une prévôté de l'abbaye de Saint-Martial, et sa cloche, dont l'inscription est une invocation à son patron, a probablement été fondue vers 1215, et par le même ouvrier auquel on doit les deux de l'abbaye signalées plus bas, ainsi que celle de Roussac dont les lettres sont absolument semblables à celles de Couzeix. Le dessin de cette inscription, que je dois à l'obligeance de M. Berthomier, montrera la beauté de ces caractères gothiques, majuscules, bien mieux que la description qu'on pourrait en faire.

Inscription de la cloche de Couzeix (XIII^e siècle)

**1214.** — LIMOGES. *Eglise de Saint-Cessateur.* — Le clocher et les cloches de cette église furent renversés dans la nuit du 28 au 29 novembre 1214, par une tempête qui causa beaucoup d'autres ravages dans Limoges : ***Media nocte que precedit vigiliam sancti Andree, vehementia venti cecidit lapis summus de clocario Sancti Martialis Lemovicensis, et media vitrea que est super archam operis, et clocarium cum chillis sancti Cessatoris, et turris lignea de medio pontis sancti Marcialis. Non potest estimari quantum dampnum fecerit ventus illius noctis.*** (*Chronique de Saint-Martial*, p. 93.)

**1215.** — LIMOGES. *Abbaye de Saint-Martial.* — ✠ SIT NOMEN DOMINI BENEDICTUM. — ✠ *Béni soit le nom du Seigneur.*

L'abbé Legros, qui a vu cette cloche, nous dit : « Les caractères de cette inscription sont gothiques du XIII^e siècle. » Mais la *Chronique* de Saint-Martial nous donne sa date d'une manière plus précise : *Anno gracie* M° CC° XV, *ad festum Omnium sanctorum, duo cimbala minora et simbolum renovatur, et duo cimbala à S. Michel, et duo parva à S. Augusti.* (page 94).

Les lettres doivent être les mêmes que celles de l'inscription de Couzeix qui est ci-dessus. Cette cloche servait en dernier lieu pour l'horloge ; elle a été détruite à la Révolution.

**1215.** — LIMOGES. *Saint-Michel-des-Lions.* — Deux cloches furent fondues pour l'église de Saint-Michel-des-Lions, à cette date, ainsi que l'indique le texte de la *Chronique de Saint-Martial* ci-dessus.

**1215.** — LIMOGES. *Abbaye de Saint-Augustin.* — Deux petites cloches furent fondues pour cette abbaye en 1215, comme le rapporte la Chronique de Saint-Martial.

**XIII$^e$ siècle.** — ROUSSAC (Haute-Vienne). — ✠ JHS. S. MARTIALIS ORA PRO NOBIS. — ✠ *Jésus. S. Martial priez pour nous.*

Roussac, qui était une prévôté de l'abbaye de Saint-Martial, tout comme Couzeix ci-dessus, avait une cloche du XIII$^e$ siècle, portant cette invocation à son patron. Je l'ai vue, mais hors de service, dans le clocher de cette église jusqu'en 1875, époque à laquelle elle a servi à en fondre une autre. Les lettres qui la composaient étaient absolument semblables à celles de l'inscription de Couzeix. Mais comme elle était plus petite, la bande sur laquelle était l'inscription était moins longue et ne portait pas les derniers mots : *Ave Maria.*

**1255.** — LIMOGES. *Abbaye de la Règle.* — ✠ SUM JACOBUS DICTUS, FUGO FULGURA, GRANDINIS ICTUS. ANNO M° CC° L° V°. — ✠ *Je m'appelle Jacques, j'écarte la foudre, je dissipe la grêle. L'an 1255.*

La seconde cloche de l'abbaye de la Règle, qui fut brisée en 1790, portait cette inscription en beaux caractères gothiques. Ce texte si court prêterait place et matière à un long commentaire. Sur cette question de la foudre, il faut se rappeler qu'en fait d'électricité, la science n'a pas dit son dernier mot.

« A la fin du XVIII$^e$ siècle, de curieuses expériences prouvèrent que le son des cloches fait monter le mercure du baromètre, et tout le monde estime que le bruit des décharges d'artillerie rompt et dissipe les orages naissants. » (J. D. Blavignac, *La Cloche*, p. 157).

Au point de vue scientifique, les considérations sur lesquelles on s'est basé pour rendre des arrêts interdisant de sonner pendant les orages sont pour le moins fort douteuses. « Dans l'état actuel de la science, dit le célèbre Arago dans l'*Annuaire du*

*Bureau des Longitudes* de 1839, il n'est pas prouvé que le son des cloches rende les coups de tonnerre plus imminents, plus dangereux; il n'est pas prouvé qu'un grand bruit ait jamais fait tomber la foudre sur des bâtiments que, sans cela, elle n'aurait pas frappés. »

Je place, à côté de ce témoignage de la science, celui de mes recherches et observations personnelles : je connais dans notre diocèse cinq ou six clochers qui, depuis le commencement de notre siècle, ont été frappés par la foudre pendant qu'on sonnait, mais je puis facilement en citer vingt-cinq ou trente qui, pendant le même temps, ont eu le même sort lorsqu'on ne sonnait pas. Anciennement on sonnait partout au moment des orages, et alors la foudre ne pouvait tomber que sur un clocher dont les cloches étaient mises en mouvement. Mais aujourd'hui, que par suite des arrêtés de police cet usage se perd, c'est le plus souvent sur les clochers où l'on ne sonne pas que la foudre exerce ses ravages, et cela uniquement parce qu'ils sont les plus nombreux.

Dans la bénédiction que l'église donne aux cloches, elle se sert d'expressions que l'on n'a pas assez remarquées : « O Dieu, dit le pontife qui accomplit cette cérémonie, lorsque le peuple entendra le son de cette cloche, faites que sa foi et sa dévotion augmentent, faites que les coups de la foudre et les désastres de la tempête s'éloigne de lui... *Et cum melodia illius auribus insonuerit populorum, crescat in eis devotio fidei; procul pellantur omnes insidiæ inimici, fragor grandinum, procella turbinum, impetus tempestatum...* » (Pontifical Romain. *De benedictione signi*). Si l'église croyait, comme certains physiciens l'ont cru, et comme quelques uns le croient encore, que la vibration de l'air produite par le son de la cloche éloigne les orages, elle ne demanderait pas à Dieu, comme une grâce, ce qu'elle saurait être l'effet nécessaire des causes naturelles.

Mais elle ne s'occupe pas, et ne s'est jamais occupée de ces questions physiques. Sachant que la foudre et la tempête obéissent à Dieu, elle lui demande qu'au son de la cloche sur laquelle elle répand ses bénédictions, et qui doit réveiller la piété de ses enfants, il veuille bien avoir pitié de son peuple et détourner les fléaux dont il est menacé.

Beaucoup de nos cloches portent des invocations qui ne peuvent pas avoir un autre sens. Par exemple, celle de Dampniac, 1478. *Blasi beate defende nos a tempestate.* — Celle de Saint-Aignan de Versillac de 1490 : *Barbara sancta Deum pro nobis ora.* — Celle de Nexon du xv$^e$ siècle : *O Deus tonitrua tua repelle a terra de Nexonio.* — Celle de Lanteuil, 1503 : *Sancti Aredi, Cosme et Damiane, Deum pro nobis orate, ut nos defendat a fulgure et tempestate.* — Celle de La Souterraine de 1525 : *Sancte Andrea a fulgure et tempestate defende nos et ora pro nobis.* — Celle de Sagnat de 1534 : *Sancta Barbara, ora pro nobis.* — Celle de Beaulieu XVIe siècle : *A fulgure et tempestate libera nos Domine*, etc.

**1264.** — SAINT-JUNIEN (Haute-Vienne). — Pierre de Benevent, prévôt de Saint-Junien, fit faire une forte cloche, nommée André, pour l'église de Saint-Junien. On devait la sonner aux grandes fêtes et lorsque la tempête menacerait : *Hic siquidem præpositus [Petrus de Benevento] causa et author extitit, ut anno Domini M CC LXIV, in ecclesia S. Juniani fieret quoddam magnum cymbalum, sub Andreæ nomine baptizatum, pro pulsando ipsum in magnis ecclesiæ festivitatibus, et authenticarum personarum anniversariis, et etiam sepulturis earum; et quotiescumque timor emergeret tempestatis; aliam que campanam illi cymbalo consimilem post per tempora facere proponebat, si Deus ipsi domino præposito vitam concessisset longiorem.* (Chronique de Maleu, publiée par M. Arbellot, p. 96).

**1284.** — LIMOGES. *Abbaye de Saint-Martial.* — On fondit, cette année deux grandes cloches pour cette abbaye : *Anno Domini M° CC° LXXX° IIII° facta fuerunt duo magna signa.* (Chronique de Saint-Martial, p. 128). Au lieu de *duo* il y en a qui ont lu *ano*, et se demandent s'il ne faudrait pas rapporter cela à l'église de Noth. (*Bull. Soc. arch. Lim.* t. XLII, p. 347). Cette supposition n'est pas admissible.

**XIIIe siècle.** — CHALUS (Haute-Vienne). — ✠ AVE MARIA GRACIA PLENA. — ✠ *Je vous salue Marie pleine de grâce.*

Inscription de la cloche de Châlus (XIIIe siècle)

Cette inscription d'une cloche existant encore à Châlus, nous fait connaître une autre forme de lettres majuscules moins belles que celles de l'inscription de Couzeix qui est du commencement de ce siècle. Le dessin ci-dessus en donne une idée très exacte.

**XIII$^e$ siècle.** — MORTEMART (Haute-Vienne). — ✠ SANCTA CATHARINA ORA PRO NOBIS. — ✠ *Sainte Catherine priez pour nous.*

M. l'abbé Texier qui a vu cette cloche, nous apprend qu'elle est du XIII$^e$ siècle (*Dictionnaire d'orfèvrerie*, p. 437). C'est une invocation à la sainte patronne de la chapelle pour laquelle elle avait été fondue.

**XIII$^e$ siècle.** — SAINT-LAURENT-SUR-GORRE (Haute-Vienne). — ✠ SANCTA MARIA ORA PRO NOBIS. — ✠ *Sainte Marie priez pour nous.*

Cette inscription, que je n'ai pas vue moi-même, m'est transmise comme étant sur une cloche du XIII$^e$ siècle.

## XIV$^e$ Siècle

Les inscriptions de cloches, au XIV$^e$ siècle, sont encore formées avec des caractères gothiques arrondis, mais ils diffèrent de ceux employés au siècle précédent, en ce que des épanouissements légers accompagnent et enveloppent dans tous les sens le gras des lettres et leur donnent beaucoup de grâce.

Ce sont généralement des invocations au saint patron de l'église, ou à la Sainte-Vierge.

Vers la fin du siècle, l'alphabet minuscule carré, remplace le précédent. Les lettres sont formées par des rubans qui se replient sur eux-mêmes avec une grâce originale. Des fleurons, des reliefs fins et légers courent autour de chaque lettre.

**1326.** — SAINT-ELOI (Creuse). — ✠ SCE : ELEGI : ORA : PRO : NOBIS : ✠ ANNO : DNI : M$^o$ : CCC$^o$ : XX$^o$ : VI$^o$ : ✠ *Saint Eloi priez pour nous, l'an 1326.*

Le dessin de cette inscription, que je dois à la collaboration de M. E. Berthomier, fera mieux connaître l'élégance des caractères employés au XIV^e^ siècle que toutes les descriptions que je pourrais en faire. Elle nous donne, avec une invocation au patron de la paroisse, la date à laquelle elle a été fondue.

Inscription de la cloche de Saint-Eloi (1326)

**1328**. — SOLIGNAC (Haute-Vienne). — L'usage des plus fortes cloches était réglé par des statuts et des conventions particulières à chaque église. On ne les sonnait qu'aux grandes fêtes et aux jours où des fondations particulières y obligeaient. Ainsi nous voyons qu'en 1328, lorsque Archambaud de Saint-Amand, abbé de Solignac, fonda son anniversaire dans cet église, il prescrit qu'on donnerait sept deniers à chacun de ceux qui sonneraient les grandes cloches : *Et debet tradere cuilibet ostiario VII denarios pro pulsatione campanarum magnarum ad vigiliam, et missam et absolutionem.* (Nécrologe de Solignac. *Archives historiques du Limousin*, VI, 356).

**1329**. — LA CHAPELLE-TAILLEFER (Creuse). — A cette date, ou un peu après, mais avant 1339, on fondait pour cette église deux cloches, aux frais desquelles contribua l'évêché de Limoges, comme on le trouve mentionné dans un livre de comptes conservé à la bibliothèque des manuscrits du Grand séminaire : *Item, pro confectione duarum campanarum factarum apud Capellam Talhaffer*. (Folios 100 et 101 du registre n° 58).

**1350**. — LIMOGES. *Abbaye de Saint-Martial.* — Bertrand de Chanac, prieur claustral de cette abbaye, lui fit vers cette époque, différentes libéralités, et lui donna en particulier une somme de trente livres de monnaie limousine pour se procurer de grandes cloches : *Dominus Bertrandus de Chanaco, prior noster claustralis, dedit unum Decretum, unum codicem et quasdam Decretales antiquas, et XXX libras monete curentis Lemovicensis ad faciendas magnas campanas* (Nécrologe de Saint-Martial, fol. 13. Aux archives de la Haute-Vienne).

**1350**. — SAINT-JUNIEN (Haute-Vienne). *Couvent des frères mineurs.* — Ayde de Pierrebuffière, épouse d'Aymeric de Rochechouart, seigneur de Mortemart, capitaine souverain pour le roi en Poitou, Limousin et Saintonge, donna, vers 1350, « de quoi faire une cloche » aux frères mineurs de Saint-Junien. (*Nobiliaire du Limousin*, tome IV, p. 52).

**1365**. — LIMOGES. — Outre les cloches des églises, nous trouvons encore les cloches à l'usage des consuls et des habitants de certaines villes. Le droit d'en avoir une fut accordé aux consuls de Limoges par lettres patentes du prince de Galles, Edouard, fils aîné du roi d'Angleterre, en date du 24 novembre 1365. On y lit : « Et avec ce voulons que les dits consuls, pour eux et leur communauté, ayent et puissent avoir un seing ou campane, bon et grand, pour eux assembler loyalement et en uzer en toutes les nécessités qu'ils verront à faire, pour le gouvernement dudit chastel et chastelenie, et le mettre là où bon leur semblera, en lieu convenable et sous seure garde, lequel aura nom « Odouard ».

On peut voir plus loin, à l'année 1399, l'inscription d'une autre cloche des consuls.

**XIV[e] siècle**. — CHAVANAT (Creuse). — ✠ IHS ✠ VOX DIN. SONAT. — ✠ *Jésus. La voix du seigneur nous appelle.*

L'église de Chavanat possède une cloche, hors de service, sur laquelle on lit l'inscription ci-après. Ses lettres sont encore des majuscules, d'une forme particulière, qu'accompagne une ornementation de fleurs de lis. Cette cloche qui a 0[m]50 c. de hauteur, ressemble en tout à une cloche de Fontenailles datée de 1202, et conservée aujourd'hui au musée de Bayeux. Même forme arrondie de la partie supérieure, même bande portant l'inscription, mêmes cordons au bas de la cloche. On peut se convaincre de cette ressemblance en rapprochant notre dessin, de celui qui a été publié par M. E. Sauvageot, dans les *Annales archéologiques* de M. Didron en 1863. Quant à l'inscription elle-même, nous la la retrouverons plus loin, par exemple au XVe siècle sur une cloche de Billac, mais en caractères gothiques minuscules ; en 1504 sur une de Saint-Nicolas de Courbefy. Ces paroles son empruntées au prophète Michée, chapitre VI, verset 9. La cloche de 1175 de l'abbaye de Saint-Martial semble avoir porté une inscription semblable.

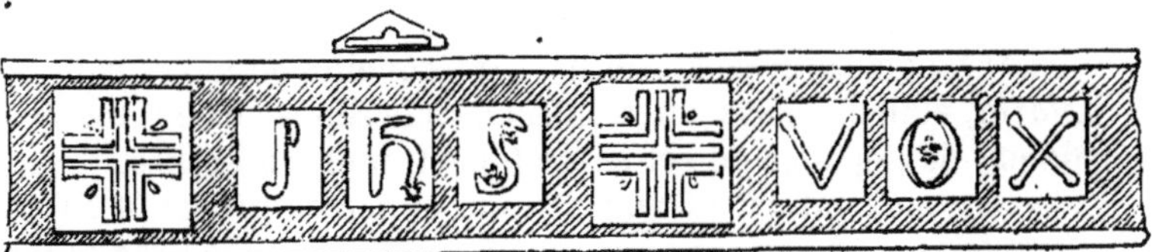

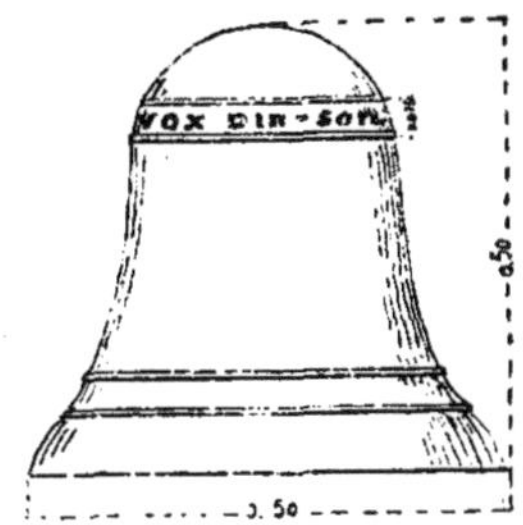

Inscription de la cloche de Chavanat (XIVe siècle)

**XIVe siècle.** — LIMOGES. — ✠ SCA VALERIA. — ✠ *Sainte Valérie.*

L'église de Saint-Julien et Sainte-Affre possédait une cloche sur laquelle on lisait en lettres gothiques du XIVe siècle l'inscription ci-dessus.

**XIVe siècle.** — LA MEYZE (Haute-Vienne). — ✠ Ste MICHAEL, ORA PRO NOBIS. — ✠ *St Michel, priez pour nous.*

Saint Michel, archange, est le patron de cette paroisse de la Meyze qui était un des anciens archiprêtrés du diocèse.

**XIVe siècle.** — DINSAC (Haute-Vienne). — ✠ S. MARTINE, ORA PRO NOBIS. TE DEUM LAUDAMUS. — ✠ *St Martin, priez pour nous. Louons Dieu.*

C'est encore une invocation au patron de la paroisse.

**XIVe siècle.** — LIMOGES. — ✠ AVE MARIA GRACIA PLENA. — ✠ *Je vous salue Marie.*

J'ai vu chez M. Petit, fondeur à Limoges, en 1855, une cloche cassée portant cette inscription.

Les sept cloches ici groupées, sur lesquelles on lit ces mots *Ave Maria*, étaient spécialement affectées à la sonnerie de l'*Angelus* et datent de l'époque où cet usage fut introduit en France.

« Au moment où l'Occident tout entier se préparait au cri : *Dieu le veut !* à se précipiter sur l'Asie pour reconquérir le tombeau de Jésus-Christ, le pape Urbain II ordonna que la sonnerie du matin et du soir deviendrait, à partir du jour où les croisés se mettraient en marche, le signal d'une prière commune et universelle en faveur de ceux qui composaient la sainte expédition qui commença à se mettre en marche en 1096 » Mais ce n'est pas de ce moment qu'on peut faire dater l'usage de dire l'*Angelus.* C'est plutôt aux prescriptions du pape Jean XXII, en 1316, qu'il faut l'attribuer. L'évêque de Lausanne, Jean de Rossillon, prescrivit, en synode, le 25 novembre 1326, de sonner trois coups de cloche à l'heure de complies, et accorda quarante jours d'indulgence à ceux qui réciteraient alors trois *Ave Maria.* C'est une des plus anciennes mentions de l'*Angelus* que l'on connaisse. En 1329, on commença en France à le réciter à la même heure, et on l'annonçait par une sonnerie spéciale précédant le couvre-feu. (J.-B. Blavignac, *La Cloche*, p. 61). C'est particulièrement pour cet ouvrage qu'on fondit les cloches du XIVe siècle portant les mots *Ave Maria*

**XIVe siècle.** — SAINT-LÉGER-MAGNAZEIX (Haute-Vienne). — ✠ AVE MARIA, GRACIA PLENA, DOMINUS TECUM. — ✠ *Je vous salue Marie, pleine de grâce, le Seigneur est avec vous.*

**XIVe siècle.** — LIMOGES. *Cathédrale.* — ✠ AVE MARIA, GRACIA PLENA, DOMINUS. — ✠ *Je vous salue Marie, pleine de grâce, le Seigneur.*

La petite cloche capitulaire qui était dans le chœur de la Cathédrale portait cette inscription, que le fondeur a laissée incomplète parce qu'il manquait de place sur la bande où elle est inscrite.

**XIVe siècle.** — LIMOGES. *Saint-Michel-de-Pistorie.* — ✠ AVE MARIA, GRACIA PLENA. TE DEUM LAUDAMUS. — ✠ *Je vous salue Marie, pleine de grâce. Louons Dieu.*

Cette cloche était au siècle dernier dans l'église de Saint-Michel-de-Pistorie à Limoges.

**XIV^e siècle.** — LIMOGES. *Cathédrale.* — ✠ AVE GRACIA PLENA. TE DEUM LAUDAMUS. — ✠ *Je vous salue, pleine de grâce. Louons Dieu.*

J'ai vu en 1860, dans le clocher de la cathédrale, une petite cloche, hors d'emploi, sur laquelle était cette inscription.

**XIV^e siècle.** — LIMOGES. *Abbaye de La Règle.* — ✠ ORA VOCE PIA, PRO NOBIS, VIRGO MARIA. — ✠ *Avec votre voix pieuse, priez pour nous, Vierge Marie.*

L'abbé Legros nous dit que sur cette cloche de l'abbaye de la Règle on voyait l'inscription ci-dessus, en beaux caractères gothiques du XIV^e siècle, et que chacune de ces lettres était séparée et renfermée dans un carré orné de fleurons. Elle se trouvait au nombre des quatre, pesant ensemble 3,780 livres, que les administrateurs du district de Limoges firent enlever le 6 juin 1792 et conduire à la Monnaie.

**XIV^e siècle.** — CHAMPSAC (Haute-Vienne). — ✠ AVE MARIA. — ✠ *Je vous salue Marie.*

Une cloche, hors d'usage, qui est conservée dans l'église de Champsac, porte cette inscription.

**XIV^e siècle.** — OBAZINE (Corrèze). — ✠ TE DEUM LAUDAMUS. — ✠ *Louons Dieu.*

J'ai vu, en 1890, dans l'église d'Obazine, une petite cloche, sans emploi, sur laquelle on lisait cette inscription. Elle est en lettres gothiques minuscules et de la fin du XIV^e siècle.

**1399.** — LIMOGES. *Le Consulat.* — ✠ CONSULUM LEMOVICEN. ANNO MILLESIMO TERCENTESIMO NONAGESIMO NONO. — ✠ *Consulat de Limoges, l'an 1399.*

Les consuls de Limoges firent faire en 1399 une cloche sur laquelle était l'inscription ci-dessus. Cent neuf ans après, ils la prêtèrent à la communauté des prêtres de Saint-Pierre-du-Queyroix, et à cette occasion firent dresser l'acte suivant :

« Lou dimercreys veilha sainct Andrieu, vingt noveyme de novembre l'an mil cinq cens et huech, lous seignours Mathieu de Julie, Jaques Fogassier, Pierre de Beau Nom, Jaques Janeilhac, Pierre Mazurier dit Parcet, Pierre Guybbert, Pierre Veyrier, Authony Voureys et Jehan de la Roche dit Vouzele lainat, consulz du chasteau de Limoges presents, per ilz et lours compaignons consulz absentz, an prestat a venerableys homeys monss. Johan de Champs, Arnault Pelete et Jamme Mydi, prebtreys et scinditz de la communaultat deux prebtreys de leyglise parrochielle de Sainct Peyr deu Queyroix deud. Limoges, en présence de venerableys homeys mess[rs] Liennard de Fursac, Johan Lafosse, Symon Noaille, Domenge de Beau Nom et Marcial Thomas, aussi prebtreys de lad. comunaultat, aussi presentz et supplians, une cloche de metaux appartenant ausd. s[rs] consulz et a lad. ville, pezant de dous à treys quintaulx, comme las partidas an dich et confessat et en presence deu notary et tesmoing desoubz escriptz, monstrade et ausd. sinditz per lousd. consulz delieurade, escriche au tour *consulum Lemovicen. anno millesimo tercentesimo nonagesimo nono.* Et laqualle cloche lousd. sinditz aud. non an promeys redre ausd. s[rs] consulz deud. Limoges et a lad. ville toutas vetz que mestier sera et requis en seran soubz ypotheque et obligation deux beys de lad. communaultat. Et en a receubut lettres Liennard Lamye, notary deud. Limoges, presens Johan Car...., espillier, et Jaques Meilhaud, clerc, tesmoings ad ce appellatz, lou jour et an susd. (Signé :) Lamye. » (*Registres consulaires de Limoges*, I, 15).

Les consuls de Limoges avaient encore une cloche à leur usage, celle-là ou une autre, le 6 février 1744. (*Idem*, V, p. 15). De plus, chaque porte de la ville en possédait une pesant environ trois à quatre cents livres; l'inventaire du 26 décembre 1575 indique en effet les « cloches metal que sont ez tours des portes de la ville ». (*Idem*, II, 421.)

## XVe Siècle

Le XVe siècle emploi pour ses lettres les mêmes enjolivements que le précédent. Il ajoute des reliefs représentant la crucifixion, l'Agneau divin, l'*Ecce homo*, les saints. Les images des patrons s'y voient dans des encadrements d'architecture. On trouve aussi quelques guirlandes de fleurons courant autour des cloches. Les inscriptions deviennent plus longues ; elles commencent à dire les noms et les qualités de ceux qui les ont fait faire, et à porter le nom ou la marque du fondeur. L'église à laquelle elles sont destinées est désignée formellement, ou du moins par une invocation à ses patrons.

**1404**. — CHAMBORET (Haute-Vienne). — ✠ SANCTE ANTONI, ORA PRO NOBIS. M CCCC IV. — ✠ *Saint Antoine, priez pour nous. 1404.*

M. Barny de Romanet a lu cette inscription sur une cloche de l'église de Chamboret. C'est une invocation au patron.

**1404**. JABREILLES (Haute-Vienne). — ✠ MARIA-MARGARITA..... PRO NOBIS. DOMINUS QUI PRO NOBIS FACTUS EST..... M CCCC IIII..... — ✠ *Marie-Marguerite, priez pour nous. Le Seigneur qui s'est fait homme pour nous..... 1404.*

Une partie de cette inscription est illisible; mais le sens n'en est pas douteux.

**1405**. — SAINT-JUNIEN (Haute-Vienne). — Le 3 octobre de cette année, la foudre causa la ruine d'un clocher de Saint-Junien et des cloches qui y étaient. Pierre Esperon, juge de Saint-Junien, rapporte ainsi cet événement dans son Livre de Raison : *Nota quod die sabbati, tertiâ die mensis octobris, anno Domini M° CCCC$^{mo}$ quinto, cecidit fulgur supra pignaculum campanarum sancti Juniani, et ruinavit, seu ruinari et corrui fecit acum clucherii, cum cruce, gallo et conchiis, et multa alia mala in dicto clucherio perpetravit et fecit.*

Une note ajoutée au manuscrit de la Chronique de Saint-Junien, par le chanoine Maleu, parle ainsi de cet accident : *Die Sabbati et tertia die mensis Octobris, post festum B. Michaëlis, anno domini M CCCC V, horâ vesperarum vel circà, tempestas horribilis irruit in tantum, quod pinaculum ecclesiæ S. Juniani, in quo parvæ campanæ sunt appensæ, fulgur invadens, ipsum à parte cacuminis discerpsit et diruit, descendo conchas, crucem et gallum, usque ad unam longitudinem lanceæ; et lapides et quadros per villam hùc et illùc projecit : quod audire mirabile, sed tunc videre erat terribile.* (Chron., p. 115.)

**1408**. — SARRAN (Corrèze). — Simon Madelmon, dans la *Monographie de la commune de Sarran*, dit que l'une des cloches de cette église porte la date 1408. (*Bull. Soc. Tulle*, année 1889, p. 385.). Il faut lire 1493. Voir plus loin à cette dernière date.

**1419**. — LIMOGES. *Saint-Pierre-du-Queyroix.* — ✠ VOCE MELLIFLUA PRO NOBIS DEUM EXORA. PATER NOSTER. ANNO DNI M CCCC XIX. — ✠ *De ta voix douce comme le miel implore Dieu pour nous. Notre Père. L'an du Seigneur, 1419.*

Cette cloche que possédait l'église de Saint-Pierre-du-Queyroix a été détruite à la Révolution.

**1431**. — LIMOGES. *Saint-Michel-des-Lions.* — Le curé et les prêtres de cette église firent fondre une cloche cette année. Elle servit jusqu'en 1551, époque à laquelle elle fut refondue. Voir à cette dernière date.

**1437**. — LIMOGES. *Abbaye de Saint-Martial.* — ✠ VIR DNI BNDCTS (*benedictus*) OMNIUM JUSTORUM SPIRITU PLENUS FUIT. IPSE INTERCEDAT PRO CUNCTIS MONASTICE PROFESSIONIS. AMEN. ANNO DNI M CCCC XXXVII. — ✠ *L'homme de Dieu Benoit fut rempli de l'esprit de tous les justes. Qu'il intercède lui-même pour tous ceux qui font profession monastique. Amen. L'an du Seigneur 1437.*

Cette inscription en caractères gothiques était sur la cloche dite du midi à l'abbaye de Saint-Martial ; elle fut détruite en 1790.

**1456**. — LIMOGES. *Abbaye de Saint-Martial.* — ✠ ECCE ANCILLA DOMINI, FIAT MIHI SECUNDUM VERBUM TUUM. ANNO DOMINI M CCCC L VI. TE DEUM LAUDAMUS. — ✠ *Voici la servante du Seigneur, qu'il me soit fait selon votre parole. — L'an du Seigneur 1456. — Louons Dieu.*

**1456**. — LIMOGES. *Abbaye de Saint-Martial.* — ✠ AVE MARIA GRACIA PLENA. — ANNO DOMINI M CCCC L VI. — TE DEUM LAUDAMUS. — ✠ *Je vous salue Marie pleine de grâce. — L'an du Seigneur 1456. Louons Dieu.*

Les deux inscriptions qui précèdent étaient sur deux cloches fondues à l'abbaye de Saint-Martial, pendant que Jacques Jauvion était abbé. Elles sont en lettres gothiques comme toutes les autres de ce siècle, mais il y a cela de remarquable que les mots *Te deum laudamus* sont en caractères romans. C'est la première fois que l'on voit ces caractères, et ils tarderont plus d'un siècle avant de reparaître. Un passage d'une chronique en parle ainsi : *Hoc anno* [1456] *duœ campanœ fulsœ sunt in honorem Beatœ Mariœ Virginis, sicut in campanili videre est. Major hœc verba profert in capite :* Ecce ancilla Domini fiat mihi secundum verbum tuum ; *et hoc litteris gothicis. Minor autem, eodem caractere (quamquam ambœ latino caractere* Te Deum laudamus *ostendunt) :* Ave Maria gracia plena. Anno Domini millesimo quadragentesimo quinquagesimo sexto.

**1465**. — TULLE (Corrèze). — Une cloche fondue cette année servit à la cathédrale de Tulle jusqu'en 1632. Elle fut refondue à cette époque. Voir son inscription à cette dernière date.

**1466**. — SAINT-LÉONARD (Haute-Vienne). — Le 20 août 1466, grâce aux aumônes des habitants de Saint-Léonard, on put faire refondre une cloche nommée d'Obbliers, que la foudre avait cassée en 1463, et on lui donna le nom de Martial : *Notum sit omnibus, tam presentibus quam futuris quod die festi corporis Christi, anno Domini millesimo quadringentesimo sexagesimo tertio, fulgur* *seu tempestas cecidit supra pignaculum monasterii beati Leonardi et fregit unum simbolum vocatorum dobbliers. Quod simbolum fuit de helemosinis bonarum gentium factum die vicesima mensis augusti, anno Domini millesimo quatercenteno sexageno sexto, et vocatur Marcialis.* (Archives de la Haute-Vienne. Terrier de Saint-Léonard, G. 5525 prov., fol. 277 verso.)

**1467.** — SAINT-LÉONARD (Haute-Vienne). — Une des petites cloches de Saint-Léonard fut encore cassée par la foudre en 1467 ; elle fut refondue grâce à la générosité du prieur et de la communauté : *Anno 1467, ceciderat fulgur seu tempestas super pignaculum ecclesiæ beati Leonardi et fregit dictum pignaculum a parte occidentali et unam campanam ex parvis..... Prior vero et conventus...... dederunt decem libras turonensium, et cum hoc, dicta parva campana fuit reffecta.* (Archives de la Haute-Vienne. Terrier du chapitre de Saint-Léonard. — G. 5525, prov. fol. 277 verso.)

**1474.** — ESTIVAUX (Corrèze). — ✠ S LUPE, ORA PRO NOBIS. L'AN M CCCC LXXIIII. TE DEUM LAUDAMUS. — ✠ *Saint Loup, priez pour nous. L'an 1474. Louons Dieu.*

Saint Loup est patron de la paroisse d'Estivaux.

**1475.** — CONCÈZE (Corrèze). — ✠ SANCTI COSMA ET DAMIANE ORATE PRO NOBIS. SALVATERRA. ANNO M° CCCC° LX° XV°. — TE DEUM LAUDAMUS. — ✠ *Saints Cosme et Damien, priez pour nous. Sauveterre. L'an 1475. Louons Dieu.*

Après une invocation aux patrons de la paroisse, on voit dans cette inscription le nom de la cloche : Sauveterre. Nous retrouverons ce nom à Folles en 1496, à Limoges sur une cloche de Saint-Martial en 1551, à Marcillac-la-Croisille en 1572, etc. On le donnait à certaines cloches, desquelles on attendait une protection spéciale, particulièrement pour les biens de la terre.

Hors du diocèse, on rencontre aussi ce nom en plusieurs endroits : A Laval (Isère), sur une cloche de 1463 ; à Brion, même département, et sur une cloche du même siècle on lit : *Ave Maria, Salvaterra, gracia plena ;* à Champoly, département de la Loire, en 1526 : *Maria Salvaterra vocor ;* à Forcalquier, dans les Basses-Alpes : *Maria Sauvaterra*. C'est aussi le nom de la grande cloche fondue au commencement du XVI<sup></sup>e siècle pour Notre-Dame de Montbrison, et de celle de 1573 de Viellard-Reculas, département de l'Isère ; enfin, dans le même département, on lit sur celle de La Valette : *Marie Salvaterre on m'appelle. 1711.*

« Dans quelques localités on a l'habitude de promener, au

milieu des champs, lorsqu'éclate un orage, une grosse clochette que sonne un individu payé pour cela. Nous avons constaté l'existence de cette coutume à Perueis, dans le département des Basses-Alpes, où l'on donne à cette cloche le nom significatif de *Sauveterre*. » (J.-D. Blavignac, *La Cloche*, p. 161.)

**1478.** — DAMPNIAC (Corrèze). — ✠ DEUS HOMO FACTUS EST. XPS REX VENIT IN PACE. ✠ BLASI BEATE, DEFENDE NOS A TEMPESTATE. ANNO DNI M° CCCC° LXX° VIII°. — ✠ *Dieu s'est fait homme. Le Christ roi est venu dans la paix.* ✠ *Bienheureux Blaise, défendez-nous de la tempête. L'an du Seigneur 1478.*

M. l'abbé Poulbrière, qui donne cette inscription dans le *Dictionnaire des paroisses du diocèse de Tulle*, nous dit qu'elle est en caractères antérieurs à la minuscule gothique.

**XV° siècle.** — LA PLAIN, commune de Tersannes (Haute-Vienne). — ✠ XPS REX VENIT IN PACE. DS HO FCS EST. MARIA MLE. — ✠ *Le Christ roi est venu dans la paix. Dieu s'est fait homme. Marie Madeleine.*

M. l'abbé Texier, qui a relevé cette inscription de cloche du XV° siècle, dans l'église de l'ancien prieuré de la Plain, à deux lieues du Dorat, en parle en ces termes : « Dans le pinacle est suspendue une cloche sur laquelle se lit cette inscription en caractères gothiques ronds. Deux empreintes de monnaies ajustées par le fondeur au dessous de l'inscription nous ont permis de fixer son âge. Les exemples de décorations ainsi empruntées aux monnaies du temps sont assez rares. » (*Manuel d'épigraphie*, p. 277.)

Le dernier mot MLE est une abréviation du mot Madeleine ; cette sainte était la patronne du prieuré de La Plain.

Le texte de cette inscription et celui de la précédente, qui à quelque chose près est semblable, se retrouve à différents endroits : chez nous, sur une cloche de Noailles en 1533, et sur une de Nespouls en 1534 ; puis à Saumanes sur une cloche de 1410 ; à Four, département de l'Isère, sur une de 1495 ; et à Saint-Hilaire-du-Rosier, même département, sur une de 1515.

**1481.** — BRIGNAC (Corrèze). — ✠ JHVS. AVE MARIA. CHRISTUS VINCIT. SANCTE MICHAEL. SANCTE BENEDICTE. SANCTE BLASI. ANNO DOMINI M CCCC IIII^XX I. — ✠ *Jésus. Je vous salue Marie. Le Christ est vainqueur. Saint Michel. Saint Benoit. Saint Blaise. L'an du Seigneur 1481.*

Cette cloche a été refondue en 1882, et sur la nouvelle on a eu soin de conserver l'inscription de l'ancienne telle qu'elle est ci-dessus.

**1482.** — SAINT-VICTURNIEN (Haute-Vienne). — ✠ SANCTA MARIA ORA PRO NOBIS. ANNO DMNI M° CCCC° L.XXX II. TE DEUM LAUDAMUS. — ✠ *Sainte Marie, priez pour nous. L'an du Seigneur 1482. Louons Dieu.*

**1483.** — SAINT-SYMPHORIEN (Haute-Vienne). — ✠ S. S. ORA PRO NOBIS. ANNO DNI MIL° CCCC° IIII$^{xx}$ III. — ✠ *Saint Symphorien, priez pour nous. L'an du Seigneur 1483.*

Sur la petite cloche de la paroisse de Saint-Symphorien, qui a cette inscripiion en lettres gothiques, comme toutes les précédentes, on voit aussi un Christ en croix, et saint Michel terrassant le démon.

**1487.** — LIMOGES. *Abbaye des Bénédictins.* — Pierre Barton, abbé de Saint-Augustin, fit fondre une cloche en 1487. Elle a été refondue en 1643 et en 1711. Voir à cette dernière date. Mais ce n'est pas la seule, car les *Annales manuscrites* de Limoges nous disent qu' « il fist fère deux belles cloches de métail, entre lesquelles est la plus grosse » (page 119).

**1488.** — CHAMBORET (Haute-Vienne). — ✠ S. GABRIEL, ORA PRO NOBIS. L'AN M ET CCCC IIII$^{xx}$ ET VIII. — ✠ *Saint Gabriel, priez pour nous. L'an 1488.*

**1489.** — L'ARTIGE, commune de Saint-Léonard (Haute-Vienne). — En cette année Jean de Bony, prieur de l'Artige, prêta une cloche au prieur de l'Artige-Vieille, ainsi que le constate le passage suivant d'un terrier : « Sapchen tuch que Jhoan Bony, prior de l'Artigia, ay beylat l'eychillo que ero en nostro salo de l'Artigia a Moseu Simon Micheu, prior de l'Artigia-Vielho et por sonar a lo messo. E lo dict Moseu Simo a promeys de redre la dicha eychillo toutas veys que sero meytier à nostre motier de l'Artigia. E eysso fach en lo presensso de Mosieu Colau la ✝ segresto de l'Artigia et de Moseu Peyr Laune, prior de la Faya Fach lo x$^{e}$ jour de février l'an mil cccc IIII$^{xx}$ et IX. Micheu, prior de l'Artigia-Vielho. » (Archives de la Haute-Vienne. D. 993, fol. 150 verso.)

**1490.** — SAINT-AIGNAN-DE-VERSILLAC (Creuse). — ✠ BARBARA SANCTA DEUM PRO NOBIS ORA. ANO DMI M° CCCC° LXXX° X°. TE DEUM LAUDAMUS. — ✠ *Sainte Barbe, priez pour nous. L'an du Seigneur 1490. Louons Dieu.*

Cette cloche, qui a 0,88 centimètres de diamètre à la base et 0,75 centim. de hauteur, porte au dessous de son inscription un *Ecce Homo* accompagné des instruments de la passion, et la

Sainte Vierge tenant l'Enfant Jésus. On y voit aussi la marque du fondeur, qui représente une cloche dans un médaillon octogone.

Cette invocation à sainte Barbe se retrouve dans plusieurs autres inscriptions, comme à Aubusson en 1520, à Sagnat en 1534, etc. On invoque cette sainte pour être préservé de la foudre ; elle sauvegarde de tout incendie ; aussi les marins donnèrent-ils le nom de *Sainte-Barbe* au lieu où ils renfermaient les munitions de guerre qu'ils embarquaient avec eux. Elle est aussi la patronne des artilleurs. Sur une cloche de Saint-Emiland (Saône-et-Loire), on voit l'inscription : *A fulgure et tempestate libera nos domine,* dont chaque mot est séparé par un buste de soldat casqué et par une sainte Barbe en pied près de sa tour.

Inscription de la cloche de Saint-Aignan-de-Versillac (1490)

**1493.** — SARRAN (Corrèze). — ✠ XPS VINCIT. XPS REGNAT. XPS IMPERAT. XPS AB OMNI MALO NOS DEFENDAT. L'AN MIL CCCC IIII$^{XX}$ XIII. — ✠ *Le Christ est vainqueur, le Christ règne, le Christ commande. Que le Christ nous défende de tout mal. L'an 1493.*

Cette inscription, qui est en lettres gothiques minuscules, n'avait pu être lue par Simon Madelmon qui, dans sa *Monographie de la commune de Sarran,* lui donne la date de 1408. Il n'y a cependant aucun doute à avoir sur le texte ci-dessus. Le même auteur nous dit qu' « on y trouve adossées quatre images, qu'on croit être celles des patrons de la paroisse qui sont la sainte Vierge, saint Pierre, saint Michel archange. Il y avait une autre cloche portant la date de 1735 », dont il sera parlé à cette date.

Quant à la devise *Christus regnat*, etc., nous la retrouverons plusieurs fois dans la suite. On la voit sur une cloche de Romont de 1416, et sur une de Pisieu dans l'Isère, datée de 1459. C'est une devise qui est très fréquente sur les monnaies françaises des XIV<sup>e</sup>, XV<sup>e</sup> et XVI<sup>e</sup> siècles, et surtout à partir du règne de Charles VII (1422). On la trouve aussi sur l'obélisque de la place Saint-Pierre, à Rome.

**1495.** — SAINT-SORNIN-LA-MARCHE (Haute-Vienne). — ✠ S. JOHANES ORA PRO NOBIS. J. HA DU PIPRO CUR. L D G M CCCC IIII XV. AVE MARIA. — ✠ *Saint Jean, priez pour nous. Jean-Baptiste du Pipro, curé. L'an de grâce 1495. Je vous salue Marie.*

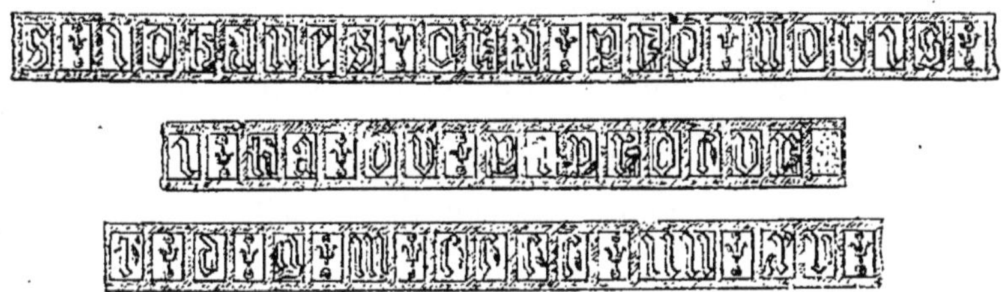

Inscription de la cloche de Saint-Sornin-la-Marche (1495)

Chaque mot de cette inscription est séparé par une fleur de lis qui a une petite rose au dessus et une au dessous. La lettre R est accompagnée d'un héron, tout comme dans l'inscription de Saint-Aignan-de-Versillat 1490. Au bas il y a deux niches gothiques, on voit le Christ en croix dans une, et la Sainte Vierge dans l'autre. Près de cette dernière sont placés les mots *Ave Maria*.

Quoique à la seconde ligne le dessin porte *J. Ha*, je crois qu'il faut y lire *J. Ba* pour Jean-Baptiste, autrement il faudrait y voir le mot *Johanes*, dont la lettre *o* aurait été omise. Dans la date, il faut aussi suppléer le chiffre XX pour faire 95, à moins qu'on ne veuille lire IIII fois XV, ce qui ferait 1460.

**1496.** — FOLLES (Haute-Vienne). — ✠ S. BONAVANTURA. SALVATERRE. L. M CCCC IIII$^{XX}$ XVI. — ✠ *Saint Bonaventure. Salvaterre. L'an 1496.*

Après le nom de saint Bonaventure, un des patrons de l'église de Folles, cette inscription en lettres gothiques porte le mot *Salvaterre*. Voir ce qui est dit à ce sujet pour la cloche de Concèse en 1475.

**1499**. — BORT (Corrèze). — ✠ GERMANUS VOCOR, PATRONUS ET GUBERNATOR VILLE BORTI ET ECCLESIE. ANNO MILLESIMO QUADRINGENTESIMO NONAGESIMO NONO, DIE X MENSIS OCTOBRIS. — ✠ *Je me nomme Germain, patron et gouverneur de la ville et de l'église de Bort. L'an 1499, le 10 du mois d'octobre.*

Cette inscription, donnée par un mémoire anonyme sur la ville de Bort, était « en fort beaux caractères gothiques » sur une grosse cloche cassée en 1768 et refondue en 1770. (M. l'abbé Poulbrière, *Dictionnaire des paroisses du diocèse de Tulle*.)

**1499**. — BRIVE (Corrèze). — ✠ VOX MEA CUNCTORUM FIT TREMOR DEMONIORUM : LAUDO DEUM VERUM, PLEBEM VOCO, CONGREGO CLERUM. — ✠ *Que le son de ma voix fasse trembler tous les démons : Je loue le vrai Dieu, j'appelle le peuple, je rassemble le clergé.*

« La grosse cloche de l'église ci-devant collégiale de Saint-Martin de Brive, dont le son est si agréable et si majestueux, pèse trente-cinq quintaux. Elle fut fondue avec deux autres, plus petites, l'an 1499. Les consuls imposèrent trois sous par tête sur chaque habitant des deux paroisses, non compris les dons particuliers en métal. Entre autres inscriptions qui y étaient gravées, on peut citer les deux vers ci-dessus. (*Histoire de Brive*, p. 165.)

**XV^e siècle**. — NEXON (Haute-Vienne). — ✠ O DEUS TONITRUA TUA REPELLE A TERRA DE NEXONIO. TE DEUM LAUDAMUS. — ✠ *O Dieu, éloignez vos foudres de la terre de Nexon. Louons Dieu.*

**XV^e siècle**. — BILLAC (Corrèze). — ✠ SANCTA MARIA ORA PRO NOBIS. VOX DOMINI SONAT. — ✠ *Sainte Marie, priez pour nous. La voix du Seigneur appelle.*

Cette inscription, en lettres minuscules gothiques de forme allongée, se lisait sur une cloche de l'église de Billac; elle a été refondue en 1891. (M. l'abbé Poulbrière, *Dictionnaire des paroisses du diocèse de Tulle*.) On a déjà vu sa seconde phrase sur la cloche de Chavanat du siècle précédent.

**XV^e siècle**. — BEYSSENAC (Corrèze). — ✠ S. JOANNES, ORA PRO NOBIS. — ✠ *Saint Jean, priez pour nous.*

La cloche de l'église de Beyssenac, qui porte cette inscription, vient de l'ancienne église de Villemaux, dont saint Jean était le patron.

**XVe siècle.** — SAINTE-MARIE-DE-VAUX (Haute-Vienne). — ✠ TE DEUM LAUDAMUS. — ✠ *Louons Dieu.*

Cette inscription en lettres gothiques du XVe siècle se lit sur la cloche de Sainte-Marie-de-Vaux.

**XVe siècle.** — SERVIÈRES (Corrèze). *Séminaire.* — ✠ AVE MARIA. TE DEUM LAUDAMUS. TE DEUM LAUDAMUS. — ✠ *Je vous salue Marie. Louons Dieu. Louons Dieu.*

Cette inscription en lettres gothiques est sur la cloche du séminaire de Servières et provient probablement de l'église paroissiale qui, avant la Révolution, en possédait quatre dont trois avaient une inscription en lettres gothiques.

**XVe siècle.** — LAMONGERIE (Corrèze). — ✠ IHS. M. S. ANTHONIUS. S. GREGORIUS MAGNUS ✠. — ✠ *Jésus. Maria. Saint Antoine. Saint Grégoire le Grand* ✠.

On lit cette inscription en lettres gothiques sur la cloche de Lamongerie.

**XVe siècle.** — CHAPELLE DE MAUMONT, commune de Roziers (Corrèze). — ✠ AVE MARIA GRACIA PLENA. KAROLUS DE MALOMONTE. — ✠ *Je vous salue Marie. Charles de Maumont.*

C'est la première fois que nous trouvons le nom du parrain ou du donateur inscrit sur la cloche. Il s'agit ici apparemment de Charles de Maumont de Fromental, baron de Laroche-Limousi et vicomte de Bridiers, qui épousa au XVe siècle Anne de Bourdeille et mourut en 1526. Ce qui confirme cette attribution, c'est qu'on a trouvé dans les ruines de cette chapelle les armes de Maumont : *d'azur au sautoir d'or cantonné de quatre tours d'argent,* unies à celles de Bourdeille : *d'or à deux pattes de faucon de gueules superposées et armées de sable.*

**XVe siècle.** — LIMOGES. *Saint-Michel-des-Lions.* — ✠ JHS. S. LUP : SUB. XPS : H : SONO : VENTES AURASQUE REPONO. — ✠ *Jésus. Saint Loup. Que le Christ vienne à notre secours. Je sonne les heures, j'apaise les tempêtes et les vents.*

Cette inscription, en lettres gothiques du XVe siècle, se lisait sur une des cloches de l'église de Saint-Michel de Limoges, qui ont été détruites à la Révolution. M. l'abbé Texier, qui l'a publiée dans son *Manuel d'épigraphie* (p. 277), a vu dans le cinquième mot les lettres XPM. D'après un croquis de l'abbé Legros, qui donne la forme des lettres, il me semble qu'il faut lire : XPS. H. et je traduis : *Subveni Christe. Horas sono,* etc.

**XV<sup>e</sup> siècle.** — SAINT-SORNIN-LA-MARCHE (Haute-Vienne). — ✠ EXURGE DNE ADJUVA NOS IRCP DLEM M 29. — ✠ *Levez-vous. Seineur, et venez à notre aide.....*

Une cloche cassée que j'ai vue dans le clocher de Saint-Sornin-la-Marche, et semblant être de la fin du xv<sup>e</sup> siècle, portait l'inscription ci-dessus. Ce sont les premières paroles que l'on chante à la procession des Rogations. Il faut peut-être voir la suite de cette invocation dans les lettres qui la termine, que je ne peux pas expliquer, et alors on aurait les paroles liturgiques entières : *Exurge Domine adjuva nos, et libera nos propter nomen sanctum tuum.*

## XVI<sup>e</sup> Siècle

Le style gothique persiste pendant le xvi<sup>e</sup> siècle dans les ornements, dans les figures comme dans les lettres des inscriptions. Cette persistance à travers les envahissements de la Renaissance s'explique par la conservation et la transmission des matrices que les fondeurs employaient pour les inscriptions et leur décoration.

C'est vers la fin du siècle que les caractères romains succèdent, sur les cloches, aux caractères gothiques. Mais cette transition ne se fait pas subitement. Certains fondeurs restent avec obstination fidèles aux anciens usages.

Même observation pour les chiffres arabes dont l'usage ne se répand dans l'épigraphie campanaire qu'à la fin du siècle.

Les formules d'inscriptions offrent quelques variétés. Outre l'invocation aux patrons qui s'y trouve presque toujours, on y voit souvent des textes de l'Ecriture Sainte, qui renferment quelquefois des allusions aux événements de l'époque. D'autres fois, on y dit le poids et le nom de la cloche, le nom du fondeur, et celui des parrain et marraine. Les croix, les bas-reliefs finement exécutés, et les écussons s'y trouvent aussi en assez grand nombre.

**XVI<sup>e</sup> siècle.** — GUÉRET. — ✠ IHS. MARIA. — ✠ LAUDO DEUM VERUM, PLEBEM VOCO, COLLIGO CLERUM, DEFUNCTOS PLORO, FESTAQUE CUNCTA DECORO. — VOX MEA CUNCTORUM TERROR EST DEMONIORUM. ✠ MESSIRE PIERRE BARTON, CHEVALIER, VICOMTE DE MONTBAS, PARRAIN.

Une cloche appelée *La Bartonne* et portant cette inscription, a servi dans l'église de Guéret jusqu'en 1661, époque à laquelle elle a été refondue (voir à cette date). Elle doit être de la fin du xv^e siècle, ou du commencement du xvi^e. Son inscription est presque la même que celle de la cloche de Brive de 1499. Le parrain dont elle porte le nom doit être Pierre Barton, qui par son testament de 1556, veut être inhumé dans l'église de Guéret, sous une tombe de cuivre, sur laquelle sera écrit : *Cy gist noble et puissant seigneur messire Pierre Barton, chevalier, jadis seigneur vicomte de Montbas, qui trépassa le...*

Cette inscription commence par le nom de Jésus, réduit à ses trois premières lettres : IHS. On l'a déjà vu figurer ainsi sur la cloche de Chavanat à la fin du xiv^e siècle, sur celles de Brignac en 1481, de Lamongerie et de Saint-Michel-des-Lions du xv^e siècle. On le trouvera très fréquemment dans la suite de nos inscriptions. C'est saint Bernardin de Sienne (1380-1444) qui établit et propagea l'usage de représenter, en forme de monogramme, et entouré de rayons, le nom de Jésus réduit à ses trois premières lettres. On a voulu expliquer ce monogramme en le traduisant par ces mots : *Iesus Hominum Salvator*. Cette traduction est erronée, car il ne renferme autre chose que le mot grec ΙΗΣΟΥΣ abrégé.

**1503**. — LENTEUIL (Corrèze). — ✠ O S[ANCTI] AREDI ET COSME ET DAMIANE, DEUM PRO NOBIS ORATE, UT NOS DEFENDAT A FULGURE ET TEMPESTATE. L'AN M CCCCC III. TE DEUM LAUDAMUS (quatre fois répété). — ✠ *O saints Yrieix, Cosme et Damien, priez Dieu pour nous, afin qu'il nous préserve de la foudre et de la tempête. L'an 1503. Louons Dieu.*

Cette inscription est en belles lettres gothiques.

**1503**. — JOURGNAC (Haute-Vienne). — ✠ SANCTE PETRE ORA PRO NOBIS. PAROISSE DE JOURGNAC. M CCCCC III.

J'ignore qu'elle est la forme des lettres de cette inscription. Elle contient une invocation à saint Pierre, patron du lieu, mais le mot paroisse qui y est employé n'est pas conforme au style de cette époque. Peut-être faudrait-il y voir un nom propre, tel que : Pierre de Jourgnac.

**1504**. — LE LINDOIS (Charente). — ✠ SANCTA MARIA ORA PRO NOBIS. L'AN M V C IV. HANS. TE DEUM LAUDAMUS. — ✠ *Sainte Marie priez pour nous. L'an 1504. Hans. Louons Dieu.*

Cette inscription en lettres gothiques porte, après la date, un mot de quatre lettres qui est peu lisible. Je crois y voir le mot Hans, qui est le nom d'un fondeur de cloches que nous allons retrouver en 1510 à Saint-Junien. C'est le plus ancien fondeur dont le nom se lise sur nos cloches. Il est bon de remarquer que Le Lindois était dans l'archiprêtré de Saint-Junien au diocèse de Limoges.

**1503**. — SAINT-PARDOUX-RANCON (Haute-Vienne). — ✠ L'AN M CCCCC IV. S. PARDOU. AVE MARIA.

Les lettres de cette inscription sont en tout semblables à celles de la cloche de Saint-Sornin-la-Marche de 1495, dont le dessin précède. Chaque mot y est aussi séparé par une fleur de lis entre deux roses.

**1504**. — SAINT-NICOLAS-DE-COURBEFY (Haute-Vienne). — ✠ SANCTI NICOLAI. L'AN M CCCCC IIII. TE DEUM LAUDAMUS. VOX DOMINNI AD CIVITATEM CLAMAT. P. FRATREM JOHANEM DE CHAUSSADIS PRIOREM. — ✠ *Saint Nicolas. L'an 1504. Louons Dieu. Le seigneur parle à la ville avec sa voix puissante. P[arrain?] frère Jean de Chaussadis, prieur.*

Cette inscription est en belles lettres gothiques ; elle renferme quelques abréviations dans le passage de l'Ecriture-Sainte qu'elle emprunte au prophète *Michée*, chapitre VI, verset 9e. Cette cloche a un diamètre de 0m75 centimètres et doit peser environ deux cents quarante kilos.

**1504**. — RILHAC-XAINTRIE (Corrèze). — ✠ SANCTE MARTINE ET M[ARI]A MAGD[ALEN]A, ORATE PRO NOBIS. L'AN M CCCCC IIII. — ✠ *Saint Martin et sainte Marie-Magdeleine priez pour nous. L'an 1504.*

**1505**. — MAILHAC (Haute-Vienne). — ✠ J. M. SANCTI GERVASI ET PROTASI, ORATE PRO NOBIS. L'AN M° D° V°. — ✠ *Jésus. Marie. Saints Gervais et Protais, priez pour nous. L'an 1505.*

Cette invocation aux patrons de la paroisse de Mailhac est en lettres gothiques.

**1506**. — CHABRIGNAC (Corrèze). — ✠ IHS. M[ARI]A. — S[AN]CTE DIONISII, ORA PRO NOBIS. ANNO M° CCCCC° VI. — ✠ *Jésus. Marie. — Saint Denis, priez pour nous. L'an 1506.*

**1507**. — BEAULIEU (Corrèze). — L'AN MIAL CCCCC VII. — *L'an 1507.*

Un fragment de cloche recueilli dans le cimetière de Beaulieu porte cette inscription en lettres gothiques.

**1508**. — PEYRAT-LE-CHATEAU. Ancienne paroisse de Beaulieu (Haute-Vienne). — ✠ SCS MA MAGDALENA ORT. A° D. M° CCCCC° VIII°. — ✠ *Sainte Marie et sainte Madeleine priez pour nous. L'an du seigneur 1508.*

Cette inscription est en lettres gothiques minuscules fort

allongées, et sans aucun ornement. Au-dessous on voit deux bas-reliefs représentant, l'un, Notre-Seigneur attaché à la croix, l'autre, le même sujet où la sainte Vierge et saint Jean sont aux côtés de la croix. Elle est encore accompagnée d'une grande croix formée de feuillages entrelacés.

Cette cloche a 0m55 centimètres de diamètre et doit peser environ cent kilos. Beaulieu était une paroisse sous le patronage de sainte Madeleine. Aujourd'hui elle fait partie de celle de Peyrat-le-Château.

**1509**. — CHARRIÈRES, commune de Saint-Maureil (Creuse). — ✠ IHS. MA SANCTE JOHANNES BAPTA ORA PRO NOBIS. L'AN MIL VC IX. — ✠ *Jésus. Marie. Saint Jean-Baptiste priez pour nous. L'an 1509.*

Trois bas-reliefs accompagnent cette inscription en lettres gothiques. L'un représente Notre-Seigneur en croix, le second un évêque, et le troisième un chevalier tenant une lance.

L'église de Charrières, où se trouve cette cloche, était placée sous le vocable de saint Jean-Baptiste, et appartenait à l'Ordre de Malte. Aujourd'hui elle est dans la commune de Saint-Maureil,

**1509**. — AURIAT (Creuse). — ✠ SANCTA MARIA, ORA PRO NOBIS. L'AN M V C [E]T VIIII. TE DEUM LAUDAMUS. — ✠ *Sainte Marie priez pour nous. L'an 1509. Louons Dieu.*

« Cette inscription se lit sur la cloche de l'église paroissiale d'Auriat. Les lettres, en gothique carrée, à l'exception du T, imitent des rubans repliés à leur extrémités. Elles sont disposées sur un fond de fleurons élégants. » (TEXIER, *Epigraphie*, p. 279).

**1510**. — SAINT-JUNIEN-SUR-VIENNE (Haute-Vienne). — Le 19 novembre 1510, à quatre heures du matin, fut fondue la cloche appelée Saint-André, par un maître Allemand, nommé Anse. Il l'avait manquée ci-devant faute de métal.

Le 8 décembre, fut bénite, sous le nom de Saint-André, la cloche qu'on avait fait fondre pendant la vacance de la prévôté. Le nouveau prévôt fut parrain, et marraine Valérie Fulconne, femme de Me Clément Barenger (*Chron. du chapitre de Saint-Junien*, publiée par M. A Leroux).

Jean Barton de Montbas, évêque de Limoges et prévôt de Saint-Junien, mourut en effet au château d'Isle, le 13 septembre 1510. C'est après sa mort que cette cloche fut fondue. Son successeur dans cette prévôté, qui fut parrain, est Jean de Reilhac, licencié en décrets, protonotaire du Saint-Siège, frère de Bertrand de Reilhac, vicomte de Brigueil. Il avait été élu par voie de scrutin le 2 décembre 1510.

Quant au fondeur, Anse ou Hans, formule populaire en Allemagne pour Johannes, Jean, il semble être celui dont il est déjà fait mention en 1504 sur la cloche du Lindois.

**1510.** — SAINT-LÉGER-BRIDEREIX (Creuse). — ✠ A[VE] M[ARIA] G[RATIA] P[LENA] D[OMINUS]. ✠ L'AN MIL CINQ CENS ET DIS FUC FETE LA CLOCHE DE SENT LÉGIER. — ✠ *Je vous salue Marie pleine de grâce, le seigneur.* ✠ *L'an 1510, fut faite la cloche de Saint-Léger.*

Inscription de la cloche de Saint-Léger-Bridereix (1510)

Le dessin qui reproduit cette inscription nous montre aussi les trois bas-reliefs qui l'accompagnent. Notre Seigneur en croix (sujet répété deux fois), la Sainte-Vierge tenant l'enfant Jésus, et saint Antoine.

**1510.** — ARRÊNES (Creuse). — ✠ S KTERINO ✠ S FIACRE ✠ S BARBO ✠ IOFP ✠ SCIOABT. — ✠ *Sainto Cotherino* ✠ *Saint Fiacre* ✠ *Sainto Barbo* ✠ *Saint Joseph* ✠ *Saint Jean-Boptisto.*

Une première observation à faire est que le texte de cette inscription est en patois, c'est je crois le seul exemple qu'on en connaisse jusqu'alors.

Cette cloche semble avoir été fondue par le même artiste que la précédente. Saint-Léger-Bridereix, localité du même département, est peu éloigné d'Arrênes. D'autre part, je constate que les caractères dont ces deux inscriptions sont formées, les ornements qui les accompagnent, les croix qui séparent les mots, et surtout les bas-reliefs qui sont aux quatres côtés, sont exactement les mêmes. Il est certain que toutes les lettres, ainsi que les bas-reliefs, ont été produits par les mêmes matrices. Non seulement les sujets des bas-reliefs sont les mêmes, mais encore ils sont disposés de la même manière. C'est d'abord un calvaire répété deux fois, puis la Sainte-Vierge, et enfin saint Antoine. Je ne crois pas qu'il y ait eut de raison de mettre l'effigie de ce saint sur la cloche de Saint-Léger, pas plus que sur celle d'Arrênes, mais le fondeur qui possédait cette matrice la mettait sur toutes ses œuvres.

**1510**. — MONTROLLET (Charente). — ✠ SANCTI SULPICI ET ANTONI ORATE PRO NOBIS. L'AN M CCCCC X. — ✠ *Saint Sulpice et saint Antoine priez pour nous. L'an 1510.*

Cette inscription en lettres gothiques était sur la cloche de Montrollet, dont saint Sulpice est le patron. Cette paroisse jadis du diocèse de Limoges, dans l'archiprêtré de Saint-Junien, est aujourd'hui dans le département de la Charente.

**1511**. — LIMOGES. *Abbaye de la Règle.* — ✠ SIMON B. DE POMPADOUR. M CCCCC XI. TE DEUM LAUDAMUS. — ✠ *Simon B. de Pompadour. 1511. Louons Dieu.*

Les derniers mots de cette inscription en caractères gothiques se trouvent sur une croix en reliefs, qui sert d'ornement à la cloche, L'abbé Legros qui l'a relevée et l'a publiée dans la *Feuille hebdomadaire de Limoges* du 7 décembre 1779, y a lu DE VILAVDANVS. L'abbé Texier qui la croyait inédite, la donne de même d'après le manuscrit de l'abbé Legros, dans son *Manuel d'épigraphie*, p. 279. C'est une lecture fautive. Il y a *Te Deum laudamus*. J'ai vu plusieurs fois sur les cloches de cette époque une croix portant ces mots, et on en trouvera un exemple ci-après sur la gravure qui reproduit celle de Saint-Priest-la-Feuille en 1522.

C'est à propos de cette inscription que l'abbé Texier a écrit les lignes suivantes traduisant parfaitement ma pensée : « Nous demandons un peu d'indulgence pour les inscriptions de ce genre que nous avons encore à transcrire en assez grand nombre. Lors même qu'elles ne nous feront pas connaître quelques maîtres fondeurs inconnus, ces simples dates pourront, à la longue et en se réunissant, fournir la matière d'une appréciation qui aurait son intérêt. S'il était établi que la pupart des cloches datent d'une certaine époque, ne pourrait-on pas induire de ce fait, en apparence si insignifiant, qu'il y eut alors un retour aux pratiques religieuses, retour qui avait sa traduction dans la restauration de l'art catholique? Notre recueil est une déposition, et nous devons tenir à la faire complète. Après nous, d'autres tireront de ces matériaux un parti que nous n'avons même pu entrevoir. »

**1511**. — LIMOGES. *Collège*. — ✠ REQUIESCANT IN PACE. AMEN. L[AN] M CCCCC ET XI. TE DEUM LAUDAMUS. CELI. ✠ — *Qu'ils reposent en paix. L'an 1511. Louons Dieu. Celi.*

Cette inscription en caractères gothiques se lisait avant la Révolution sur une cloche du collège de Limoges. Elle est antérieure à la création du collège qui eut lieu en vertu d'un accord entre les consuls et le chapitre de Saint-Etienne le 2 juin 1525. Je ne saurai dire si le mot Celi qui la termine est le nom d'un fondeur, d'un parrain, ou de celui à qui on devait cette cloche.

**1511**. — LA BAZEUGE (Haute-Vienne). — ✠... M CCCCC XI...

La cloche de La Bazeuge porte une inscription dont les premiers mots sont illisibles. Ils contiennent probablement une invocation à saint Léger, évêque et martyr, son patron. La date 1511 parfaitement venue, devait être suivie des mots *Te Deum laudamus*.

**1511**. — ROCHECHOUART (Haute-Vienne). — Eglise paroissiale de Saint-Sauveur.

Par acte du 6 septembre 1511, François de Rochechouart fit remise d'une somme de 51 sols tournois aux consuls et habitants de la ville pour les aider à dégager les prés communaux hypothéqués à « certains personnages », en garantie d'une somme de 100 livres, destinée à faire fondre la cloche de l'église paroissiale de Saint-Sauveur.

**1517**. — PALISSE (Corrèze). — ✠ O D[OMIN]A, MATER MI[SERICORDI]E, MISERERE N[OST]RI ET SALVA NOS A FULGURE, GELU ET TEMPESTATE. L'AN M V^C XVII. AVE M[ARI]A. TE DEUM LAUDAMUS. — ✠ *O souveraine, mère de miséricorde, ayez pitié de nous et préservez-nous de la foudre, de la gelée et de la tempête. L'an 1517. Je vous salue Marie. Louons Dieu.*

La cloche qui portait en belles lettres minuscules gothiques cette inscription, a été refondue en 1898.

**1519**. — PEYRELEVADE (Corrèze). — ✠ IHS. MA. XPS REGNAT, XPS IMPERAT, AB OMNI MALO NOS DEFENDAT, PER TE MICHAEL. ANNO DNI M V^C XIX. — ✠ *Jésus. Maria. Le Christ règne. Le Christ commande. Qu'il nous défende de tout mal, par toi saint Michel. L'an du seigneur 1519.*

**1519**. — LES ALLOIS, commune de La Geneytouse (Haute-Vienne). — Le 19 juillet 1519 une cloche fut fondue à l'abbaye des Allois, et bénite solennellement le 6 août. Le procès-verbal de cette cérémonie se trouve dans l'*Obituaire des Allois* publié par M. A. Leroux (*Archives historiques du Limousin*, tome V, pages 229). C'est le plus ancien que je connaisse. En voici le texte :

*Nota quod die hodierna, die sabbati in transfiguracione Domini nostri Jhesus Cristi, die sexta mensis augusti, in monasterio abbatie de Allodiis, ordinis sancti Benedicti, et beate virginis Marie et beati Laurencii Levithe et martiris, in presencia religiosarum dicti conventus et vicariorum dicte ecclesie et monasterii, fuit benedicta et consecrata quedam campana sive eychilla ad usum chori, in honore beati Johannis Babtiste. Quam eychillam sive campanam domiuus Johannes Lavaudi, presbiter, benedicit et consecravit secumdum ritum et morem ecclesie beati Stephani prothomartiris. Quam eychillam benedictam levaverunt et tenuerunt prudens vir Marcialis Romanet, burgensis et mercator castri Lemovicensis diocesis et dominus deou Surzou, patrinus, et venebilis domina, domina Francisca de Jaunhac, abbatissa abbacie venerabilis conventus de Allodiis, matrina predicte campane. In qua quidem campana est scriptum nomen domini Johannis Lavaudi, presbiteri parrochie S*[ti] *Aredii-les-boys. Que quidem campana fuit fusa sive foundudo in loco de Aurelio, in vigilia beate Marie Magdalene, decima nona mensis julii, anno Domini millesimo quingentesimo decimo nono.*.

*Ego Johannes Lavaudi, presbiter, solvi VI libras monete regis pro emendo metallum predicte campane sive eychillo, beati Johannis Babtiste vocate.*

**1520**. — LIOURDE (Corrèze). — ✠ IHS. MARIA. SANCTE CLODOALDE, ORA PRO NOBIS. L'AN MIL V$^{C}$ ET XX. TE DEUM LAUDAMUS. AVE MARIA. — ✠ *Jésus. Maria. Saint Cloud priez pour nous. L'an 1520. Louons Dieu. Je vous salue Marie.*

**1520**. — AUBUSSON (Creuse). — ✠ IHVS. MARIA. BARBARA VIRGO DEI. TU ES REX GLORIE XPE. MISERERE MEI. FAICTE L'AN MIL CINQ CENS ET VINGT. AMEN. — ✠ *Jésus. Marie. Barbe vierge de Dieu. Vous qui êtes le roi de gloire, le Christ ayez pitié de moi. Faite l'an 1520. Amen.*

Cette inscription en caractères gothiques de quatre centimètres de hauteur est sur la cloche qui sert de timbre à l'horloge de la ville d'Aubusson. Le texte et les bas-reliefs qui l'accompagnent ont beaucoup de rapport avec ceux de la cloche de Saint-Aignan-de-Versillac 1490, et de Sagnat 1534. Les quatre sujets que nous trouvons ici sont : 1° une grande croix posée sur trois marches et couverte de petites croix, pareilles à celle qui précède l'inscription; 2° un évêque mitré portant la crosse et bénissant ; 3° saint Michel terrassant le démon. Sa main droite tient une épée prête à frapper, la gauche porte le bouclier, et un de ses pieds est posé sur la poitrine de Satan ; 4° la Sainte-Vierge portant l'Enfant-Jésus (M. C. Pérathon).

**1522.** — SAINT-PRIEST-LA-FEUILLE (Creuse). — ✠ SANCTA MARIA ORA PRO NOBIS. L. M V^C XXII. DIDIER S.S. TE DEUM LAUDAMUS. — ✠ *Sainte Marie priez pour nous. L'an 1522. Didier S.S. Louons Dieu.*

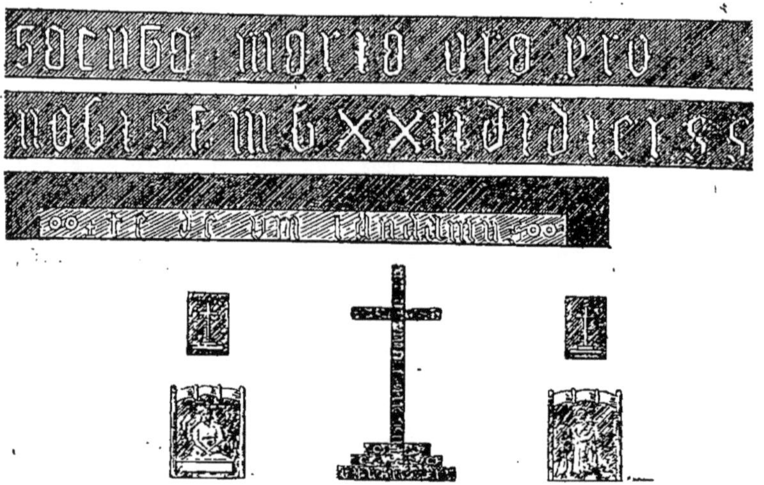

Inscription de la cloche de Saint-Priest-la-Feuille (1522)

Cette inscription est en caractères de quatre centimètres de haut. Je la dois, ainsi que le dessin qui l'accompagne, à M. Valadeau, qui en a recueilli plusieurs autres dans les paroisses voisines. On voit entre les bas-reliefs qui la décorent une croix sur laquelle le fondeur a répété les mots *Te Deum laudamus.*

**1523.** — BRIVEZAC (Corrèze). — ✠ IHS. SANCTA MARIA ORA PRO NOBIS. L'AN MIL CCCCC XXIII. TE DEUM LAUDAMUS. ✠ *Jésus. Sainte Marie priez pour nous. L'an 1523. Louons Dieu.*

Cette inscription en lettres gothiques se voit sur la petite cloche de Brivezac. (L'abbé Poulbrière, *Dict. des paroisses*).

**1524**. — BERNEUIL (Haute-Vienne). — ✠ JESUS. MARIA. S. SESSATOR. S. PAULE. ORATE PRO NOBIS. L. M $\text{V}^{\text{C}}$ XXIIII. TE DEUM LAUDAMUS. — ✠ *Jésus. Marie. Saint Cessateur. Saint Paul priez pour nous. L'an 1524. Louons Dieu.*

La cloche de Berneuil, qui porte en belles lettres gothiques cette invocation au patron de la paroisse, Saint-Cessateur, a soixante-seize centimètres de diamètre et doit peser environ 250 kilos.

**1525**. — LA SOUTERRAINE (Creuse). — ✠ S. ANDREA, A FULGURE ET TEMPESTATE DEFENDE NOS ET ORA PRO NOBIS. AMEN. FAICT EN DECEMBRE L'AN MIL CINQ CENT VINGT ET CINQ. F. TORTOLOU. — ✠ *Saint André préservez nous de la foudre et de la tempête et priez pour nous. Amen. Faite en décembre l'an 1525. P. Tortolou.*

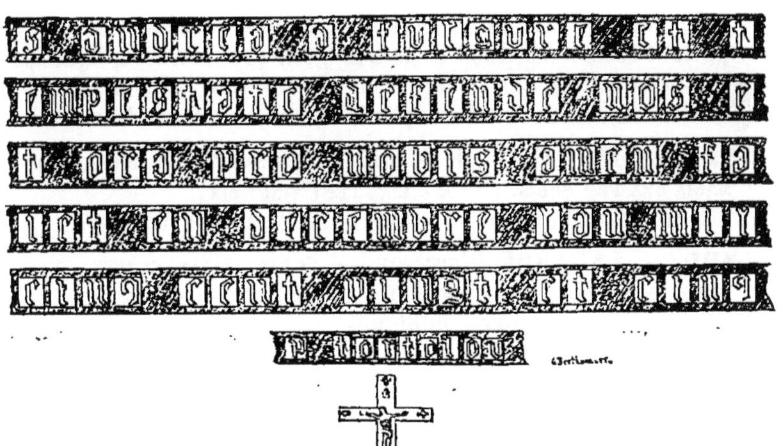

Inscription de la cloche de La Souterraine (1525)

La grosse cloche de la Souterraine, qui a un mètre vingt-sept centimètres de diamètre, doit peser euviron 1,100 kilos. Son inscription en lettres gothiques est accompagnée d'un Christ en croix entre deux personnages, ainsi que le montre la gravure.

Le nom de P. Tortolou qui la termine doit être celui ou du parrain ou du donateur ; je ne crois pas qu'il faille y voir celui du fondeur. Un village de la commune de Saint-Martin-Château porte le même nom qu'on écrit aujourd'hui Tourtoulou.

**1525**. — ARGENTAT. *Hospice* (Corrèze). — ✠ SANCTA KATHERINA. ANTHONI SABATIE LA FET FER. L'AN M V^C XXV. TE DEUM LAUDAMUS. — ✠ *Sainte Catherine. Antoine Sabatie l'a fait faire. L'an 1525. Louons Dieu.*

Cette cloche qui est aujourd'hui à l'hospice d'Argentat vient de l'ancienne chapelle placée sous l'invocation de saint Jean et sainte Catherine, dans le cimetière paroissial. Il y avait une chapellenie du nom de Sainte-Catherine de la Guillelmie. (L'abbé Poulbrière, *Dict. de paroisses*).

**1525**. — CHARTRIER (Corrèze). — ✠ SANCTE PÈTRE ORA PRO NOBIS. 1525.

Saint Pierre est le patron de la paroisse de Chartrier.

**1525**. — BRILLAC (Charente). — ✠ S. MARIA MAGDALENA ORA PRO NOBIS. L'AM M V^C XXV. MM.

Brillac, qui était du diocèse de Limoges, possède une cloche portant cette inscription en lettres gothiques. Je n'explique pas les deux lettres qui la terminent. Peut-être le fondeur les a-t-il mises uniquement pour remplir la ligne qui entoure la cloche.

**1526**. — DARNAC (Haute-Vienne). — ✠ SANCTE JOHANNES. SANCTA MARIA ORA PRO NOBIS. L'AN MIL CINQ CENT VINGT-SIX.

Saint Jean-Baptiste est le patron de l'église de Darnac.

**1532**. — LAGARDE (Corrèze). — ✠ IHS. MARIA. SANCTE LEODEGARIE, S. ANTHONI ORATE PRO NOBIS. L'AN MIL CINQ C TRENTE DEUX.

Inscription en lettres gothiques.

**1532**. — SAINT-ÉLOI-PRÈS-SÉGUR (Corrèze). — ✠ SANCTE ELOI ORA PRO NOBIS. L'AN MIL V^C XXXII. NOBLE KATERINE DE SALAGNAC.

Les ornements qui accompagnent cette inscription sont une tour en relief, et un écusson à trois bandes. Les armes de la famille de Salagnac sont *bandé d'or et de sinople de six pièces*. Le nom de Catherine de Salagnac est sur cette cloche, ou parce qu'elle l'a donnée à l'église de Saint-Eloi, ou parce qu'elle a été marraine. Nous voyons ici l'usage encore suivi pour le baptême ; à cette époque il n'y avait qu'un parrain, ou une marraine.

**1533**. — NOAILLES (Corrèze). — ✠ SANCTE DEUS, SANCTE FORTIS, SANCTE ET IMMORTALIS. XPS VENIT IN PACE. DEUS HOMO FACTUS EST. L'AN M CCCCC XXXIII.

**1534**. — NESPOULS (Corrèze). — ✠ SANCTE JULIANE, ORA PRO NOBIS. — CHRISTUS VENIT REX IN PACE. DEUS HOMO FACTUS EST. L'AN MILLE CCCCC XXXIIII.

Cette inscription est en lettres gothiques.

**1534**. — SAGNAT (Creuse). — ✠ JESU. MARIA. SANCTA BARBARA ORA PRO NOBIS, SANCTA CHATERINA ORA TE. L'AN MIL V^C XXXIIII.

Inscription de la cloche de Sagnat (1534)

Cette inscription en lettres gothiques est accompagnée de quatre bas-relief et d'une belle croix. Les bas-reliefs représentent : 1° un *Ecce Homo* avec les instruments de la passion ; 2° la Sainte Vierge tenant l'Enfant-Jésus ; 3° saint Michel terrassant le démon, son écu porte une croix ; 4°, les armes de Foucaud, seigneur de Saint-Germain-Beaupré. *d'azur, semé de fleurs de lis d'or*. Sur la croix, le fondeur a mis, aussi en lettres gothiques : *Ave Maria*.

Cette cloche de Sagnat, qui a 1^m10 centimètres de diamètre doit peser environ 750 kilos.

**1535**. — LARCHE (Corrèze). — ✠ SANCTE LEODEGARI ORA PRO NOBIS. L'[AN] M V^C XXXV. TE DEUM LAUDAMUS.

**1535**. — SAINT-DIZIER (Creuse). — ✠ S^TE PAULE ORA PRO NOBIS. L'[AN] M V^C XXXV.

On lit cette inscription en lettres gothiques sur une cloche, hors d'usage, que j'ai vue en 1865, dans le clocher de Saint-Dizier près Bourganeuf.

**1536**. — LIMOGES. *Couvent des Carmes déchaussés*. — ✠ IHS. MA. SANCTE ANDREA ORA PRO NOBIS. M CCCCC XXXVI.

Une croix ordinaire, et une croix de Saint André accompagnaient cette inscription en lettres gothiques sur deux cloches (trois d'après l'abbé Texier) du monastère des Carmes, qui était consacré à saint André.

**1536**. — LA CHAPELLE-SPINASSE (Corrèze). — ✠ IHS. SANCTA MARIA ORA PRO NOBIS. M V^C XXX VI.

**1538**. — ARGENTAT (Corrèze) — ✠ IHS. MARIA. — XPS VINCIT. XPS REGNAT, XPS IMPERAT, XPS AB OMNI MALO NOS DEFENDAT. L'AN MIL V^C XXXVIII. TE DEUM LAUDAMUS.

**1538**. — NEUVIC (Haute-Vienne). — ✠ IHS. MARIA. — INTER NATOS MULIERUM NON SURREXIT MAJOR JOHANNE BAPTISTA. AN. CHAPPOMIAUD ET MESTRE ANTHOINE DE LA CHEISE, SINDIS. M V^C XXXVIII. ✠ M. PIRAU. M LOUIS PUATOR. M. LOUIS DE LA COUE.

Le passage de l'Ecriture Sainte (*St-Mathieu*, chap. XI) publiant les grandeurs de saint Jean-Baptiste le patron de Neuvic est à peine reconnaissable tant le fondeur en a défiguré les mots.

**1539**. — MOISSANNES (Haute-Vienne). — ✠ SANCTE MAURICI ORA PRO NOBIS. L'AN MIL CCCCC XXXIX.

Ces mots se lisent sur la grosse cloche de Moissannes. Pour la dérober au creuset révolutionnaire, les fidèles de cette église, en 1791, eurent l'idée de l'enfouir. C'est ainsi que cette petite paroisse a réussi à garder deux grosses cloches, celle-ci de 1539, et une autre de 1575.

**1542**. — MANSAC (Corrèze). — ✠ IHS. MARIA. S[ANC]TE XTOFORE. L'AN MIL V^C XXXXII. TE DEUM LAUDAMUS. TE DEUM LAUDAMUS.

Saint Christophe est le patron de l'église de Mansac, c'est pour cela que son nom figure en tête de cette inscription, dont les lettres sont gothiques.

**1543**. — SAINT-GENIER, annexe de Curemonte (Corrèze). — IHS. M[ARI]A. SANCTI GENESI ET LAURENTI ORATE PRO NOBIS. L'AN M CCCCC XXXXIII.

Cette inscription est aussi en lettres gothiques.

**1546**. — BRIVE. *Eglise de Saint-Martin*. — ✠ IHS. M. L'AN MIL CCCCC XLVI. ONT FAICT FAIRE LA P[RESE]NTE CLOCHE LES HABITANS DE

BRIVE, ESTANS CONSULS : MASSE POLVEREL, JEHAN LECHON, M. JEHAN DE LA TREILLE, JACQUES TENCHURIEL. SALUS NOSTRA IHS. XPS. TE DEUM LAUDAMUS.

Ces deux dernières phrases sont dans des ornements au bas de la cloche.

**1548.** — LIMOGES. — C'est à cette époque que la ville de Limoges, en punition de certains troubles, fut privée de ses cloches ainsi que je l'ai rapporté dans les préliminaires de cette étude. Trois ans plus tard, en 1551, il lui fut permis d'en user de nouveau. On trouvera à cette dernière date les inscriptions de plusieurs qui furent alors fondues : une pour Saint-Michel, deux pour Saint-Martial. Il y en a aussi probablement deux pour Saint-Pierre, car on voit, quelque temps après « Sire Johan Romanet, fabricien de cette église, payer quelque argent que devait la fabrique depuis que les cloches avaient été faites » (*Annales manuscrites de Limoges*, p. 347).

**1548.** — LIMOGES. *Saint-Pierre-du-Queyroix.* — ✠ JOHANNES ES MINEM NAEM. MIN GHAELVIT 3[i] GOCT REQVIAEM. PETRVS VAN DEN GHAM ME FECIT M CCCCC XLVIII. -- HEER LOEI ALS PASTOR ET JAN STOBANT EN INCHEL BECKE HEBREN MI DOEN MAKEN ALS KERCK MEERSTERS IN DIEN TIT.

La quatrième cloche de Saint-Pierre-du-Queyroix, appelée le *Verthamont*, probablement le nom de celui qui l'avait donnée, portait l'inscription ci-dessus. Les caractères en sont gothiques, mais la légende est flamande. L'abbé Legros qui l'a relevée, et l'abbé Texier qui l'a publiée n'ont pas pu en donner la traduction. Un bienveillant concours me permet d'être plus heureux. Voici comment on peut la traduire : ✠ *Jean est mon nom. Mon timbre* [*est*] *3e octave du Requiem. Pierre Van den Gham m'a fait. 1548. — Messire Louis comme pasteur, et Jean Strobant et Michel Van den Becke m'ont fait faire comme* [*étant*] *fabriciens en ce temps là.*

Cette cloche, fondue pour quelque église du nord, a probablement été portée chez nous comme dépouille de guerre et achetée par un Verthamont qui l'aura donnée à l'église de Saint-Pierre. Le cas de cloches ainsi enlevées dans les temps de guerre n'est pas rare. Nous allons voir en 1586 les soldats du régiment de La Maurie emporter celle de Laguenne ; en 1615 une cloche de La Bussière emportée au Dorat par les soldats de la garnison ; en 1616 celles de Mascheix emportées par des gens de guerre, etc.

**1550.** — BELLEGARDE (Creuse). — ✠ IHS. S. MARIA. S. BLASI ORATE PRO NOBIS. L'[AN] M CCCCC L. — ABCDEFGHIJKLMNOPQRSTUVXYZ. 1234567890.

Cette inscription est en caractères gothiques ; le fondeur l'a terminée par la suite des lettres de l'alphabet. Nous trouverons d'autres exemples de cela, et en particulier sur une cloche de Saint-Léonard 1676.

**1550.** — PERPEZAC-LE-BLANC (Corrèze) : — ✠ LAUDO DEUM VERUM, PLEBEM VOCO, CONGREGO CLERUM. DEFUNCTOS PLORO, PESTEM FUGO, FESTA DECORO.

Ces deux vers bien connus se lisent sur la cloche de Pepezac-le-Blanc.

**1551.** — LIMOGES. *Saint-Michel-des-Lions.* — ✠ IHS. MARIA. SANCTE MICHAEL ARCHANGELE DEFFENDE NOS IN PRELIO. — UT NON PEREAMUS IN TREMENDO JUDICIO. — BENEDICITE SACERDOTES DNI DNO. BENEDICITE SERVI DOMINI DOMINO. DANIEL. 3.

Six vingtz ans sont que premier je fus faicte,
Aux dépens des curé et prestres de Saint-Michel,
Et depuis cassée et reffaicte, aux mesmes despens,
Par Lemaistre qui m'a au double augmentée et fondue,
En fevrier mil cinq cent cinquant et ung.
*Te Deum laudamus.*

Ce sont toujours les lettres gothiques qu'on trouve dans ces inscriptions. Dans celle-ci les caractères employés pour la seconde partie, sont plus petits que ceux de la première. On y remarquera aussi le nom du fondeur Lemaistre.

**1551.** — LIMOGES. *Abbaye de Saint-Martial.* — ✠ LAUS TIBI DNE, REX ETERNE GLORIE. — SCTE MARTIALIS INTERCEDE PRO NOBIS.

*Fecerat ingentem, rursum renovat et auxit*
*Nobile collegium, bis ternis millibus addens*
*Millia quinque, suis non parcens opibus, ut par*
*Sit, nec in merito nulli me cedere cantu, actum.*
*Te Deum laudamus*
*Desiderius Gaulbyot me fecit anno Dni*
M CCCCC LI°, *mense julii*

La grosse cloche de Saint-Martial qui portait cette inscription en lettres gothiques, avait six pieds de diamètre, nous dit L'abbé Legros. Elle pesait 1,100 kilos. Elle fut brisée à la Révolution. On l'appelait le *Gros Martial*. Le peuple la nommait aussi *le Tocsin*, ou la *Sauveterre*. J'ai déjà parlé de ce dernier nom au sujet de la cloche de Concèze de 1475. Tulle en possédait une de de ce nom, qui fut aussi brisée en 1793, ainsi que celles appelées *Saint-Martin* et *Saint-Laud*. « Elle était nommée *Salveterre*, parce qu'on ne la sonnait que lorsque l'orage menaçait nos campagnes. Les hommes gagés à cet effet devaient la sonner depuis le 1er juin, jusqu'à la Saint-Michel, c'est-à-dire tant que les fruits étaient sur la terre ». (F. Bonnély, *Hist. de Tulle*, t. II, p. 96, 104).

**1551**. LIMOGES. *Abbaye de Saint-Martial.* — ✠ AUSTRICLINIANUS ANTEA VOCATUS, CANONICORUM BENEFICIO ET LIBERALITATE ITERUM REFUSUS, ET AUCTUS LIBRARUM V$^{C}$ PONDERE, MENSE JULI. DESIDERIUS GAULBYOT ME FECIT ANNO DOMINI M$^{o}$ V$^{o}$ LI$^{o}$. TE DEUM LAUDAMUS.

On appelait cette cloche *le Petiniaud*, elle devait être nommée l'*Austriclinien*. On y voyait les armes du chapitre surmontées d'une crosse, et autour ces mots : *Capitulum sci martialis Lemovicensis*. Le tout en caractères gothiques.

**1551**. — JABREILLES (Haute-Vienne). — ✠ SANCTE MARTIALIS, ORA PRO NOBIS. L'AN M CCCCC LI.

**1552**. — EYMOUTIERS (Haute-Vienne). — ✠ IHS. MA. AD SACRA VOS POPULI ACCERSO MYSTERIA, NEC NON. TETRA STREPITU FULMINA PELLO MEO. FACIEBAT ANTONIUS DAVID PULUS [DE POLIGNAC] ECCLESIE PREPOSITUS, ANNO DNI M D LII. AVE MARIA. TE DEUM LAUDAMUS.

Ces deux dernières invocations sont répétées cinq fois. Le nom du prévôt qu'il est difficile de lire dans cette inscription en caractères gothiques, est Antoine David de Polignac, qui le fut de 1530 à 1581.

**1552**. — JOUILLAT (Creuse). — ✠ L'AN M V$^{C}$ LII. TE DEUM LAUDAMUS. AVE MARIA.

Ces deux invocations sont répétées quatre fois sur la cloche de Jouillat. Caractères gothiques.

**1555**. — LIMOGES. *Abbaye de Saint-Martial.* L'*Obituaire* de de Saint-Martial nous apprend, dans les termes suivants, qu'une cloche, nommée *Saint-Benoit*, fut fondue le 5 mai 1555 : « Fut funduo la clocho de sain Benoy le cintieme jour de may v cenx LV ».

**1555**. — PALAZINGE (Corrèze). — ✠ BAPTISÉE EN M VC LV. MARIE CÉROD MARAINE. DE MAISEY PARAIN.

Cette cloche a été refondue en 1775 et son inscription conservée sur la nouvelle. Elle nous fournit la plus ancienne mention du parrain et de la marraine nommés dans l'inscription elle-même. On a vu cependant à Saint-Junien en 1510, et aux Allois en 1519 leur nom figurer au procès-verbal de la bénédiction, et nous le verrons encore à Limoges en 1567.

**1558**. — LE LONZAC (Corrèze). — ✠ S[ANC]TA MARIA ORA PRO NOBIS. L'AN MIL CCCCC LVIII.

**1558.** — TEYJAT (Dordogne). — ✠ AVE MARIA. M V^C LVIII.

La cloche de Teyjat, qui a 0m72 centimètres de diamètre, pèse un peu plus de 200 kilos. Les lettres gothiques de son inscription sont assez mal venues. Il peut y avoir *sancta Maria* au lieu de *ave Maria*. Les mots sont séparés par un écusson, ou cartouche portant une croix ordinaire.

**1559.** — SAINT-BARTHELEMY (Dordogne). — ✠ IHS. S. BARTHOLOME ORA PRO NOBIS. M V^C LIX.

La cloche à 0m75 centimètres de diamètre et pèse environ 238 kilos. Caractères gothiques.

**1560.** — PAULHAC, commune de Saint-Etienne-de-Fursac (Creuse). — L'église de la commanderie de Paulhac possédait une cloche fondue en 1560. Cassée en 1885, elle a été refondue en 1887. Voir à cette dernière date.

**1561.** — CHAPELLE-BALOUE (La) (Creuse). — ✠ SCCTA MA. ORA PRO NOBIS. M VC LXI. MESSIRE LEON RANCE.

Inscription de la cloche de La Chapelle-Baloue (1561)

La cloche de la Chapelle-Baloue a 0m73 centimètres de diamètre et pèse environ 220 kilos. L'inscription qu'on y lit est surmontée d'une élégante couronne de fleurs de lis, et accompagnée d'un calvaire, et d'une grande croix ornée de feuilles de houx. On voit au commencement un écusson portant un chevron et un croissant; il ne semble pas être celui de Léon Rance, seigneur de la Chapelle-Baloue, qui y est nommé, et que nous retrouverons sur une cloche de Vareilles en 1593, car la famille Tiercelin de Rance porte *d'argent à deux tierces mises en sautoir, cantonnées de quatre merlettes de sable.*

**1565.** — CHAMPAGNAC-LA-PRUNE (Corrèze). — ✠ SOLI DEO HONOR ET GLORIA. M D LXV.

**1567.** — LIMOGES. *Saint-Maurice.* — Les registres paroissiaux de cette église nous fournissent des renseignements précis sur le fondeur d'une cloche, sa bénédiction, ses parrain et marraine : « François Roulan, dit Lansaman, fondeur et habitant es faubourg de la porte Boucherie de la ville de Limoges..... a fondu la cloche du cyvory du cimetière de l'église de Saint-Maurice de la cité de Limoges, le vendredi 6e jour de juin 1567, et fut baptisée le dimanche 15e dudit mois de juin. Et fut parrain Léonard Leyraud le jeune, marchand desdits faubourgs de Boucherie, et marraine Marguerite Boulhion, relicte de feu Pierre Maulplot, marchand et bourgeois de ladite ville de Limoges. Et messire Jacques Chappelas fit l'office comme vicaire avec et ensemble messire Jehan Fougieras dit Faber, messire Martial Coussy et messire Pierre Blondeix, prêtres de ladite église de Saint-Maurice. Et le mercredi 18e dudit mois prénommé 1567, ladite cloche en son lieu fut mise par les mains de Jehan Chambon dit Jehan Pauly, serrurier desdits faubourgs prénommés, es présence de son parrain et de Jehan Boutineaux, dit Milan Chaucheyroux. Et ledit parrain sonna ladite cloche tenant premièrement la corde entre les mains jointes, lui étant à genoux, disant un *pater noster* et *ave Maria.* » (Archives de la ville de Limoges, GG., 250).

**1571.** — SAINT-YRIEIX (Haute-Vienne). — La grosse cloche de Saint-Yrieix fut fondue en 1571. Elle a été refaite en 1620. Voir à cette dernière date.

**1571.** — ASTAILLAC (Corrèze). — ✠ SIT NOMEN DOMINI BENEDICTUM. MIL V C LXXI.

Cette inscription est accompagnée de l'écusson des Roquet d'Estresse, qui portaient *d'azur au chevron d'or* (parfois écotté comme ici), *accompagné de trois pattes d'animal* (peut-être de roquet), qu'on a remplacées depuis par *trois fers de lance d'argent* (certains fers de lance s'appelaient aussi *roquets* au xve siècle). (L'abbé Poulbrière, *Dict. des paroisses*).

**1571.** — LIMOGES. *Cathédrale.* — Le samedi, 30 juin, la foudre mit le feu au clocher de la cathédrale, et les onze cloches qui y étaient furent fondues ou brisées dans leur chute. P. Mesnager nous a raconté ce désastre dans les termes suivants :

« Nota que le jour de la Grand Saint-Martial, le dernier jour du mois de juin 1571, environ l'heure de vêpres il fit un éclair de tonnerre qui passa sur la ville de Limoges, venant du côté de la porte Montmailler (nord-ouest) de la dite ville, et vint tomber sur le clocher de la grande église cathédrale de Saint-Etienne de la cité de Limoges, par la sommité et pomme où était la croix et girouette étant sur l'aiguillon couvert de plomb, sans que bien peu de gens s'en donassent garde; tellement que l'éclair, du coup qu'il donna contre ladite pomme étant de bois et couverte de plomb, le feu s'y mit et entra dans le clocher par là, que tellement que bien peu de temps après, ledit feu s'étant pris au bois de l'aiguillon étant sous le plomb de la couverture d'icelui commençant à sortir un peu par le dehors, ce que plusieurs gens voyant eurent les frayeurs. Et petit à petit commença ledit feu à augmenter et brûler le bois, tellement que le plomb de la couverture d'iceluy se mit à fondre et tomber tant pardedans le clocher que par le dehors, et tomba incontinant par terre la pomme d'iceluy avec la croix de fer étant fort grosse et grande. Et le monde se riait en pensant que le feu ne pénétrât guère au bas dans ledit clocher, attendu qu'il était fort haut d'icelui; mais messieurs les chanoines firent monter plusieurs maîtres charpentiers de la présente ville pour y donner secours, ce qu'ils ne purent faire, causant le plomb de ladite sommité qui se fondait et tombait et incessamment tant par le dedans que par le dehors dudit clocher, qui endommagea grandement le charpentier. Et tellement pénétra le feu malin que, outre son naturel, descendit peu à peu depuis le haut dudit clocher jusques aux pieds d'icelui, en frayeur que, en moins d'une heure et demie, la bardèche et le bois du clocher fut tout en flamme de feu si ardent que, environ l'heure de sept heures du soir, le feu était dans le clocher depuis le pied jusques aux sommités d'icelui, en si grande ardeur et frayeur que toute personne qui le voyait ainsi était épouvantée. Et, en voyant le feu si épouvantable brûlant ladite bardèche et bois, et sortant de tous côtés dudit clocher, que lesdits pauvres qui y étaient pensèrent être tous perdus et brûlées à cause de la grande flamme qui sortait du clocher. Et s'épendant sur l'heure même sur les maisons prochaines, sans le secours qui fut mis, les plus près des maisons se fussent brûlées. Et enfin le feu s'enflamma tellement que toutes les cloches qui étaient le plus près se fondirent dans le clocher, et les autres tombèrent aux pieds d'icelui et se brisèrent, chose bien épouvantable à voir, tellement que enfin il ne demeura aucune chose dans ledit clocher, et demeura tout vide, sans aucun bois ne chose qui se puisse réserver. Et disait que ce n'était pas pressage de bon signe au pays. Et atteint le feu jusqu'à l'heure de minuit. Je prie Dieu qu'il nous garde de telle infortune, Dieu et la sacrée et bienheureuse Vierge Marie mère de Dieu nous donne sa sainte bénédiction ! *Amen* ».

Sébastien de Laubespine répara en partie cette perte par le don de plusieurs cloches dont il est parlé plus loin en l'année 1574.

**1572.** — MARVAL (Haute-Vienne). — ✠ S. AMAN ✠ MA ✠ I ✠ M ✠ I ✠ RO ✠ 1572.

Cette inscription de la cloche de Marval est en caractères romains et sa date en chiffres arabes Nous sommes dans la période où les caractères gothiques vont disparaître et où l'usage des chiffres arabes commence. Cette transition ne se fit pas subitement, mais au contraire dura fort longtemps. Nous trouverons encore bien des inscriptions en lettres gothiques, je les signalerai chaque fois que je les connaîtrai, mais leur nombre diminuera de plus en plus.

Cette inscription, dont chaque mot est séparé par une croix, semble devoir se lire ainsi : ✠ Saint Amand ✠ de Marval ✠ Jésus ✠ Marie ✠ Joseph ✠ Robert ou Robertie ✠ 1572. Cette église en effet est toujours désignée sous le nom de Saint-Amand de Marval, et le château dont elle touche les murs était le château des Robert, ou château de la Robertie. L'église et le château furent saccagés par les troupes de Coligny au mois de juin 1569 et la cloche brisée fut refondue trois ans après avec l'inscription ci-dessus.

**1572.** — SAINTE-FEYRE (Creuse). — « Le 25e de septembre 1572, furent fonduez trois cloches en ce bourg [de Sainte-Feyre] et furent bénitez le dymanche d'après, dont ma mère feut marine de la grosse. Les fondeurs estaient de Chambon qui ne feirent rien qui vaille. » (Livre de raison d'Antoine de Sainte-Feyre).

**1572.** — MARCILLAC-LA-CROISILLE (Corrèze). — ✠ IHS. MARIA. S. CIRICI. — SAVVATERRE. — AN 1572.

Cette cloche appartenait à l'ancienne église de la Croisille, dont le patron était Saint Cirice de Tarse. On l'appelait *Sauveterre*, ce qu'on a déjà vu à Concèze en 1475, à Folles en 1496, à Saint-Martial de Limoges en 1551, etc.

**1574.** — LIMOGES. *Cathédrale.* — ✠ UT VOCE TUBARUM CORRUERUNT

MURI JERICHO, SIC ME SONANTE, CONCIDIT FORTITUDO DEMONUM. ✠ VERBUM DNI MANET. — EXPENSIS DNI SEBASTI DE L'AUBESPINE. 80e A S. MARCIALE LEMO. EPI ET DNORUM CAPITULI ECCLESIE CONFLATA, 1574. ET VERBUM CURO FACTUM EST.

La grosse cloche de la cathédrale qui existait au moment de la Révolution portait en caractères gothiques l'inscription ci-dessus. C'est une des quatre que Mgr Sébastien de Laubespine et le chapitre de la cathédrale firent fondre pour remplacer celles qui avaient été perdues dans le désastre de 1571.

Une seconde cloche portait exactement la même inscription et la même date, en caractères semblables.

**1574**. — LIMOGES. *Cathédrale.* — ✠ FUGITE PARTES ADVERSÆ, 1574.

**1574**. — LIMOGES. *Cathédrale.* — ✠ VICIT LEO DE TRIBU JUDA, 1574.

Deux cloches de la cathédrale avaient les deux inscriptions ci-dessus en caractères gothiques. Leur texte semble emprunté à la troisième antienne de Laudes en la fête de l'Invention de la Sainte Croix : *Ecce Crucem Domini, fugite partes adversæ, vicit leo de tribu Juda, radix David, alleluia.* Toutefois les mots : *vicit leo de tribu Juda*, sont de l'Apocalypse, chapitre V, verset 5.

Les mots : *partes adversæ,* que l'on trouve dans beaucoup d'inscriptions de cette époque, ont été compris de différentes manières. Le sens primitif est : Voici la croix du Seigneur ; fuyez puissances des ténèbres. Mais on y a vu aussi, et non sans raison, une allusion aux événements politiques de l'époque, et dans ce cas *partes adversæ* désigne les ennemis.

Vers la même époque, en 1586, lorsque Sixte-Quint fit dresser sur la place de Saint-Pierre à Rome l'obélisque qu'on y voit encore, il fit graver à sa base les deux inscriptions suivantes que nous retrouvons entières ou en partie, sur plusieurs de nos cloches :

*Ecce Crux Domini, fugite partes adversæ, vicit leo de tribu Juda.*

*Christus vincit, Christus regnat, Christus imperat ; Christus ab omni malo plebem suam defendat.*

**1575**. — SAINT-BONNET-LA-MARCHE (Haute-Vienne). — ✠ FRANÇOIS DE LA TOUCHE MA FAIT FAIRE V C LXXV.

Cette inscription en lettres gothiques se lit sur une cloche de Saint-Bonnet, qui vient de l'ancienne église paroissiale du Pont-Saint-Martin. Elle occupe une bande qui fait tout le tour de la cloche ; on voit au-dessus une couronne de fleurons, semblable à celle qui orne la cloche de la Chapelle-Baloue de 1561. Les mots sont séparés par un écusson chargé d'un lion. Ce sont les armes de François de Latouche, seigneur du lieu : *de gueules au lion couronné d'argent*. Dans la date le fondeur a oublié la lettre M.

**1575.** — GENOUILLAC (Charente). — ✠ JE FUST FAICTE EN MAY M VC LXV ET DIX ; DIEU NOUS DOINT A TOUS PARADIS.

Genouillac, qui était du diocèse de Limoges, se trouve aujourd'hui dans la Charente. Peut-être faudrait-il lire 1565 dans l'inscription de la cloche de cette église.

**1575.** — LIMOGES. *Abbaye de Saint-Martial.* — ✠ JESUS, MARIA. — JE FUS FAICTE LE 7e JOUR DE FÉVRIER 1575. SANCTE MARTIALIS, ORA PRO NOBIS.

Une petite cloche de l'abbaye de Saint-Martial avait cette inscription en lettres gothiques.

**1575.** — BLANZAC (Haute-Vienne). — ✠ FRÈRE JEHAN DE MONTHERUD, ABBÉ M VC LXXV.

Chaque mot de cette inscription en caractères gothiques est séparé du mot suivant par un écusson accompagné de la crosse ; et la croix qui est au commencement est aussi formée de quatre écussons semblables. Le champ est *losangé*. Ce ne sont pas les armes de la famille de Monteruc qui porte : *de gueules au chevron d'argent accompagné en chef de deux étoiles et en pointe d'un rocher, le tout de même*. Le terrier de la Bussière-Rapy nomme en 1600 Gabrielle de Monterud ou Monteau, dame du Puy-Martin, paroisse de Blanzac. Or la famille Montault porte : *lozangé d'argent et d'azur*. Ce qui me fait croire que frère Jean de Montherud est un de ses membres.

**1575.** — SAINT-OUEN (Haute-Vienne). — ✠ SANCTE AUDOANE ORA PRO NOBIS. — L'AN MIL V C LXXV.

Cette inscription est en caractères gothiques.

**1575.** — MOISSANNES (Haute-Vienne). — ✠ TIBI SOLI DEO HONOR ET GLORIA. — SANCTE MAURICI. — SANCTA MARIA, ORA PRO NOBIS, M VC LXXV.

**1579.** — AUGINHAC (Dordogne). — ✠ STE MARTIALE ORA PRO NOBIS. — SIT NOMEN DOMINI BENEDICTUM 1579. — TE DEUM LAUDAMUS.

La paroisse d'Anginhac, qui était du diocèse de Limoges, possède une cloche sur laquelle on trouve l'inscription ci-dessus en lettres gothiques et la date en chiffres arabes. Cette cloche qui a 1m,04 de diamètre doit peser près de 650 kilos.

**1579**. — CHERONNAC (Haute-Vienne). — ✠ JESUS, MARIA...... ORA PRO NOBIS, 1579. — TE DEUM LAUDAMUS.

Cette inscription qui est en caractères gothiques a la date en chiffres arabes. Le nom du saint qu'on invoque y est illisible. La paroisse avait pour patrons Saint Sauveur dont on fait la fête le 6 août et la Nativité de la Sainte Vierge.

**1580**. — TULLE. — ✠ SUM CLARUS, CLARUS QUE VOCOR : RESONANS AD HONOREM XRI CUI CLARUS : HIC MAGNUM FUNDIT HODOREM ALL[ELUI]A.

La cloche où se trouve cette inscription était la plus grosse de celles qui formaient la sonnerie de l'horloge dans les premières années du XIXe siècle. On l'appelait Saint-Clair. Sa date nous est donnée par le passage suivant du Livre de raison de Baluze : « Le lundy, XVIe de may 1580, fust batizée la cloche de Saint-Jehan qui est au grand clocier (le clocher de Saint-Martin) de la présente ville de Tulle, ensemble l'aultre cloche Saint-Clair, que puys ung moys avaient esté de nouveau refaictes. »

**1581**. — SAINT-CHRISTOPHE (Creuse). — ✠ IHS. S[AN]CTA MARIA OR[A] PRO NOBIS. LAN [M] V CENS IIIIXX ET VN.

L'église de Saint-Christophe, qui est aujourd'hui dans la paroisse de La Chapelle-Taillefer, possède une cloche portant en caractères gothiques l'inscription ci-dessus. Pour trouver sa date, il faut suppléer le chiffre M qui a été omis par le fondeur et transposer V CENS, qu'il a placé à la fin. Les mots de cette inscription sont séparés par un ornement en forme de § qu'on retrouve sur la cloche de la Chapelle-Baloue de 1561. Les lettres de ces deux inscriptions sont presque identiques. Les trois bas-reliefs qui l'accompagnent représentent : le Christ en croix, la Sainte Vierge et Saint Martin partageant son manteau. Il y a encore un écusson qui est indéchiffrable et la tête d'un personnage accompagnée de quelques lettres qui sont illisibles.

**1581**. — BRIVE (Corrèze). — Une des cloches de Brive fut fondue en 1581. Les lignes suivantes constatent son existence en 1837 : « La Révolution changea la direction des idées à Brive. Alors eurent lieu ces dévastations de tous les monuments religieux de notre ville qui anéantirent une foule d'objets d'art et d'antiquité, plusieurs tableaux estimés, des archives curieuses, de riches bibliothèques. La collégiale de Saint-Martin échappa à grand'peine à la démolition et tout ce qu'elle renfermait fut brisé ou dispersé : autels, tableaux, orgues, cloches. Une seule de ces dernières fut réservée pour sonner le tocsin, et grâce à cette circonstance, nous possédons encore cette belle pièce du poids de 5,000 kilos ou environ, et qui conserve les noms des consuls de 1581. » (Ephémérides de 1837, page 495).

**1582.** — CHAMPNETERY (Haute-Vienne). — ✠ IHS. MA[RIA]. S[AN]CTE THOMAS, ORA PRO NOBIS. M VCLXXXII...... DV RIEVPEYROVX...... CHASTAGNER PARIN.

Cette inscription en majuscules romaines est peu lisible, surtout au milieu, où je ne puis distinguer sur le dessin qui m'en a été envoyé, que le mot du Rieupeyroux. C'est le nom d'un village de cette paroisse. On trouve un Amadon sieur du Rieupeyroux. Au-dessous de l'inscription on voit une croix, la Sainte-Vierge et un évêque.

**1582.** — RAZÈS (Haute-Vienne). — ✠ SANCTE JOHANNES, ORA PRO NOBIS. 1582.

**1582.** — CHAMPAGNAC-LA-PRUNE (Corrèze). — ✠ SANCTE PETRE, ORA PRO NOBIS. M VC IIII$^{XX}$ II.

**1582.** — ALLASSAC (Corrèze). — IHS. XPS VINCIT. XPS REGNAT. XPS IMPERAT ET AB OMNI OPERE MALO NOS DEFFENDAT. TE DEUM LAUDAMUS. TE PER ORBEM TERRARUM SANCTA CONFITETUR ECCLESIA. M. F. CHINAC. S. D. 1582. M$^{e}$ T. L.

**1584.** — SAINT-GENCE (Haute-Vienne). — ✠ IHS. DEUS NOSTER REFUGIU[M] ET VIRTUS, ADJUTOR. PS. 45. — ✠ IHS. MAR[IA]. BÉNIT SOIT LE SEIGNEUR, 1584.

Cette inscription est en belles lettres romaines de 35 millimètres de hauteur. La dernière ligne se termine par l'empreinte de trois feuilles d'arbre. Sur le haut du flanc de la cloche on voit aussi une croix formée de quatre feuilles d'arbre. Sur une cloche de Nantiat (Dordogne) de 1600, on trouve une croix semblable formée par l'empreinte de quatre feuilles appointées en cœur.

« Lorsque les fondeurs n'avaient pas assez de types à leur disposition, dit l'abbé Baraud, ils ont appliqué assez fréquemment sur une partie plus ou moins étendue du modèle, des feuilles d'arbre ou des plantes qui se sont reproduites sur la cloche avec toutes leurs nervures et en ont agréablement orné la surface. Des feuilles formées de la sorte, ornent les cloches d'Orrouy, de Saint-Sauveur et de la Croix-Saint-Ouen. Des feuilles de laurier, disposées en couronne, se remarquent sur celles de Jaulzy, de Pierrefonds, d'Escames et de Saint-Quentin-des-Prés; les mêmes feuilles garnissent toute la surface de la cloche de Saint-Sulpice ».

**1585**. — MEYSSAC (Corrèze). — ✠ IHS. M[ARI]A. MEMORARE NOVISSIMA TUA ET IN ETERNUM NON PECCABIS. ECCLESIASTIQUE 7. POST TENEBRAS SPERO LUCEM. JOB. 17. ✠ MEYSSAC, 1585.

Il semble y avoir une allusion aux tristesses du temps ; Meyssac, très voisin de Turenne, eut sa part dans les troubles religieux du XVIe siècle; il fut pris par le duc du Maine sur les protestants l'année même de cette inscription.

Le timbre de l'horloge de Meyssac porte l'inscription suivante, sans date : *Roche, sindic, m'a fet faire.* (L'abbé POULBRIÈRE, *Dictionnaire des paroisses*).

**1585**. — TULLE. — Lors de la prise de Tulle et de son occupation par l'armée du vicomte de Turenne en 1585, il y eut un traité dont les habitants proposèrent les conditions. On y lit : « Ils supplent aussy qu'il leur soit permis et inviolablement tenu et observé que on ne touchera à leurs temples, cloches, reliquaires et aultres ornemens d'esglize servans à leur religion catholique et que les ecclésiastiques jouyront paisiblement de leurs biens. » Le vicomte de Turenne écrivit en marge le mot « accordé ». Mais après son départ de Tulle, le capitaine La Maurie à qui il avait donné l'ordre de l'occuper en agit tout autrement. Voici d'après une enquête faite quelques années plus tard quel fut le sort des cloches des églises de cette ville :

« Toutes leurs argenteries desdites esglises leur sont été expoliées, les cloches rompues, abbatues et fondues, et mises en construction de canons de calibre que sont encore apparens ; les curés chassés de leurs paroisses, esglises et prieurés ; les esglises profanées et mis leurs chevaux en forme d'estables dans icelles, feux et corps de garde aux clochers, leurs chappes et manteaux dédiés pour le service divin rompus et déchirés et employés en habits pour les soldatz. » (*Bull. Soc. de Tulle*, XII, 253, 313).

**1586**. — LAGUENNE (Corrèze). — Cette paroisse perdit une cloche après la prise de Tulle mentionnée à l'article précédent. Voici le passage d'une enquête qui le constate : « Enfin le dimanche matin, neuf février [1586], Tulle était délivrée ; le régiment de La Maurie s'éloignait, chargé de butin, pillant les fermes qui se trouvaient sur son passage, enlevant même une cloche de l'église de Laguenne. » (*Bull. Soc. de Tulle*, XII, 339).

**1592**. — CHAUFFOUR (Corrèze). — ✠ IHS. M[ARI]A. S. JOANNES ORA PRO NOBIS. N[OBLE] MARIE DE PLAS, 1592.

Cette cloche, actuellement à Chauffour, a peut-être été fondue pour Curemonte, où il y avait une église sous le vocable de saint Jean, et où était la famille de Plas. L'église de Chauffour est sous le vocable de saint Martin de Tours. (L'abbé POULBRIÈRE, *Dictionnaire des paroisses*).

**1594**. — LASCAUX (Corrèze). — ✠ S. PETRE. S. PAULE. S. M..... S. CLARI. ORA[TE] PRO NOBIS, 1594.

**1594**. — PERPEZAC-LE-NOIR (Corrèze). — ✠ IHS. M[ARIA]. — SANCTE SICARI, ORA PRO NOBIS. — 15✠94. — N[OBLE] MONSIEUR GOFFRE PLESAN, SEIGNEUR DU BIGARDEL, PARRAIN.

**1595**. — CORRÈZE (Corrèze). — La petite ville de Corrèze perdit ses cloches en 1595. Voici dans quelles circonstances :

Le siége de Gimel, commencé la veille de la Saint-Barthélemy 1594 ne se finit qu'à la veille de Noël ; après quatre mois de résistance « la place fut enfin réduite à l'obéissance du roi ». Mais les défenseurs voulurent prendre leur revanche. Dans la nuit du 16 au 17 novembre de l'année suivante [1595], « les sieurs de Marcillac, de Marse, de Lavaur, de Rochely, de Villebouche et autres leurs complices, pourtans les armes pour le baron de Gimel, gouverneur pour lors en la ville d'Ambert pour la ligue, allèrent attacher le pétard aux portes de Corrèze et s'en emparèrent d'un coup de main. Puis, la même nuit, rassurés par l'éloignement des chefs de l'armée royale, ils se dirigèrent encore vers Gimel, le reprirent et s'y établirent avec leur butin ; ils avaient emporté les cloches de Corrèze, qu'ils y convertirent en canons. » (L'abbé POULBRIÈRE, *Dictionnaire des paroisses*).

**1595**. — LA CROIX (Haute-Vienne). — ✠ S. ANTONI, ORA PRO NOBIS. — DE INIMICIS LIBERA NOS DOMINE. L'[AN] M VC LXXXXV.

Cette inscription en caractères gothiques est peu lisible en plusieurs endroits. Elle est accompagnée d'un crucifix et de deux anges.

**1595**. — LE PORT-DIEU (Corrèze). — ✠ AVE MARIA GRACIA PLENA, DOMINUS TECUM. ANNO D[OMI]NI M CCCCC IIII$^{XX}$ XIIII.

Le petit pignon de l'église du Port-Dieu porte à ses deux baies deux cloches, très petites aussi, mais vieilles de trois siècles et en grand honneur dans la paroisse. Pendant la Révolution on les avait si bien cachées que l'on désespérait presque de les revoir. La Providence permit qu'un propriétaire du hameau de Saint-Martin les découvrit en labourant son champ. M. l'abbé Poulbrière y a recueilli l'inscription en lettres gothiques qui est ci-dessus.

« Pendant les jours de brouillard, de neige et de tourmente, l'infirmier du Port-Dieu, qui avait aussi soin des pèlerins, sonnait, au crépuscule et à neuf heures du soir, la grande cloche du monastère. Cette voix s'étendait au loin, et elle guidait vers la maison hospitalière le voyageur qui s'était égaré dans la montagne. Cet usage existe encore dans la Haute-Loire, notamment à Yssingeaux. » (Dr LONGY, *Le Port-Dieu et son prieuré.*)

**XVIe siècle.** — LE PORT-DIEU (Corrèze). — ✠ SANCTE MARTINE, PASTOR EGREGIE, DEUM PRO NOBIS INTERCEDE.

**XVIe siècle.** — LE PORT-DIEU (Corrèze). — ✠ AVE MARIA, AVE MARIA.

Cette salutation répétée se lit, en lettres gothiques, sur une petite cloche venant de l'église de Saint-Martin au Port-Dieu.

**1595.** — VAREILLES (Creuse). — ✠ IHS. MARIA. SANCTE PARDULPHE ORA PRO NOBIS. — L. PHELIPON P[RET]RE ✠ 1595 ✠ F[AIT] P[AR] PERRIEN, G. GENMOT. J. DE RENCE.

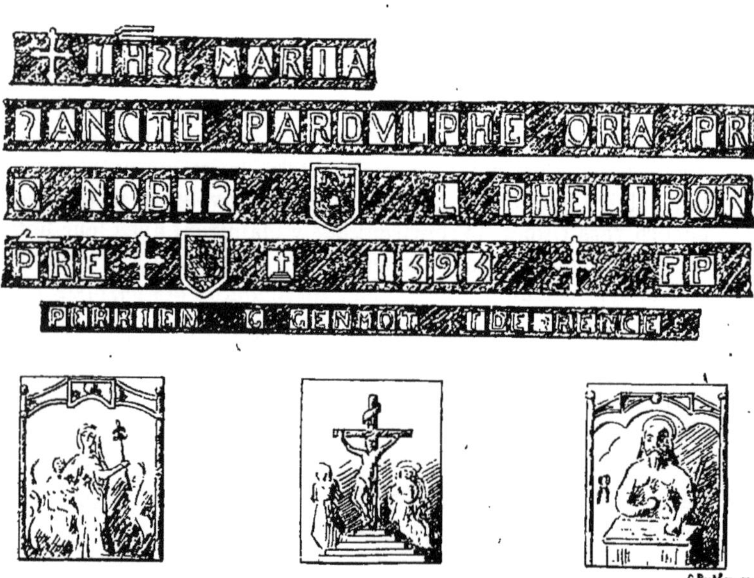

Inscription de la cloche de Vareilles (1595)

Cette inscription est en lettres majuscules romaines. On y voit un écusson portant au-dessus d'une cloche les lettres J. H. qui devraient être les initiales du fondeur, mais elles ne concordent pas avec les noms qui la termine. Quant au nom de Rence, nous l'avons déjà vu sur la cloche de la Chapelle-Baloue de 1561. Les bas-reliefs qui accompagnent cette inscription représentent un calvaire, la Sainte-Vierge avec l'Enfant-Jésus, et probablement l'*Ecce Homo*. Cette cloche de Vareilles ayant 93 centimètres de diamètre doit peser environ 450 kilos.

**1596**. — CHAPTELAT (Haute-Vienne). — ✠ S. JOANNES. S. ELEGII. MI BAIGNOL. R. 1596. M C D P D V.

Il faut probablement lire Michel Baignol, recteur. Un document nous fait connaître Pierre Baignol, chanoine de Limoges et Pierre, son neveu, vendant une propriété dans le voisinage en 1580. Cette inscription est en majuscules romaines, mais la lettre R que je traduis ici par recteur ou curé, est plus grande que les autres et d'une forme différente. Quant aux six lettres qui la termine je n'en vois pas l'explication.

Cette cloche de Chaptelat ayant 70 centimètres de diamètre, doit peser environ 200 kilos.

**1597**. — LOUBERT (Charente). — ✠ FAITE POUR SAINT JEAN DE LOUBERT, L'[AN] M VC IIII$^{x}$ XVII.

La paroisse de Loubert était du diocèse de Limoges avant le Concordat.

**1598**. — DOURNAZAC (Haute-Vienne). — ✠ SANCTE SULPICI ORA PRO NOBIS. — J. GARREAU, PARIN ET M. DE L. MARINE. L'[AN] M V$^{c}$ IIII$^{xx}$ XVIII.

**1599**. — QUEYSSAC (Corrèze). — ✠ SANCTA MARIA, SANCTI COSMA DAMIANE ORATE PRO NOBIS. 1599. — NOBLE MERCURE DE QUEYSSAC, PARRAIN.

**1600**. — LE DORAT (Haute-Vienne). — ✠ 1600. IHS. M[A]RIA. — FAITE PAR MESSIEURS LES CHANOINES, CONSULS ET HABITANS. PARRAIN ANTOINE FORCE. MARRINE RENÉE RAMPION.

Au-dessous se trouve un écusson portant les armes de la ville du Dorat qui sont : *de gueules à deux clefs d'argent posées en sautoir, accompagnées de quatre fleurs de lis d'or 1, 2 et 1*. Cette cloche est au haut du clocher de la grande porte et sert de timbre à l'horloge.

**1600**. — ORLIAC-DE-BAR (Corrèze). — ✠ S[ANCT]E LAURENTI, ORA PRO NOBIS, 1600.

**1600**. — CHAMPAGNAC-LA-NOAILLE. *Chapelle de Miginiac* (Corrèze), — S. LEODEGARI, ORA PRO NOBIS. — LÉONARD MIGINIAT, JANE BORDOT, 1600.

**XVI$^{e}$ siècle**. — LIMOGES. *Saint-Michel-des-Lions*. — ✠ SANCTE MICHAEL, ORA PRO NOBIS. — TE DEUM LAUDAMUS.

Cette inscription en caractères gothiques du XVI$^{e}$ siècle se voyait sur une cloche de Saint-Michel-des-Lions.

**XVIe siècle.** — BEAULIEU (Corrèze). — ✠ A FULGURE ET TEMPESTATE DEFENDE NOS DOMINE.

Cette inscription en lettres gothiques du XVIe siècle se lit sur la petite cloche du rosaire dans l'église de Beaulieu; elle vient, dit-on, d'Estresse. (L'abbé POULBRIÈRE, *Dictionnaire des paroisses*).

**XVIe siècle.** — THOURON (Haute-Vienne). — ✠ JESUS, MARIÆ FILIUS, SALVATOR MUNDI SIC. F.

L'église de Thouron possédait avant la Révolution une cloche avec inscription en lettres gothiques du XVIe siècle. M. Laurier, curé de cette paroisse en 1782, l'a transcrite sur son registre telle que je la donne ci-dessus; mais on peut douter de l'exactitude de sa transcription.

**XVIe siècle.** — SERVIÈRES (Corrèze). — ✠ SIT NOMEN DOMINI BENEDICTUM. SANCTE LAURENTI, ORA PRO NOBIS.

Saint Laurent est le patron de l'église paroissiale de Servières.

**XVIe siècle.** — FONTMERLE, succursale d'Altillac (Corrèze).— ✠ SANCTA AGATHA, ORA PRO NOBIS.

Cette cloche ne porte pas de date, mais simplement le nom de la patronne de l'église.

**XVIe siècle.** — NÉOUX (Creuse). — ✠ AVE MARIA. SANCTE MARTINE ORA PRO NOBIS. TE DEUM LAUDAMUS.

Cette dernière phrase est répétée quatre fois.

## XVIIe siècle

Pendant ce siècle les inscriptions deviennent beaucoup plus longues. Toutes les cloches un peu considérables ont un parrain et une marraine, dont les titres s'étalent complaisamment. Les fondeurs signent presque toujours leur œuvre. Leur nom se lit quelquefois sous l'image de leur patron, ou autour d'un écusson timbré d'une cloche. Les ornements n'ont plus rien de gothique ; ils suivent le goût général. Les lettres sont aussi en caractères majuscules modernes, imitation des capitales romaines.

**1601.** — SAINT-GILLES (Haute-Vienne). — ✠ STI EGIDI. — A. MEILHAC, 1601.

**1601.** — SAINT-QUENTIN (Charente). — ✠ AU NOM DE DIEU ET DE LA VIERGE MARIE. MON PATRON EST SAINCT JEHAN. — ✠ MON PARAIN

JEHAN DE SINGAREAU, ESCUIER, SIEUR DE PRISSAT, SAINCTTE-TERRE ET SAINT-LAURENT-SUR-GORRE. MA MERINE .....TE SINGAREAU. FAITE EN L'AN 1601. — TE DEUM LAUDAMUS.

Saint-Quentin, près Chabanais, qui était jadis du diocèse de Limoges, est aujourd'hui dans le département de la Charente.

**1602**. — THOURON (Haute-Vienne). — ✠ IHS. MA. S. PETRE, S. PAULE, ORATE PRO NOBIS. — PARRIN NOBLE GILBERT DE LA COUSSE. MARRAINE CATHERINE MADOZ. SYNDICS JEHAN VAULCOURBEYL ET JEHAN BARITAU, 1602.

Cette cloche, qui a 67 centimètres de diamètre, pèse environ 170 kilos.

**1602**. — BORD (Creuse). — ✠ IHS. MA. SANCTE CHRISTOPHORE, ORA PRO NOBIS, 1602.

Cette cloche vient de l'ancienne paroisse de Verneige qui avait Saint Christophe pour patron.

**1603**. — LIMOGES. *Saint-Michel-des-Lions*. — ✠ IHS. MARIA. BUCCINATE IN NEOMENIA TUBA, IN INSIGNI DIE SOLEMNITATIS VESTRÆ. PSALM. 80.

A ÉTÉ MON PARRAIN FRANÇOIS CHASTAIGNAT ET MARRAINE CATHERINE ROUARD, FEMME DE B. CASSAIGNES. ANNÉE 1603.

**1604**. — SAINTE-ANNE (Haute-Vienne). — ✠ IHS. MA. SANCTA ANNA ORA PRO NOBIS. GABRIEL DE LA BREUILHE PARRAINT ET MARIE ROUMANET MARRINE. JEHAN DE LA CHAU DE CHARIERAS ROY DE LA CONFRERIE, ET F. PARRIQUO COMMIS, DU TIQUET, P. PARRIQUO. ANNO DOMINI M CCCCCC IIII.

Cette cloche qui a 72 centimètres de diamètre doit peser environ 215 kilos.

**1604**. — ALBIGNAC (Corrèze). — ✠ IHS. MA. S. LUPE ORA PRO NOBIS. — DAME JANE P[RIEURE] DE COYROUS M[ARRAINE]. M. Me FRANSOYS GEOFFRE JUGE, P[ARRAIN]. Me P. FOURNET, C[URÉ] D'ALBINHAC, 1604.

La marraine est Jeanne de Badefol, prieure de Coyroux, la même qui a donné un tableau représentant l'adoration des bergers ; il porte dans un angle l'écu des Badefol et l'inscription suivante : « J[eanne] de Badefol, prieure de Coyrouze, 1604, a donné ce tableau. » (L'abbé Poulbrière, *Dict. des paroisses*).

**1604**. — AYEN (Corrèze). — ✠ IHS. 1604. — ✠ S. JOANNES B[APTIST[A ORA PRO NOBIS. P[ARRAIN F[RÈRE] G[ABRIEL] GÉRAUD. S[ERVANT] D[ARMES] C[OMMANDEUR] DE LA M[AISON]. M[ARRAINE] K[ATHERINE] DE VEYRIÈRE.

Cette cloche du Temple-d'Ayen est aujourd'hui à Ayen. La marraine Catherine de Veyrière avait épousé, le 22 février 1559, Louis du Burg, sieur de La Morelie, dans la paroisse; elle était veuve depuis 1601. (L'abbé Poulbrière, *Dict. des paroisses*).

**1605**. — LIMOGES. *Saint-Maurice*. — ✠ JESUS. MARIA. JOAN[NES] DE VERTHAMO, MAGNUS ARCHIDIACON[US], CANTOR AC ARCHIP[RESBYTER] ECCLESIÆ LEMOVICEN[SIS]. MARIE PALAIS. — S. MARIA, ORA PRO NOBIS. — M. SIMON PALAIS. JEAN CIBOT. JEAN ROUMANET. ES[TIENN]E DE BROUA, FABRIQUEURS. 1605.

**1606**. — BUSSIÈRE-BOFFY (Haute-Vienne). — ✠ 1606. PARRAIN FRANÇOIS DUPIN, ÉCUYER, SEIGNEUR DE MONTS. MARRAINE DAME AG. DUCHIRON. M. CHUIGLE, CURÉ.

LAUDO DEUM, PLEBEM VOCO, COLLIGO CLERUM, DEFUNCTOS PLORO, FESTA DECORO, POSTEM FUGO, FULGURA REPELLO.

Cette cloche a été refondue en 1895.

**1606**. — LIMOGES. *Collège*.

✠ JESUS, SALVA NOS, SALVATOR MUNDI, 1606.
✠ MARIA, ET HORA MORTIS SUSCIPE, 1606.
✠ JOSEPH, SPONSABO TE MIHI IN FIDE, 1606.

Ces trois cloches du Collège de Limoges portaient les noms de Jésus, Marie, Joseph, et servaient à sonner les heures.

**1608**. — PRUGNE. Commune de La Chapelle-aux-Brocs (Corrèze). — ✠ IHS. MA. SOLI IS (*sit ?*) DEO HONOR ET GLORIA. — STE JOHANNES BAPTISTE (*sic*) ORA PRO NOBIS. — FRÈRE FÉRÉOL BALBE, COMMANDEUR, PARIN. TOYNETTE PASCHARELLE, MARINE. 1608.

Au-dessous de la date et au-dessus d'une croix de Malte est un écu trois fois répété portant sous le chef de l'ordre les armes du commandeur : *Trois étoiles de six raies, 2 et 1*. Féréol Balbe figurait à la liste des commandeurs d'Ayen (?) mais plus tard. Cette cloche vient du Temple de Mons. (L'abbé Poulbrière, *Dict. des paroisses*.)

**1608**. — GIMEL (Corrèze). — ✠ 1608. IHS. S. MARIA. S. PARDULPHE. — ✠ ANTOINE DE LAVAUR. GASPARDE DE GIMEL, SEIGNEURE DUDICT LIEU DE GIMEL.

Au-dessous les écussons de deux familles : celui de Gimel : *burelé d'argent et d'azur de dix pièces, à la bande de gueules, brochant sur le tout;* celui de Lavaur : *d'azur à trois rocs d'échiquier d'or; parti d'or au lion rampant de sable, armé et lampassé de gueules*.

La famille de Gimel s'éteignit au XVIIe siècle, à Gimel même.

Gasparde, mariée avec Antoine de Lavaur, lui porta la baronnie. Ce sont ces deux époux qui firent fondre la cloche de l'église sur laquelle on lit l'inscription ci-dessus. (L'abbé Poulbrière, *Dict. des paroisses*).

**1609**. — PENSOL (Haute-Vienne). — ✠ J[E] S[UIS] F[AITE] P[AR] PEYROUNE GAREAU L'[AN] 1609.

Une petite cloche de l'église de Pensol porte cette inscription.

**1610**. — LIMOGES. *Saint-Pierre-du-Queyroix*. — ✠ AVE MARIA. — A L'HONNEUR DE DIEU. — LA PRÉSENTE CLOCHE CI-DEVANT NOMMÉE POL, ÉTANT ANCIENNEMENT DU POIDS DE QUATRE MILIERS, A ÉTÉ REFAITE DU MÊME POIDS DES DENIERS DE LA QUÊTE FAITE EN LA PRÉSENTE ÉGLISE PAR J. BARDINE, B. COLOMB, BAYLES DE L'ANNÉE PRÉSENTE.

A ÉTÉ NOMMÉE A SON SACRE MARTIAL DU NOM DE M^re^ BENOIT, CONSEILLER DU ROY. TRÉSORIER GÉNÉRAL DE FRANCE EN LA GÉNÉRALITÉ DE LIMOGES, SEIGNEUR DU MAS-DE-LAGE ; ET VALÉRIE, DU NOM DE DAME VALÉRIE BOYOL, VEUVE DE FEU S. P. BENOIT, S^r^ DU MASBOURIANE ET DE COMPREIGNAC. LE II NOVEMBRE 1610.

**1611**. — LIMOGES. *Saint-Pierre-du-Queyroix*. — ✠ A L'HONNEUR DE DIEU. — LA P^sente^ CLOCHE, NOMMÉE ANDRÉ, ÉTANT ANCIENNEMENT DU POIDS DE TROIS MILIERS, A ESTÉ, PAR LES PAROISSIENS DE CETTE ÉGLISE, REFAITE ET AUGMENTÉE DE TROIS MILIERS LE 15 NOVEMBRE 1551.

ET A PRÉSENT QUE NOUS COMPTONS 1611, A ÉTÉ REFAITE A LA DILIGENCE DE MESSIEURS LES MARGUILIERS QUI SONT EN CHARGE ; AYANT TOUS LES HABITANTS DE LA PAROISSE POUR PARRAIN ET MARRAINE. SA BÉNÉDICTION LE 19 JUILLET L'AN QUE DESSUS. — M^r^ A. BARNY, CONSEILLER DU ROY. M^e^ JOSEPH DECORDES, BOURGEOIS MARCHAND. M. J. GUÉRIN, MÉDECIN DU ROY. M. M. DE VERTHAMONT, TRÉSORIER DE FRANCE, A LIMOGES.

**1611**. — SAINT-BASILE (Haute-Vienne). — ✠ L'AN 1611, SOUS LA MAIRIE DE M^re^ G^es^ LÉONARD. J'AI ÉTÉ BÉNITE PAR M^r^ CHENOUX. MON PARRAIN A ÉTÉ M^r^ L. LECLER, ET MA MARRAINE DAME JEANNE BOULESTIES.

**1612**. — SAINT-LÉGER-LA-MONTAGNE (Haute-Vienne). — ✠ IHS. M[ARIA] M. F. DU FORMIEUX PBRE [PRÊTRE] DE S... PARRAIN, CATHERINE DU COUDER M[ARRAINE]. — M. EUMET PBRE [PRÊTRE] DE S. P. V. DES ESPINES, 1612.

Peut-être faut-il lire la fin de cette inscription : M. Eumet, prêtre de Saint-Pierre, vicaire des Espines, car la paroisse de Saint-Pierre et la chapelle de Saint-Jean de l'Epine sont aujourd'hui dans la paroisse de Saint-Léger-la-Montagne.

La cloche qui portait cette inscription était hors d'usage, elle a été vendue il y a quelques années.

**1612**. SAINT-SULPICE-LE-GUÉRÉTOIS (Creuse). — ✠ IHS. MARIA. — CONTRA FULGURA VOX INTONUIT. — G[UILLAUME] REYDIER, C[URÉ]. CLAUDE FILLOUX P[ARRAIN], MARIE MAGISTRY M[ARRAINE], 1612:

Cette cloche fêlée a été refondue vers 1892. M. Henri Provenchère étant curé, M. Jean de Cessac, parrain, et Mme Richemond, marraine.

**1613**. — ORADOUR-SUR-VAYRES (Haute-Vienne). — ✠ PARRAIN CHARLES-GABRIEL DE LA PISSE, 1613.

Cette petite cloche qui pesait 52 kilos a été refondue en 1873.

**1614**. — LAGUENNE (Corrèze).

« On avait un procès en 1614 avec un certain Jacques Pinestran, maître fondeur de cloches ; et une délibération des habitants, faite pour cet objet, parle d'une certaine quantité de métal qu'il convenait de mettre en lieu sûr, à l'occasion « de la rumeur et des troubles qui sont nothoires, y est-t-il dit, et parce que le présent lieu et paroisse de Laguenne, sont tous ouvertz et en danger d'estre prins et pillés. » Les cloches ne durent être refondues que plus tard, après la reconstruction du clocher, vers 1649, où il s'agissait d'en faire deux. » (L'abbé Poulbrière, *Dict. des paroisses*).

**1615**. — SAINT-SYMPHORIEN (Haute-Vienne). — ✠ S[TE] JOANNES EVANGELISTA, ORA PRO NOBIS. — L. DE TESSIÈRES M'A FAICT FAIRE L'AN 1615. — P[ARRAIN] A. DE TESSIÈRES. M[ARRAINE] A. DE TESSIÈRES.

Cette cloche vient du prieuré de Saint-Jean-de-Courrieux, paroisse de Saint-Symphorien, où habitait une branche de la famille de Tessières.

**1615**. — ROCHECHOUART (Haute-Vienne). — On voit par le procès-verbal de la fonte de la grosse cloche de Rochechouart du 3 mai 1811, que la vieille cloche descendue alors du clocher pour être refondue était datée du 1615. On l'appelait le Gros-Saing ; elle avait eu pour parrain M. le comte de Rochechouart, baron de Saint-Germain-sur-Vienne, chevalier de l'ordre du roi, et conseiller en ses conseils d'Etat et privé. La marraine était Anne de Tiercelin, dame de Montmoreau.

**1615**. — LA BUSSIÈRE, près Saint-Ouen (Haute-Vienne). — En 1615, une des cloches de cette église avait été emportée au Dorat par les soldats de la garnison au temps des guerres.

**1616**. — PAULHAC, commune de Saint-Etienne-de-Fursac (Creuse). — Dans la grosse tour carrée de l'église de Paulhac étaient en 1616 deux cloches, « l'une desquelles avait été dérobée, que le sieur commandeur [de Saint-Hirié] recouvra par arrêt de la cour du Parlement de Bordeaux ».

**1616**. — PEYRABOUT (Creuse). — En 1616 l'église de Peyrabout possédait deux belles cloches placées dans un pinacle.

**1616**. — LANGLADE, paroisse de Saint-Sornin de Brive (Corrèze). — En 1616 la chapelle de Langlade qui appartenait à l'ordre de Malte avait perdu une partie de sa voûte et était presque complètement ruinée. On avait enlevé deux cloches que les garnisons voisines menaçaient d'emporter.

**1616**. — MASCHEIX, commune de Chenaillers-Mascheix (Corrèze). — Un procès-verbal de visite de 1616 constate que les cloches de cette église ont été emportées par des gens de guerre. Aussi quatre ans après, le seigneur du lieu, Charles de Saint-Viance, en fait-il fondre une nouvelle.

**1616**. — CHAVANAC (Corrèze). — Un peu avant 1616, le clocher de l'église de Chavanac, canton de Sornac, était tombé et les cloches s'étaient brisées.

**1616**. — MAISONNISSE (Creuse). — L'église de la commanderie de Maisonnisse était dépourvue de clocher en 1616, et les cloches étaient suspendues sur des piliers de bois placés devant la porte principale.

**1616**. — FONGALAND, commune du Trucq (Creuse). — Les visiteurs de l'ordre de Malte trouvèrent en 1616 le clocher de l'église de Fongaland « rompu », et les cloches qu'elle possédait suspendues aux « arbres estans au-devant ».

**1616**. — COURBEFY (Haute-Vienne). — ✠ JESUS. MARIA. 1616.

Un bas-relief représentant la sainte Vierge, patronne de la paroisse, accompagne cette inscription.

Au moment de la Révolution, Courbefy était une des paroisses les plus pauvres du diocèse. Aussi des auteurs qui ont parlé d'elle avec plus de poésie que de vérité, disent-ils qu'à cette époque le curé du lieu, à défaut de cloche, qu'il ne pouvait se procurer, se servait de *bargues* pour appeler ses paroissiens à la messe. Les *bargues*, qui n'ont pas de nom en français, sont des instruments qui servent aux paysans limousins pour broyer le chanvre. Mais cette légende est absolument fausse, puisque la cloche de Courbefy, fondue en 1616, y est encore.

**1617**. — VARAGNE (Dordogne). — ✠ IHS. MARIA. SANCTE JOHANNES BAPTISTA. ORA PRO NOBIS. — PARIN ESTIENNE BOUTHINON. MARINE DAMOISELLE LOYSE DE LAVAU. 1617. — DE LACH...RE CHARLES JUGE DE LA CHASTELLENIE DE VARAGNE. — TE DEUM LAUDAMUS. — A ESTE B[ÉNITE] P[AR] M. J. BOURINET, P[RETRE]. F[AITE] P[AR] M. C[LAUDE] DUBOYS. DI MA E[T] M. J. DUHAMEL.

Varagne, autrefois du diocèse de Limoges, fait partie de celui de Périgueux. Sa cloche qui a 0m88 centimètres de diamètre doit peser près de 400 kilos. Un losange sépare les mots de son inscription.

**1617**. — BOURGANEUF (Creuse). — Le clocher de Bourganeuf en 1617 renfermait cinq cloches, deux grosses et trois petites ; il y en avait une sixième placée au-dessus de la porte d'entrée, où se trouvait aussi l'horloge.

**1619**. — FAVARS (Corrèze). — ✠ IHS. M[ARIA]. — KATHERINA S[ANC]TA, DEUM PRO NOBIS ORA. — ✠ S. EUTROPI, ORA PRO NOBIS. — L'[AN] M DC XIX.

**1620**. — MASCHEIX, paroisse de Chenaillers (Corrèze). — ✠ SANCTE JOHANNES-BAPTISTA, ORA PRO NOBIS. CHARLES DE SAINT-VIANCE, COMMANDEUR DE CARLAT, S[r] DE MASCHEIX. 1620.

**1620**. — GIOUX (Creuse). — L'église de Gioux possédait trois cloches. M. Jean Dumas, curé de la paroisse (de 1620 à 1633), était parrain de la petite.

**1621**. — LIMOGES. *Saint-Michel-des-Lions*. — ✠ IHS. MARIA. LA FABRIQUE M'A FAIT FAIRE L'AN 1621. PARRAIN NOBLE MICHEL MARTIN, CONSEILLER DU ROY ET PRÉSIDENT DE LIMOGES. MARRAINE DAMOYSELLE CATHERINE MARRAND, FEMME DE MONSIEUR LE RECEVEUR MOUSNIER.

SANCTE MICHAEL, ORA PRO NOBIS.

CLAUDE DUBOYS ET REMY ROZIER M'ONT FAICTE L'AN 1621.

Les registres de la paroisse nous apprennent la bénédiction de cette cloche dans les lignes suivantes : « Le mesme jour (18 juillet 1621) a esté benitte la grand cloche de Saint-Michel, à deux heures après midy, par Monseigneur l'Evêque de Limoges, et pour icelle a esté parrain M. Michel Martin, président au siège, et marrine dame Catherine Marand, femme du recepveur Mousnier. — J. DEVILLARD. »

**1621**. — CHAMPAGNAC-LA-NOAILLE (Corrèze). — ✠ IHS. MA[RIA]. — SANCTUS BARTHOLOMEUS, CUJUS VIRTUTE REDDANTUR CUNCTA SALUTI. — VOX MEA CUNCTORUM SIT TERROR DEMONIORUM.

DE NOBLE FRANÇOIS DE MIRAMBAL. NOBLE FRANÇOIS DE MIRAMBAL, SIEUR PRIEUR DE LA FAYE, PARRAIN. DAMOIZELLE HÉLAINE DE MIRAMBAL, MARINE. 1621.

**1622.** — LE DORAT (Haute-Vienne). — ✠ IHS. M[A]R[I]A. S[AN]CTA MAGDALENA, ORA PRO NOBIS.— SEURS L. C. SAVATTE, PRIEURE. J. D. DE LA CHAULME, CURÉ 1622. P[ARRAIN] RENÉ COSTIN. DAMOISELLE RENÉE BRUIAS M[ARRAINE], C... CHESNE .. F. DE RAIMOND.

Cette cloche vient du prieuré de Voulon, près Le Dorat. On trouve dans le *Pouillé* de Nadaud, en 1619, Chesne, et en 1656 François de Raimond, qui exerçaient leur droit de nomination à une vicairie fondée à Voulon.

**1623.** — BEAUNE (Haute-Vienne). — ✠ JESUS. MARIA. S^TE^ JOANNES-BAPTISTA, ORA PRO NOBIS. 1623. M. L. REGNAULT, CURÉ DE RILHAC. MONASTÈRE DE LA BICHE.

Cette cloche qui est aujourd'hui à Beaune, vient de la paroisse de Rilhac, qui a Saint-Jean-Baptiste pour patron, et dans laquelle se trouvait le monastère de La Biche.

**1623.** — LIMOGES. *Saint-Michel-des-Lions.* — ✠ JESUS. MARIA. JE SUIS FAICTE POUR SAINT-MICHEL-DES-LIONS DE LIMOGES. L'AN 1623. — PARRAIN NOBLE ANTOINE MARTIN, CONSEILLER DU ROY, PRÉSIDENT AU SIÈGE DE LIMOGES, FILS DE FEU MONSIEUR LE PRÉSIDENT. MARRAINE DAMOIZELLE GUABRIELLE DE CHASTENET, FEMME DE NOBLE JEAN DECORDES, CONSEILLER DU ROY, ET SON LIEUTENANT-GÉNÉRAL DE LIMOUSIN, E SIÈGE PRÉSIDIAL.....

Le reste de cette inscription est illisible.

**1624.**— LIMOGES. *Saint-Michel-de-Pistorie.* —✠ SANCTE MICHAELE, ORA PRO NOBIS. 1624.

**1624.** — SAINT-YRIEIX (Haute-Vienne). — « Soit mémoire que la grand cloche desdiée à Monsieur Saint-Yrieys, notre patron, s'étant fendue, fut refondue le 30 mars 1624. » (Journal du sieur Gondinet).

« Le pénultiesme de mars 1624, fut refaite la grand cloche de Saint-Yrieix, qui avait été fondue auparavant l'an 1571, où j'avais assisté à la voir fondre et couler, laquelle a été baptisée le 21^e^ jour du mois d'avril audit an 1624. Et fut parrain Mons^r^ le doyen Gaspart Gentils de La Jauchat, et marine damoiselle Marguerite de Joussineau, fille de Mons^r^ de Fayat, épouse de Louis Garreau, sieur du Pui-de-Bette. Elle est d'une aune de hauteur, et de trois et trois quarts de tour, au plus gros par le bas. Le 22 avril audit an, l'on la monta à la première voûte, avec grand peine, derrière la grosse pile, et le 24 dudit mois, ayant le jour précédent préparé pour la monter, elle fut achevé de monter plus facilement en la place qu'elle devait être, et commença à sonner le 25, jour de Saint-Marc, à la procession. Dieu par sa sainte grâce veuille qu'elle y dure longtemps. » (Livre de raison du sieur Jarrige).

**1625.** — EYMOUTIERS (Haute-Vienne). — ✠ PSALMODII MIHI NOMEN ERAT PRIUS, ESTQUE DEINCEPS IDEM. SIC EGO BIS IGNE PROBATA FUI.

François Masmoret, curé de Notre-Dame d'Eymoutiers, a écrit dans les registres paroissiaux de cette église : « Le 4 juin 1625, veilhe de l'octave de la Feste-Dieu, la seconde cloche de la grande église de ceste ville feust refondue, sur laquelle ces deux vers icy que j'ai faict sont escritz à present : *Psalmodii mihi nomen erat prius, estque deinceps* || *idem. Sic ego bis igne probata fui.* Avant que la dicte cloche fut rompue pour faire refondre, je leus les deux vers suivantz escritz en lettre ancienne : *Psalmodii vere fateor me nomen habere.* || *Vox mea cunctorum terror sit dæmoniorum.* J'avais baillé le choix des suivants distiques à MM. de chapitre; mais ils trouvèrent le sus escrit le plus propre : *Vox mea Psalmodii fertur dum convoco clerum* || *funera dum dico, fulmina dum que fugo.* — Autre : *Nosce hic Psalmodii vocem, dum fulgura pello,* || *funera dum moneo, dum populum que voco.* »

**1626.** — LIMOGES. *Collège.* — ✠ IHS. SANCTA MARIA, ORA PRO NOBIS. 1626.

**1627.** — TULLE. — Le clocher de Tulle, qui a soixante-treize mètres d'élévation, a été plusieurs fois frappé de la foudre : Le 6 ou 7 août 1534 ; le 22 juillet 1627 ; le 29 janvier 1645. Voici décrit par Baluze l'orage du 22 juillet 1627 : « Le jeudi XXIIe juillet, jour de la fête de sainte Magdelene 1627, entre dix et onze heures du soir, il fist un si grand tonerre qu'il n'y avait homme qui en heut vu ny ouy de tel, telement qu'il n'y avait homme, pour si asseuré et resolu qu'il fust, qui n'eust peur de un si furieux tonere; car on croyait que toute la ville se debvait abismer, et de faict, la foudre causée par icellui tomba sur la pyramide de la grande esglize qu'il gasta de telle façon, que cinq cens escuz ne la scaurait remettre. Il porta les pierres dicelle sur toutes les maisons circonvoisines, et fist de grands ravages dans le cloistre, brisa l'horloge et poudres qui portaient les cloches d'icelle. » (Livre de raison des Baluze).

**1628.** — LIMOGES. *Saint-Maurice.* — « Le 13 juillet 1628, fut faicte la bénédiction des cloches de Saint-Maurice, et en furent parrain, de la grosse, Mr Verthamond, chantre de l'église de Saint-Etienne; marraine, la bru de Mr de Breuil-Lavergne. —

Parrain de la seconde, Mr Romanet, sieur de Manent et de la Gorce, et marraine la fille du sieur Jean Apvril dit Jandou. — Pauthut, curé de Saint-Maurice. » (Registres paroissiaux).

**1628**. — CHAMPSAC (Haute-Vienne). — ✠ SANCTE JOANNES BAPTISTA ET SANCTE FIACRI, ORATE PRO NOBIS. — A ÉTÉ PARRAIN FRANÇOIS COUSTIN, CHEVALIER, SEIGNEUR DU MAS-NADAUT ; MARRINE DAMOIZELLE YSABEAU DE COMAIN, ESPOUSE DE JEAN DE BRIE, ÉCUYER, SIEUR DE MATEGUERRE. ESTANT SINDICS MRE JEAN NADAUT, NRE, ET MRE JACQUES BUISSON, CORDONNIER. MRE BARBE, NRE ROYAL. NOBLE MESSIRE FRANÇOIS DE BRIE, DOCTEUR EN THÉOLOGIE, CURÉ. L'AN DE GRACE 1628, PIERRE CHARPENTIER M'A FAICTE.

Cette cloche ayant 1 mètre 16 centimètres de diamètre doit peser environ 860 kilos.

**1628**. — PEYRISSAC (Corrèze). — ✠ 1628. — Une cloche de Peyrissac ne conserve plus que la date 1628, le reste de l'inscription ayant été détruit.

**1629**. — EYMOUTIERS. *Les Ursulines*. — « Le 30 du mois de septembre 1629, M. le Prévost messire Josias de la Poumellie fist la bénédiction de la cloche. Messieurs du chapitre furent parrains, et Mademoiselle l'Eslue Françoise Bourdicaud marraine. » (Chronique des Ursulines).

**1630**. — LAGUENNE (Corrèze). — ✠ SANCTE MARTINE, ORA PRO NOBIS. — XPS VINCIT, XPS REGNAT, XPS IMPERAT, XPS AB OMNI MALO NOS DEFENDAT. JEAN BELOT M'A FONDU L'AN 1630.

**1630**. — BEYNAT (Corrèze). — ✠ IHS. SANCTA MARIA ORA PRO NOBIS. 1630. — ✠ SANCTISSIMI ROSARII BEATÆ MARIÆ. 1630.

**1631**. — LAGARDE (Corrèze). — ✠ IHS. MARIA. JOSEPH. — SANCTI FABIANE ET SEBASTIANE ET SANCTE ROCHE, ORATE PRO NOBIS. — MAISTRE JEHAN LAJEHANNIE, CURÉ, GASPARD D'ESTRESSE, ESCUIER, PARRAIN. ET MARINE DAMOISELLE MAGDELEINE DE MIRAMONT, 1631, MRE JEAN BELOT.

**1631**. — LIMOGES. *Saint-Pierre-du-Queyroix*. — ✠ LA PRÉSENTE CLOCHE S'APPELLE MARTIAL. FUST PARRAIN ME MARTIAL DE DOUHET, ESCUYER, SIEUR DU PUYSMOULINIER, CONSEILLER DU ROY, LIEUTENANT GÉNÉRAL CRIMINEL EN LA SÉNÉCHAUSSÉE DE LIMOZIN ET SIÈGE PRÉSIDIAL DE LIMOGES. ET MARRAINE NOBLE DAME FRANÇOISE DE CARBONNIÈRES, FEMME DE SR [JEAN NICOLAS] SIEUR DE TRASLAGE, CONSEILLER DU ROY EZ DITZ SIÈGES. ÉTANT MARGUILIERS LEDIT SR LIEUTENANT CRIMINEL ; SIEUR ESTIENNE ROUMAMET, BOURGEOIS, MARCHANT ; ME MICHEL DE DOUHET, SIEUR DU CHAMBON, CONSEILLER DU ROY ET SON ESLEU A

LIMOGES ; M^E MARTIAL DUTEIL, PROCUREUR EZ DITZ SIÈGES. P. LALAY ET P. CHARPENTIER M'ONT FAICTE ET FONDUE. L'AN DE GRACE 1631.

**1631.** — NONTRONNEAU (Dordogne). — ✠ S^te STEPHANE. ORA PRO NOBIS. M. PIERRE DUCONGET, PRETRE, CURÉ BUDIT LIEU. A ESTÉ PARIN JEHAN BELLIQUET LE JEUNE. MARINE MARGERITE AUDHIER DAME DE BERNARDIÈRE, 1631.

Nontronneau qui était du diocèse de Limoges est aujourd'hui dans le département de la Dordogne. Dans l'inscription ci-dessus, il y a une fleur de lis au commencement de chaque ligne.

**1632.** — SAINT-JUNIEN-LES-COMBES (Haute-Vienne). — ✠ SANCTE JUNIANE, ORA PRO NOBIS. 1632. — FRANÇOIS DE ROFFIGNAT, ÉCUYER, SIEUR DES CROS, PARRAIN. MARRAINE D^lle CHARLOTTE DACIER. FILLOUX, VICAIRE.

**1632.** — SAINT-JUNIEN-LES-COMBES. *Château de Sannat* (Haute-Vienne). — ✠ S^ta MARIA, ORA PRO NOBIS. M. FILLOUX ME FECIT, 1632.

L'artiste qui a fondu cette dernière cloche serait-il le vicaire de la paroisse, nommé dans l'inscaiption de la précédente? La chose est très possible. Une cloche de Bernes (Seine-et-Oise) nous fait connaître par son inscription un cas analogue : « Faitte de la main de M^re Georges de Fresnoy, s^r des Vosseaux. 1642. »

**1632.** — CHÉNÉRAILLES (Creuse). — ✠ SANCTE BARTHOLOMEE, ORA PRO NOBIS. AD PIETATIS OPUS SONITU RESONA. SANCTA MARIA, ORA PRO NOBIS. — DONNÉE PAR LE VÉNÉRABLE JEAN BUSSIÈRE, OFFICIAL DE CHÉNÉRAILLES. MARRAINE MARIE DE REBOUX, FEMME A MONSIEUR GILBERT PEYTAVIE. 1632.

**1632.** — TULLE. *Cathédrale.* — ✠ LAUS DEO, PAX VIVIS, REQUIES DEFUNCTIS. — INDICABAM NUPER ME PRO DEFUNCTIS FUSAM, PROCURANTE FRATRE GUIDONE DE LISSAC, CELLERARIO, ANNO 1465. DONEC INUTILIS FACTA PROPTER FORTUITAM RUPTURAM, REFUSA SUM ANNO 1632, SEDENTE JOANNE DE GINOUILLAC DE VAILLAC, EPISCOPO ET VICE-COMITE. JEAN LELUT M'A FONDUE.

Il y avait autrefois dans le clocher de l'église de Tulle dix-huit cloches, et leur sonnerie était une des plus harmonieuses de France. La plus grande s'appelait *Toussaint*. Elle fut brisée en 1793. Une autre s'appelait *Salveterre;* on ne la sonnait que lors-l'orage menaçait les campagnes. Celle qui existe encore, et qui porte l'inscription ci-dessus était nommée *Couvre-feu.*

**1633.** — LE CHALARD (Haute-Vienne). — ✠ 1633. IHS. MARIA.

S[AN]C[T]E GAUFRIDE ; S[AN]C[T]E JOANNES, ORA PRO NOBIS. — C[HARLES] DEHRIERES [D'HERRIÈRES] ABBÉ. — J. MYRYVAILLANT. FOUCHAYRE. HYVERT, RELIGIEUX. — MESSIRE FRANÇOIS COUSTIN ESCUIER SEIGNEUR DU MASNADAUD ET AUTRES PLACES, FRANÇOIS MANNET SIEUR DE LEYSAR P[ARRAINS]. GUABRIELLE DE CHAMP DAMOISELLE D'EYTIVAUX [MARRAINE].

Cette cloche a été refondue dans notre siècle.

Son inscription nous fournit le nom du prieur et des trois religieux qui composaient alors la communauté conventuelle de ce prieuré. Le premier y est qualifié abbé, quoique Le Chalard ne fut qu'un prieuré.

**1634.** — DONZENAC (Corrèze). — ✠ IHS. SANCTE MARTINE ORA PRO NOBIS. FUGITE PARTES ADVERSŒ : VICIT LEO DE TRIBU JUDA, RADIX DAVID. — CHARLES DE LEVY, DUC DE VENTADOUR, PAIR DE FRANCE ET BARON DE DONZENAC. PIERRE D'ESCOURAILLES, ESCUYER, SIEUR DE LAVAL, LASSALLE, LAVALLADE ET MEYVIALLE, PARRAIN. 1634. MARRAINE DAMOISELLE JEANNE LAVAUD D'ESPEYRUT, ÉPOUSE A BARRIL, SIEUR DE LA COUR. SYNDICS : ANTOINE BOUTOT NOTAIRE ROYAL. BERTRAND BESSE DIT TENILUM. L'AN 1634.

**1635.** — LE LONZAC (Corrèze). — ✠ SANCTA MARIA, ORA PRO NOBIS. — L'AN 1635 FRÈRE ÉTIENNE GRENAILLE, INFIRMIER ET PRIEUR CLAUSTRAL DE L'ABBAYE DE SAINT-PIERRE D'UZERCHE ET SIEUR PRIEUR DU CHATENET, A FAIT FAIRE LA PRÉSENTE CLOCHE ; QUI EN A ÉTÉ PARRAIN ET MARINE MAGDELAINE VEDRÈNE.

Cette cloche jadis à la chapelle de Notre-Dame du Châtenet, paroisse du Lonzac, est aujourd'hui dans l'église paroissiale. (L'abbé Poulbrière, *Dict. des paroisses*).

**1635.** — ROUMAZIÈRES (Charente). — ✠ SANCTE CHRISTOPHORE, ORA PRO NOBIS. — ANNO DOMINI 1635.

On me dit cette inscription écrite en caractères gothiques et accompagnée d'un écusson. Si la chose est exacte, il faut croire que la date a été relevée inexactement ; elle devrait être M V^c XXX V. Saint Christophe est bien le patron de la paroisse de Roumazières, jadis dans le diocèse de Limoges.

**1635.** — SAINT-LAURENT-SUR-GORRE (Haute-Vienne). — ✠ IN TE DOMINE SPERAVER[UN]T VENERABILIS SIMON DE SOUBZDANES RECTOR HUJUS ECCLESIÆ ET FRANÇOISE DE LA MOUSNERIE DOMICELLA DE LESCHIVERIE. — CONSILIARIUS IN SONO TUBÆ EXALTA NOS DOMINE. S^TE JOSEPH, ORA PRO NOBIS. 1635.

**1636.** — BLOND (Haute-Vienne). — ✠ IHS. MA[RIA]. S[AN]CTA TRINITAS UNUS DEUS, MISERERE NOBIS ET A FULGURE DEFENDE NOS. —

FACTUM IN OPPIDO BLONII 1636. P[AT]RINI P. DE NOLET, D[OMI]N[U]S HUJUS LOCI ET MARGARITA D'ASNIÈRES D[OMI]NA DE DROULLES. ✠ ASTANTE D[OMI]NO L. MICHEAU RECTORE EC[CLES]IÆ PARO[CHI]ALIS DE BLONIO. CHARPENTIER ME FECIT.

**1636**. — JUILLAC. *Château de Piquets.* (Corrèze). — ✠ FRANÇOIS DE LA CROIX, ESCUYER, S^r DE LA NADALIE, PARRAIN. DEMOISELLE SUZANNE DES CARS, MARRAINE. SAINT ROCH PATRON DE LA CHAPELLE.

**1637**. — REILHAC (Dordogne). — ✠ IHS. MARIA. — PAX XPTI. — S[ANC]TI PETRE ET PAULE ORATE PRO NOBIS. J. LHOMME PRIEUR-CURE R. 1637. ROCH ROUX PARRAIN, ANNE DE S^t MATHIEU MARINE.

La paroisse de Reilhac qui était jadis du diocèse de Limoges fait maintenant partie de celui de Périgueux.

**1637**. — BELLAC (Haute-Vienne). — ✠ SIEUR DE MOULINIER, DOCTEUR EN THÉOLOGIE, CURÉ DE BELLAC ET SAINT-SAUVEUR. 1637. PARRAIN GUILLAUME, FILS DE NOBLE J. DE PONTCHARAUD, SIEUR DU PIN, CONSEILLER, ADVOCAT ET PROCUREUR DU ROI. MARRAINE DAMOSELLE MARGUERITE FAYDAU. M^e BADOU. J. BADOU, PRÊTRE ET M^e P. DE PONTCHARAUD, PROCUREUR DU ROI, FABRIQUEURS. — ✠ TOBIE DE LA PAIX. — A. BEZOT, M'A FAICTE.

**1638**. — BEYNAT. *Chapelle de Puy-de-Noix* (Corrèze). — ✠ IHS. SIT NOMEN D[OMI]NI BENEDICTUM. — S^TA MARIA ET S^TE JOANNES-BAPTISTA O[RATE] P[RO] N[OBIS]. — CLOCHE POUR LA CHAPELLE DE PUY-DE-NOIX. — P. MONTET, VIEUX. P. M. F. GAILLARD ET S. JEHAN, AUDUBAL ET TOURON. 1638.

**1638**. — ESPAGNAC (Corrèze). — ✠ IHS. MARIA. S^TE GERVASI, ORA PRO NOBIS. 1638. — MESSIRE HENRI DE SAINT-MARSAL DE PUY DE VAL, PREVOT-SEIGNEUR DE NAVES, PARRIN. DEMOISELLE MARTIALLE PLACE, FEMME A M^e HUGON, MARRINE. M^e JEAN DU POUGET, CURÉ D'ESPAGNAC. M^e JEHAN VERDIER, SYNDIC. TE DEUM LAUDAMUS.

**1638**. — LIMOGES. *Abbaye de Saint-Martial.* — « Sur la fin de juin [1638], fut refondue une cloche du clocher de saint Martial, qui estoit fendue, et refaite par les bailles des âmes du purgatoire de ladite église. Et cousta, avecq l'augmentation du métal, 300 livres, et fust nommée Valerie. Ses parrain et marraine furent deux pauvres de l'Hôpital Saint-Martial. » (*Annales manuscrites de Limoges*, p. 410).

**1640**. — BRIGUEIL-L'AINÉ (Charente). — Vaslet, dans ses *Annales de Brigueil-l'Aîné*, nous dit : « Je me contenterai de faire mention des cinq cloches, dont la plus considérable est très belle et a le son très bon. Ses caractères sont en lettres gothiques. A la seconde j'ai observé qu'il y a des caractères anglais que chacun peut lire librement. Pour cela je dirai seulement qu'elle a été fondue en 1640. »

Brigueil-l'Ainé, jadis du diocèse de Limoges, est aujourd'hui de celui d'Angoulême.

**1640.** — GOULLES (Corrèze). — « Il n'y a point de cloche ancienne à Goulles, mais on sait par l'histoire que deux maîtres fondeurs, Pierre Charpentier et Pierre Lallé, en fondirent une le 24 octobre 1640. » (L'abbé Poulbrière, *Dictionnaire des paroisses).*

**1641.** — ABJAT (Dordogne). — François de Vaucocour, ayant voulu loger dans le château d'Abjat (alors dans le diocèse de Limoges) des troupes qu'il conduisait en Italie, fut tué par les habitants qui, convaincus de crime de sédition, furent, par jugement du 8 mai 1641, condamnés à de fortes amendes envers les établissements religieux des environs. Leurs cloches furent confisquées, et la principale portée dans l'église de Thiviers, où était la chapelle des Vaucocour. Le frère du seigneur assassiné y fit élever un clocher dans lequel il la fit placer. En 1735 celle-ci était fêlée et son poids menaçait de causer la ruine des murs de l'église. Le seigneur de Vaucocour en ayant réclamé la propriété, le différend fut porté devant l'intendant de Guyenne, qui le débouta de sa demande. La cloche fut vendue aux enchères et son prix employé aux réparations de l'église. (M. R. Drouault, *Bull. soc. arch. du Périgord*, XXIII, p. 134).

**1642.** — FROMENTAL (Haute-Vienne). — ✠ SANCTA MARIA, ORA PRO NOBIS. J'AI ÉTÉ FONDUE LE 16 JUILLET 1642, ESTANT CURÉ F. DE LÉOBARDY, PARIN Mre JEHAN SORNIN, SIEUR DES FOUGÈRES ET MARINE DAME MATHURINE LESTERPS. M. A. LEPRIEUR. M. CHEMINADE.

**1642.** — VERNEUIL-MOUTIER (Haute-Vienne). — ✠ SILVAIN RICHARD, ÉCUYER, SIEUR DE LA TOUR-AUX-PAULMES, PARRAIN.....

**1643.** — LIMOGES. *Les Bénédictins.* — Mre Barton, abbé des Bénédictins à Limoges, avait fait faire une cloche qui fut refondue en 1643, et de nouveau en 1711. Voir à cette dernière date.

**1644.** — ALLASSAC (Corrèze). — ✠ LAUDATE DEUM IN SIMBALIS BENE SONANTIBUS. — SANCTE LAURENTI, ORA PRO NOBIS. — Me JEHAN FERADE, PARRIN. PEYRONNET CHEYVIALLE, MARINE, FAMME DE ESTIENNE DUFAURE BOURGEOIS. Me FRANÇOIS FOUGEYRON GREFFIER ET SAINDICT, 1644.

**1645**. — LAMAZIÈRE-BASSE (Corrèze). — ✠ SANCTE BARTHOLOMEE, ORA PRO PAROCHIA ISTA. — 1645. — PARREIN NOBLE JEAN RIGAL DE SCORALHES, BARON DE ROUSSILIE. F[RANÇOISE] DE CONROS, DAME DU CHAMBON, MARINE. — F. ARNAULX CURÉ. — L. MEYNIAL. F. BOI. SAINDICTS, 1645.

Cette cloche a été refondue en 1889. (L'abbé Poulbrière, *Dict. des paroisses*).

**1645**. — PIÉGUT (Dordogne). — « Le 29 octobre 1645, bénédiction de la cloche de Piégut. Parrain Jean de La Serre, sieur du Chareyroux, juge sénéchal des juridictions du Bourdeix, Pluviers, Saint-Barthelemy, Saint-Etienne-le-Droux et Teyjat. Marraine Peyronne Chaslard. »

Cette indication est fournie par les registres de Piégut, paroisse de l'ancien diocèse de Limoges.

**1645**. — SAINT-YRIEIX. *Hospice* (Haute-Vienne). — « Donné 26 livres à M. Lallet et à François Bouyer, fondeurs, pour faire la cloche de la chapelle de l'hospice. » (Décembre 1645. Archives hospitalières de Saint-Yrieix. E. 25).

**1646**. — SAINT-MARC-A-FRONGIER (Creuse). — ✠ IHS. MAR[IA]. SANCTE MARCE, ORA PRO NOBIS. ✠ MESSIRE JOSEPH DE S[AIN]T-JULIEN, ESCUIER, SEIGNEUR DE S[AIN]T-MARC. ✠ SEIGNEUR DU DICT LIEU. ✠ PARIN. ✠ DAME ISABELLE DE S[AIN]T-JULIEN SA SŒUR, MARINE, FEMME DE MESSIRE GABRIEL DANGENNE S. DE LA LOUPE. LÉONARD LE MASSON, CURÉ. ✠. PIERRE CHARPENTIER, 1646.

Sur un médaillon rectangulaire est figurée une cloche ; on lit autour le nom du fondeur Pierre Charpentier. Ce médaillon est placé entre les chiffres de la date 16-46.

**1647**. — SAINT-PARDOUX-LAVAUD (Creuse). — « Le 22 du moys et an (décembre 1647) a été bénite la troisième cloche de cette églize par moy soussigné, avec permission de Monseigneur de Limoges, en présence de Mᵉ Jehan Savy, notaire et de Mᵉ Pierre Savy, aussi notaire, qui ont signé. François Tissier, curé de Saint-Pardoux-Lavaud. » (Registres paroissiaux).

**1647**. — La MAZIÈRE-HAUTE (Corrèze). — ✠ PER SIGNUM SANCTÆ CRUCIS, DE INIMICIS NOSTRIS LIBERA NOS. — FRANÇOIS SIMONET CURÉ 1647. G. SEIGNEUR DE LA MOTE. MESSIRE GILBERT D'USSEL, BARON DE CHATEAUVERT.

**1648**. — CHATEAUPONSAC (Haute-Vienne). — ✠ AGIOS O THEOS YSCHYROS ATHANATOS ELEISON YMAS. — SANCTE THIRSE, ORA PRO NOBIS

DEUM, UT NOS DEFENDAT A FULGURE ET TEMPESTATE ET AB OMNI MALO, AMEN. AD MAJOREM DEI LAUDEM. — M. L. BONGRAND, ÇURÉ, J. TARDY PARRAIN, ET MATHURINE SORNIN MARRAINE. PIERRE LALAY FONDEUR, 1648.

Au lieu de 1648, il y en a qui ont lu 1643. Le nom du fondeur Pierre Lalay environne un écusson élégamment orné. Le passage grec commençant l'inscription est emprunté au rituel du Vendredi-Saint ; c'est le trisagion : *Sanctus Deus, sanctus fortis, sanctus immortalis, miserere nobis.*

Cette cloche de Châteauponsac a été refondue en 1849 ; voir à cette date.

**1648.** — DOURNAZAC. *Château de Montbrun* (Haute-Vienne). — ✠ JEAN DE MAULMONT, ÉCUYER, SEIGNEUR DE MAUMOND, 1648.

**1649.** — GUÉRET. *Au Musée.* — ✠ AD MAJOREM GLORIAM. ISAAC CHORLLON. 1649.

La cloche portant cette inscription a été donnée au Musée de Guéret en 1890.

**1650.** — BILLAC (Corrèze). — ✠ IHS. MARIA. ADJUVA NOS. LAUDATE DEUM IN TEMPORE ET HORA, LAUDATE EUM IN CHORDIS ET ORGANO. — SANCTE MARTINE, ORA PRO NOBIS. — SANCTA RADEGONDIS, ORA PRO NOBIS. — SALVUM FAC POPULUM TUUM DOMINE, ET BENEDIC HÆREDITATI TUE. — TE DEUM LAUDAMUS. XPS VINCIT, XPS REGNAT, XPS AB OMNI MALO NOS DEFENDAT.

La cloche de Billac portant cette inscription a été refondue en 1858. Voir à cette date.

**1652.** — CHABRIGNAC (Corrèze). — ✠ PER SIGNUM CRUCIS DE INIMICIS NOSTRIS LIBERA NOS DEUS. — NOBLE LOUIS DE CHABRIGNAC, PRIEUR DE SERILHA, PARRAIN. DAMOISELLE RIGALLE DE ROUS, MARRINE, 1652.

**1653.** — REYGADES (Corrèze). — ✠ A FULGURE ET TEMPESTATE DEFENDE NOS, DOMINE. S^TI^ EUTROPI ET CAPRASI, ORATE PRO NOBIS. 1653.

**1655.** — NEUVIC (Haute-Vienne). — ✠ SANCTA MARIA, ORA PRO NOBIS. JEAN DU GARAUD, ESCUYER, SEIGNEUR DE VERGNAT. DAM^LLE^ MARGUERITE DE CADENET, SA FEMME. ANTOINETTE ET MARGUERITE LEURS ENFANTS, PARRAIN ET MARRAINE. 1655.

Il y a aussi sur cette cloche un écusson qui est *parti, au 1^er^ un lion d'or rampant couronné, au 2^e^ d'azur au chevron d'or, accompagné en pointe d'une croix fichée dans un cœur de même.* Le 2^e^ donne les armes de la famille du Garraud.

**1656**. — SAINT-YRIEIX. *Notre-Dame du Moustier* (Haute-Vienne). — ✠ ONT ESTÉ MES PARRAIN ET MARRAINE : NOBLE PAUL DE JARRIGE DE LAMORELIE, THÉOLOGAL, DOYEN DE CETTE ÉGLISE, ET MARGUERITE DE JOUSSINEAU DE FAYAT, DEMOISELLE DU PUY-DE-BETTES.

GABRIEL DU GARREAU DU PUY-DE-BETTE, CHANTRE, ANTHOINE DE JARRIGE, ANTHOINE DE LAFON, ANTHOINE DU GARREAU, JEHAN DE JOUSSINEAU DE TOURDOUNET, HÉLIE DE JARRIGE DE LAMORELIE, FRANÇOIS DE LAFON, ANTHOINE LABROUHE, PAUL DES MONTS ET JEHAN DE LAFON, CHANOINES.

DES PRÉBENDÉS : FRANÇOIS DE LAFON, ANTHOINE LABROUHE, ESTIENNE PAIGNON, JEHAN PERSONNE, DAVID DAMONEVILLE ET PAUL DES MONTS. DE LAFON, SECRÉTAIRE. (De Montégut, *Journal de P. Jarrige*).

**1659**. — BELLAC. *Hospice* (Haute-Vienne). — ✠ JÉSUS. MARIA. JOSEPH. — MESSIRE JEAN BADOU, SCINDIC. M. JACQUES UGERIN, AUSSY SCINDICQ DE L'HOPITAL, 1659. DOMINIQUE FRÈRY.

Dominique Frery, maître fondeur de cloches, donna à l'hôpital de Bellac « quittance d'une somme de 30 livres, 8 sols, pour avoir fondu la cloche dudit Hôtel-Dieu, et avoir icelle augmentée de la quantité de 45 livres pesant de métal, outre la quantité de 17 livres que pesait l'ancienne cloche ».

**1660**. — LIMOGES. *Abbaye de Saint-Martial*. — ✠ L'AN 1660, PAR LES SOINGS DE M^RE P. DUBOIS, ADVOCAT, S^R DU VERT ET S^R J. THEVENY, MARCHAND, BAILES DES AMES, LE GROS-MARTIAL A ÉTÉ REFONDU. SON PARRAIN A ÉTÉ VÉNÉRABLE M^RE F. DU FAURE, PRÉVOST DE SAINT-MARTIAL ; ET SA MARRAINE DAME B. MARTIN, FEMME DE M^R M^RE DE LABICHE, SGR DE RÉGNEGORT, CONSEILLER DU ROY EN SES CONSEILS D'ESTAT ET PRIVÉ, ET EN LA SÉNÉCRAUSSÉE ET SIÈGE PRÉSIDIAL DE LIMOGES. — P. LALAY, F. BOUYER M'ONT FAITE.

**1660**. — LIMOGES. *Abbaye de Saint-Martial*. — ✠ LA PRÉSENTE CLOCHE A ÉTÉ REFONDUE PAR LES SOINFS DE M^RE P. DUBOIS, ADVOCAT, S^R DU VERT ET S^R J. THEVENY, MARCHANT, BAYLES DES AMES. SON PARRAIN A ÉTÉ VÉNÉRABLE M^RE J. PÉRIÈRE, CHANTRE, CHANOINE DE SAINCT MARTIAL, PRÉVOST DES SEYCHÈRES ; ET SA MARRAINE DAME C. DU PÉRIER-DE-L'ISLE-FORT, FEMME DE NOBLE P. HARDY, SIEUR DU PUYTISON, TRÉSORIER DE FRANCE, 1660. FRANÇOIS BOUYER.

**1661**. — LIMOGES. *Abbaye de Saint-Martial*. — ✠ EN L'ANNÉE 1661, PAR LES SOINGS DE M^RE DUBOIS, ADVOCAT, S^R DUVERT ET S^R THEVENI MARCHANT, BAILES DES AMES, LA PRESENTE CLOCHE A ESTÉ FAICTE DES RESTES DU MÉTAL DU GROS-MARTIAL ET DU GROS-JEAN. SON PARRAIN A ÉTÉ JACQUES DUPEYRAT DE BEAUPRÉ, FILS DE NOBLE MICHEL DUPEYRAT,

PROCUREUR DU ROY AU BUREAU DES FINANCES. MARRAINE DAMOISELLE MARIE LONDEYS, FILLE DE M$^{R}$ P. LONDEYS, RECEVEUR GÉNÉRAL DU TAILLON. FRANÇOIS BOUYER.

**1661.** — GUERET. — ✠ IHS. MARIA ✠ LAUDO DEUM VERUM, PLEBEM VOCO, COLLIGO CLERUM, DEFUNCTOS PLORO, FESTAQUE CUNCTA DECORO. VOX MEA CUNCTORUM TERROR EST DEMONIORUM. ✠ MESSIRE PIERRE BARTON, CHEVALIER, VICOMTE DE MONBAS, PARRIN.

A ESTÉ REFAICTE PAR NOUS MARTIAL DU BREUIL, ANTHOYNE SERNOUTAUD. JEAN ROUGIER ET LOYS VACHER CONSULS, L'ANNÉE PRÉSENTE. L'AN MIL VI$^{C}$ LXI.

La grosse cloche de Guéret, appelée *La Bartonne*, porte l'inscription ci-dessus. J'en ai déjà parlé au commencement du XVI$^{e}$ siècle.

**1662.** — BURGNAC (Haute-Vienne). — ✠ SANCTE MEDARDE, ORA PRO NOBIS. 1662. — PARRAIN GRÉGOIRE DU BOYS, CONSEILLER DU ROY, MARRAINE DAME LOUISE-GABRIELLE BERNY, EPOUSE DUPUYTREM.....

**1663.** — LIMOGES. *Saint-Michel-des-Lions.* — ✠ PARRIN M$^{R}$ M$^{E}$ ANDRÉ LAUDIN, S$^{R}$ DE LA LINGAINE, CONSEILLER DU ROY AU SIÈGE PRÉSIDIAL DE LIMOGES, MARRAINE DAMOIZELLE MARGUERITE DESMAISONS, 1663, CHARPENTIER M'A FAITE.

**1663.** — LIMOGES. *Saint-Michel-des-Lions.* — ✠ LES BAYLES DES AMES DU PURGATOIRE DE L'EGLISE DE SAINT-MICHEL-DES-LIONS M'ONT FAIT FAIRE, ESTANT EN CHARGE AU MOIS DE SEPTEMBRE 1663, NOBLE PIERRE HARDY, SEIGNEUR DU PUYTISON, TRÉSORIER-GÉNÉRAL DE FRANCE EN LA GÉNÉRALITÉ DE LIMOGES, PARRAIN. DAME CATHERINE GUILLAUME, FEMME DE MESSIRE L. DE CHASTAIGNAC, CHEVALIER, SEIGNEUR DE NEUVIC, MASLÉON ET AUTRES PLACES, CONSEILLER DU ROY EN SES CONSEILS ET PRÉVOST EN LIMOUSIN.

Une croix sépare chacun des mots de cette inscription. Au bas est une grande croix et quatre têtes de mort, accompagnées d'ossements posés en sautoir. Le diamètre de cette cloche étant de 0$^{m}$90 centimètres, son poids doit être de 410 kilos.

**1664.** — BIENAC (Haute-Vienne). — ✠ IHS. MARIA. — SANCTE JULIANE, ORA PRO NOBIS. — PARRAIN HAUT ET PUISSANT SEIGNEUR LOIS DE POMPADOUR. MARRAINE DAMOISELLE MARIE DE POMPADOUR, PIERRE JAVERLHIAT, SYNDIC. M$^{RE}$ LÉONARD NAUCHE CURÉ. 1664.

**1665.** — PEYRAT-LE-CHATEAU. *Chapelle de l'Hôpital* (Haute-Vienne). — ✠ MATHIEU DEFAYE. 1665.

Mathieu Defaye, dont le nom est sur cette petite cloche, était notaire et consul de Peyrat à cette date.

**1665**. — MASSIGNAC (Charente). — ✠ IHS. MA[RIA]. IOSEH. — SANCTE PAULE, ORA PRO NOBIS. — MESSIRE JACQUES SELLERIES, CURÉ. MESSIRE PIERRE DE TRION DE MONTALEMBERT, CHEVALIER, SEIGNEUR DE PAUVILLIERS ET D'ÉCURAS, PARRAIN. DAME BENIGNE THIBAULT DE LA CARTE, FEMME DE HAUT ET PUISSANT SEIGNEUR MESSIRE PHILIPPE DE...... BARON DES ESTANS, MARRAINE. 1665.

PELLO, DEI DONO, FULGURA QUANDO SONO...... BARUSSAUD....... NOTAIRE ROYAL FABRICIEN. — CHARPENTIER ET BOUYER M'ONT FAICTE.

Massignac était jadis du diocèse de Limoges. La cloche de son église porte l'inscription ci-dessus. Il y a quelques mots qui ne sont pas lisibles.

**1667**. — MESTES (Corrèze). — ✠ IHS. M[ARI]A. I[OSE]PH. — SIT NOMEN D[OMI]NI B[ENEDIC]TUM. S[ANC]TE PETRE, ORA PRO NOBIS. — RECTOR A. FRAY. — PARRAIN MARTIAL DE CLARY, BARON DE SAINT ANGEL. MARRAINE LEGIERE CLAUSANGES, FEMME A MICHEL VERGHNES, SCINDIC. 1667.

**1669**. — FAVARS (Corrèze). — IHS. M[ARI]A. IOSEPH. — S^TE^ PETRE, ORA PRO NOBIS. — M^RE^ GABRIEL DUMAS SCAINDIC, M^RE^ GERAUD DUMAS PARRAIN ; MARRAINE ANTOINETTE BROCH. PELLO DEI DONO FULGURA QUANDO SONO.

JOANNES CHARPENTARIUS ME FECIT. 1669.

**1669**. — BELLAC (Haute-Vienne). — ✠ S^TA^ CATHARINA, ORA PRO NOBIS. M^RE^ JOSÉ BRUNYER, CONSEILLER DU ROI ET SON ADVOCAT, CURÉ DE VACQUEUR M'A FAICTE FAIRE. M^RE^ PAUL DE NOLET, ÉCUYER, SEIGNEUR DE LÉPAUD, CONSEILLER DU ROI, SÉNÉCHAL DE LA MARCHE, PARRAIN. DAME ANNE CHARON, DAME DE DROUILLE, MARRINE. 1669. DOMINIQUE FRERY A FAIT.

Cette cloche était celle de la paroisse de Vacqueur, qui était sous le patronage de sainte Catherine. Aujourd'hui cette paroisse est réunie à celle de Bellac.

**1671**. — SAINT-SULPICE-LE-DUNOIS (Creuse). — ✠ JÉSUS, MARIA, JOSEPH. SANCTA MARIA, ORA PRO NOBIS. SANCTE SULPICI, ORA PRO NOBIS. — MESSIRE FIACRE POISSONNIER, ARCHIPRÊTRE ET CURÉ DE SAINT-SULPICE. SILVAIN PIPAUD, PARRAIN ET MARRAINE DAMOISELLE ANNE DE L'AGE, ÉPOUSE DU SIEUR DE SOUVOLLE [CLAUDE DE LA CELLE]. 1771. — AUBRY M'A FONDUE. N. ET P. AUBRY M'ONT FAICT.

**1671**. — BASSIGNAC-LE-BAS (Corrèze). — ✠ SIT NOMEN DOMINI BENEDICTUM. UT FRUCTUS TERRÆ DARE ET CONSERVARE DIGNERIS, TE ROGAMUS, AUDI NOS. — S^TI^ MARTINE, JOANNES-BAPTISTA, ANDREA, FABIANE, SEBASTIANE, COSMA, DAMIANE, GERVASI, PROTASI, BLASI, RADEGONDIS, ORATE PRO NOBIS. 1671.

Cette année il fut fondu deux cloches à Bassignac-le-Bas. M. Aimard Danroque, curé et parrain avec M. P. Mirat, curé de Chanac, et marraines dame de Meilhac, F. Chauvac... La seconde de ces cloches reproduit plus ou moins la même liste de saints. L'inscription est plus malaisée à prendre. (L'abbé Poulbrière, *Dict. des paroisses*).

**1671**. — PUY D'ARNAC (Corrèze). — « Jean Texier, nommé curé du Puy d'Arnac en 1671, fit fondre deux cloches qui furent bénites le 20 septembre. La plus grossé en l'honneur de saint Etienne, l'autre en l'honneur de saint Ferréol, qui était aussi un des saints les plus honorés au Puy d'Arnac. (L'abbé Poulbrière, *Dict. des paroisses*).

**1672**. — CHAPELLE DE SAINT-JOSEPH, au Pont-du-Chet, commune de Saint-Avit-de-Tarde (Creuse). — ✠ IHS. MARIA. JOSEPH. — PARRAIN MESSIRE ANTOINE DE LA ROCHE-AYMON. MARRAINE DAME ANTOINETTE DE SAINT-JULIEN. 1672.

**1673**. — SAINT-BONNET-LA-RIVIÈRE (Corrèze). — ✠ SANCTE ANTONI EREMITA, ORA PRO NOBIS. Mr MICHEL BLOIS, CURÉ, 1673. PARRAIN Mre FRANÇOIS DUPUY, JUGE DE St-BONNET ; MARRAINE D[lle] MARIE DUPUY, SA FILLE, ET FEMME DE M. FRANÇOIS AUTIER, S[r] DES BORDES ; GEO... DUPUY, S[r] DU MONTEIL.

**1673**. — GROS-CHASTANG (Corrèze). — ✠ IHS. MARIA. JOSEPH. SANCTE ESTIENNE ORA PRO NOBIS. — ESTIENNE DOUMAIL MON PARRAIN ; ET MARINE MARTE...... FABRIQUÉE EN 1673. — ANTOINE GAU, FONDEUR.

**1675**. — ALBUSSAC (Corrèze). — ✠ IHS. M[ARI]A. — A FULGURE ET TEMPESTATE, DEFENDE NOS D[OMI]NE. — S[TE] MARTINE, ORA PRO NOBIS, ✠ 1675.

✠ CLOCHE FAICTE PAR ESTIENNE CHASTRUSSE, CURÉ, ET LES PARROCHIENS ET HABITANS D'ALBUSSAC, ✠ MESSIRE HENRY DE St MARTIAL, CÉLÉRIER DE TULLE, PARRIN.

**1676**. — SAINT-LÉONARD (Haute-Vienne). — ✠ JÉSUS. MARIA. TE DEUM LAUDAMUS. IN TE DOMINE SPERAVI NON CONFUNDAR IN ÆTERNUM. SANCTE LEONARDE, ORA PRO NOBIS.

PARRAIN HONORABLE HOMME M[RE] PIERRE TEXIER, CONSEILLER DU ROI EN SON CONSEIL, TRÉSORIER ET COMMISSAIRE EXTRAORDINAIRE DES GUERRES EZ PAYS DE LIMOUSIN ET DE MARCHE ; MARRAINE DAME LÉONARDE BEAURE, FEMME DE CLAUDE VEYRIER, MARCHAND. 1676. — CLAUDE BELOT.

ABCDEFGHIJKLMNOPQRSTUVXYZ, 3 4 5.

**1676**. — TURENNE (Corrèze). — ✠ SIT NOMEN DOMINI BENEDICTUM. IN HONOREM BEATÆ MARIÆ ET SANCTI PANTALEON. — LAUDATE DOMINUM

IN CYMBALIS BENE SONANTIBUS. F. DE LAMY ME FECIT, 1676. — AD PRÆTERITUM MIHI DATUS EST REGRESSUS, MORTUO ENIM REVIXI, QUOD FIDEM ADSTRUIT MORTUOS AD VITAM ALIQUANDO REDITUROS.

**1677**. — ORADOUR-SUR-GLANE (Haute-Vienne). — ✠ JÉSUS. MARIA. JOSEPH. SANCTE MARTINE, ORA PRO NOBIS. MESSIRE GABRIEL DUPUY, PRIEUR ET CURÉ, PARRAIN, L'AN DE GRACE 1677, ET MARRAINE MARIE-FRANÇOISE DE LESCOURS, DAME D'ORADOUR. THOMAS OUVRAS ET ANNE LANNEAUD, SINDICS. L. AUBRY M'A FAITE.

**1677**. — CHATEAUNÈUF (Haute-Vienne). *Sainte-Marie-la-Claire*. — ✠ HELIE ROLAND, D. M. F. L.

Si on interprétait ces quatre lettres par ces mots : Demeurant Maître Fondeur à Limoges, on serait renseigné sur le fondeur Hélie Roland. Mais c'est une interprétation bien douteuse.

**1680**. — CHATELUS-LE-MARCHEIX (Creuse). — ✠ PARRAIN JEAN-MARIE D'ALESME, CHEVALIER, SEIGNEUR BARON DE CHATELUS, SALVANET, COUREBEYNAC ET AUTRES LIEUX. MARRAINE DAME ANNE-FRANÇOISE DE PICHARD DE L'ÉGLISE-AUX-BOIS, SON ÉPOUSE, 1680. M^RE BENOIT, PRIEUR DE CETTE PAROISSE ET GAUDUR, SCINDIC. JEAN MARTIN, FONDEUR.

**1680**. — LIMOGES. *Saint-Domnolet*. — ✠ IHS. M[ARI]A. JOSEPH. — S^TE DOMNOLENE, ORA PRO NOBIS. — REVERENDE DAME MADAME IZABEAU LA FEUILLADE, ABBESSE DE LA RÈGLE DE LIMOGES, MARRAINE. M^RE PIERRE COLLUSSON, NOTAIRE ROYAL, PARIN, FABRICEUR. 1680.

**1682**. — ROYÈRE (Creuse). — ✠ IMPENSIS PROPRIIS PIA ME ROYERIA FECIT. HIC AD LAUDANDUM TEMPUS IN OMNE DEUM. SANCTE GERMANE, ORA PRO NOBIS. — MESSIRE JEAN CHAUSEYR, CURÉ DE ROYÈRE, M'A BÉNITE. MESSIRES LÉONARD COUTISSON, G. D'ARFEUILLE, E. LARTHE, L. DEVAUX, J. DANDALEIX, PRÊTRES, ET ROUX, DIACRE, COMMUNALISTES. — JEAN DANDALEIX, BOURGEOIS, SIEUR DE VAUX ET DE CLOUP, PARRAIN. MARRAINE D^LLE LÉONARDE FOREST, VEUVE DE J. D'ARFEUILLE, SIEUR DE ROUBEYNE, BOURGEOIS. 1682.

Cette cloche a été cassée en 1880, puis refondue.

**1684**. — SAINT-MAURICE, près La Souterraine (Creuse). — ✠ JÉSUS. MARIA. JOSEPH. — SANCTE MAURITII CUM SOCIIS TUIS ORA PRO NOBIS. — J'AI ÉTÉ REFONDUE EN 1684 AUX DÉPENS DE M^RE ANTOINE OLIVIER, CURÉ, ET DES PAROISSIENS. MON PARRAIN FUT MESSIRE VINCENT MOREAU, SIEUR DES ROSIERS ET DE LA JARIGE, ET MA MARRAINE MADEMOISELLE GASPARDE DE MARAND, ET J'AI NOM MAURICE. N. AUBRY, FONDEUR.

La cloche sur laquelle M. Bellet a relevé l'inscription ci-dessus a été refondue en 1886.

**1684.** — LAVAL (Corrèze). — ✠ SANCTE MARTINE, ORA PRO NOBIS, 1684. RECTORE STEPHANO ANDRIEU, VICARIO LEONARDO CALMINOT. PA[TRINO] D[OMINO] JA[COBO] DEL GRAY. MA[TRINA] D[OMINA] MAR[IA] JASSE DE POMMERIE. A. RUBY, CINDIC.

**1685.** — MOUTIER-RAUSEILLE (Creuse). — Deux cloches pesant environ 3,000 livres de métal furent refondues en 1685. Le chapitre du Moutier-Rauseille et les habitants s'en disputaient alors la propriété.

**1688.** — BERNEUIL (Haute-Vienne). — ✠ JACOBUS DE SANCTO GEORGIO, MILES, ME DEDIT ANNO INCARNATIONIS DOMINI 1688.

Jacques de Saint-Georges, qui avait fondé une vicairie dans l'église de Berneuil le 11 août 1653, avait aussi fait don d'une cloche. Elle fut cassée en 1687 et refondue en 1688 avec l'inscription ci-dessus. Elle n'existe plus.

**1689.** — SIONIAC (Corrèze). — ✠ AD HONOREM BEATÆ VIRGINIS MARIÆ, ET S^TI SATURNINI ECCLESIÆ SIONIACI [PATRONI]. — SCINDICS BERNARD DARNIS ET J. BONNEVAL. 1689.

**1691.** — LIMOGES. *Saint-Pierre-du-Queyroix.* — ✠ JÉSUS. MARIA. JOSEPH. S^TE ALPINIANE, ORA PRO NOBIS. — MESSIRE MARTIAL NOUALIER, BACHELIER EN THÉOLOGIE, CURÉ DE TARN ET AIXE, PRIEUR ET AUMONIER D'AIXE ET PRIEUR DE BORT. PARRAIN MESSIRE JEAN-ISAAC-FRANÇOIS DE LA CROPTE, CHEVALIER, MARQUIS DE SAINT-ABRE, COMTE DE ROCHEFORT, BARON D'AIXE ET GOUVERNEUR DE SALSÉ ; MARRAINE DAME MARIE-ANNE DE LA ROCHEFOUCAULT SON ÉPOUSE. FRANÇOIS MANDAT, SIEUR DE LAFOREST ; JEAN MONTALHIER, SIEUR DE PRETEYRAUD, FABRICIENS. 1691. NICOLAS AUBRY ET JEAN ROCHE M'ONT FAITE.

L'église de Tarn n'ayant pas été conservée comme paroissiale en 1801, sa cloche devenue inutile fut vendue en 1809 à l'église de Saint-Pierre du Queyroix. Son transport à Limoges causa une émeute, et les habitants d'Aixe, qui s'y opposaient, ne cédèrent que devant la force armée. Deux poètes de l'époque ont chanté cet événement.

**1691.** — PEYRAT-LA-MARCHE (Haute-Vienne). — ✠ JESUS. MARIA. JOSEPH. SANCTE MARTINE, ORA PRO NOBIS. — MESSIRE JOACHIM MONDOT, DOCTEUR EN DROIT CANON, PRIEUR DE SAINT-JEAN-DE-CROUSILLE EN POITOU, ET CURÉ DE PEYRAT. PARAIN CHARLES DE SAINT-MATHIEU, FILS DE MESSIRE CHARLES DE SAINT-MATHIEU ET DE DAME MARGUERITE-MARIE DE RAYMOND. MARRAINE SUZANNE DE PONTCHARRAUD, FILLE DE JEAN DE PONTCHARRAUD, SEIGNEUR DU FAN ET DE CATHERINE DUPEYRAT. 1691. N. AUBRY, FONDEUR.

**1693.** — NONARDS (Corrèze). — ✠ JÉSUS. MARIA. JOSEPH. — S^TE^ MARTINE, S^TE^ CLODOALDE, S^TE^ FIDELIS, ORA PRO NOBIS. A FULGURE ET TEMPESTATE LIBERA NOS DOMINE. VERBUM CARO FACTUM EST. RECTORE MAGISTRO PETRO HAREILH. 1663. P. ✠ J. G.

Le nom de saint Fidèle mis sur cette cloche tient au don qu'avait fait en 1685 à l'église de Nonards le savant Baluze, d'un ossement de ce martyr, ossement encore conservé. (L'abbé Poulbrière, *Dict. des paroisses*).

**1695.** — TULLE (Corrèze). — ✠ JÉSUS. MARIA. JOSEPH. 1695.

Sur une des cloches de la sonnerie de l'horloge se trouvent les mots ci-dessus, séparés par des fleurs de lys.

**1698.** — DOMPIERRE (Haute-Vienne). — ✠ JÉSUS. MARIE. JOSEPH. — JE SUIS ICI PAR LES SOINS DE MESSIRE JEAN THOVÉRAT, QUI M'A BAPTISÉE AU NOM DE SAINTE BARBE. PLAISE A DIEU, J'AI LA PERMISSION DE DÉLIVRER LA PAROISSE DES TEMPÊTES ET DES FOUDRES : SANCTA BARBARA ORA PRO NOBIS. — MON PARRAIN A ÉTÉ HAUT ET PUISSANT SEIGNEUR MESSIRE HENRI-JOSEPH DE SALAGNAC, CHEVALIER, SEIGNEUR COMTE DS FÉNELON DE FONTAINE, SEIGNEUR DE S^TE^ APRE ET BARON DE LA MARCHE, MARQUIS DE MAIGNAC, BARON D'ARNAC ET DU SOULIER. MA MARRAINE HAUTE ET PUISSANTE DAME DE NIEUL-LE-VIRON, VEUVE DE HAUT ET PUISSANT SEIGNEUR MESSIRE FRANÇOIS POUTE, CHEVALIER, SEIGNEUR DE DOMPIERRE, DE SAINT-SORNIN ET DE FORGES. — INNOCENT DOUZE. LOUIS QUATORZE. 1698. N. AUBRY M'A FAITE.

**1700.** — LIMOGES. *Collège.* — ✠ JÉSUS. MARIA. JOSEPH. 1700, C. P.

Ces deux dernières lettres sont peut-être les initiales du fondeur Coutaud Pierre, qui fondait aussi une cloche pour les Carmes Déchaussés dans la Cité de Limoges en 1701.

**XVII^e^ siècle.** — LIMOGES. *Moulin de Brouillabas.* — ✠ MONSIEUR ✠ JOSEPH ✠ DES ✠ MORQUETS ✠ DE ✠ CEREZ.

Une petite cloche portant cette inscription existe au Moulin de Brouillabas, appelé jadis Moulin de Mouriquet. Ces noms sont ceux des anciens propriétaires de ce moulin. On voit dans les *Registres consulaires de Limoges* que Mouriquet le jeune était un des cent prud'hommes chargés de nommer les consuls en 1619.

## XVIIIᵉ siècle

L'invocation au patron de la paroisse et les paroles de l'Ecriture-Sainte qu'on trouve jusqu'ici presque dans toutes les inscriptions campanaires, disparaissent peu à peu pendant ce siècle, à proportion qu'on approche de la Révolution. Les dernières contiennent seulement les noms et les titres des parrains et des marraines avec ceux des curés et des autorités locales. Les fondeurs ont rarement omis d'y mettre leur nom.

**1701**. LIMOGES. *Les Carmes déchaussés.* — « ✠ Sᵗᵃ Theresia » ora pro nobis. — P. Felix, provincialis. P. J. Chrisostomus, » prior. — P. de Labiche, seigneur de Marsat, conseiller du roi, » président trésorier de France en la Généralité de Limoges, » parrain. B. Froment, épouse de M. J. Garat, sieur du Pré-» Saint-Yrieix, bourgeois et marchand de Limoges, marraine. » — P. Coutaud m'a faite en l'an 1701. »

**1701**. — TULLE. *Cathédrale.* — La seconde cloche de la sonnerie de l'horloge est ornée d'une grande croix surmontée de la date *1701*; on y voit aussi la Sainte-Vierge et deux têtes d'ange.

**1701**. — MEYMAC (Corrèze). — En 1701, les habitants de Meymac s'étaient unis pour avoir une cloche dont le timbre puissant porterait jusqu'aux extrémités de la paroisse des sons joyeux ou tristes. Il y eut lutte de générosité entre eux. Le clergé, le couvent et le seigneur, tous y contribuèrent. Mais au moment de la fonte le peuple trouve le moule trop petit; il s'indigne, la foule s'ameute, et les consuls subissant eux-mêmes l'indignation générale, font enlever la barricade, et l'œuvre du mouleur est détruite et mise en poussière.

Le prince de Soubise, seigneur de Meymac, qui avait largement contribué aux frais nécessaires pour cette entreprise, écrivit le 30 juillet 1701 au marquis de Soudeilles, lieutenant pour le roi en Limousin, pour lui demander de faire payer aux consuls la dépense nécessaire pour recommencer. C'est ce qu'ils furent obligés de faire. La cloche fut de nouveau moulée et fondue. Elle a servi jusqu'en 1793.

**1702.** — LIMOGES. *Cathédrale.* — Dans l'*Etat du clergé de Limoges en 1702,* l'abbé Le Duc nous dit : « Le clocher de la cathédrale est garni de cinq cloches, qui ne sont pas les plus grosses de la ville, mais qui sont aussi belles qu'on les puisse souhaiter, du meilleur accord et du plus agréable son et plus harmonieux qu'on puisse entendre. »

**1702.** — DUN (Creuse). — Au mois d'août 1702, on fondit pour l'église de Dun une cloche pesant 202 livres. Elle fut refondue en 1743 et 1744. Voir à ces dates.

**1702.** — SEGONZAC (Corrèze). — « La cloche primitive de Segonzac avait été fondue en 1702, sous noble Tesserot, curé de Segonzac; elle avait eu pour parrain le maréchal duc de Noailles d'Ayen, et pour marraine la maréchale de Noailles d'Ayen, son épouse qui lui avaient donné le nom de Saint-Laurent, patron secondaire de la paroisse. » (Procès-verbal de la bénédiction de la cloche de 1862. — L'abbé Poulbrière).

**1703.** — SOURZAC. *Chapelle de la Madeleine* (Corrèze). — « ✠ Santa Maria-Magdalena, ora pro nobis, 1703. »

**1704.** — ROYÈRE (Haute-Vienne). — « ✠ M ✠ M ✠ Jean ✠
» Michel ✠ Periere ✠ premier ✠ président ✠ au ✠ présidial ✠
» de ✠ Limoges ✠ parrain. ✠ Dame ✠ Nicole ✠ Angélique ✠
» Testand ✠ épouse ✠ de ✠ M ✠ M ✠ Antoine ✠ Philippeaux ✠
» sieur ✠ du ✠ Fresnes ✠ receveur ✠ des ✠ tailles ✠ de ✠ Li-
» moges ✠ 1704 ✠. »

Il y a une croix entre chacun des mots composant cette inscription. On trouve la même chose sur celle de Châlus, 1718, de Limoges, 1726, etc.

**1707.** — BESSINES (Haute-Vienne). — « ✠ Franciscus sit nomen
» meum. Hoc accepi a venerabili Domino Francisco Le Cugy,
» parocho de Morterolo, et a Domicellâ Joannâ de Leobardy;
» benedictionem vero à Domino Mac. Joann. Martin archipres-
» bytero de Rancono et hujus ecclesiæ rectore. M VII^c VII. —
» Franciscus Baudoin m'a faicte 1707. »

On voit sur cette cloche, qui pèse 800 kilos, une image de la Sainte-Vierge avec l'Enfant-Jésus, et du côté opposé une branche de feuillage.

**1708.** — MORTEROLLES (Haute-Vienne). — « Le neuvième jour du mois de mars 1708, a été bénite la petite cloche, qui est la troisième dans le clocher de cette paroisse, par moi, soussigné ; laquelle a été fondue à Bessines, le mardi précédent 8e du présent mois et an ; et a été parrain de ladite cloche messire François Sudrot, prêtre, curé de Verneuil, et marraine dame Marie Pasquellot, hotesse du Lion d'or. — F. Le Cugy, curé de Morterolles. »

En 1793, les trois cloches de Morterolles existaient encore ; au mois de septembre le maire en fit descendre deux pour les livrer aux agents de l'autorité. Le parrain de celle qui reste, François Sudrot, mourut au bourg de Morterolles le 9 mars 1713.

**1711.** — LIMOGES. *Abbaye des Bénédictins.* — « ✠ Mre Barthon, » abbé de céans, fit faire cette cloche en 1487. Elle a été refon- » due en 1643 et en 1711, sous le R. P. D. Maur Marchand, » abbé, aux frais de Fr. Jean Goyon, novice. — Sta Flavia, ora » pro nobis. — A fulgure et tempestate libera nos Domine. — » Marc Baraud, Etienne Baraud m'ont fondue. »

**1711.** — CHAMPNIERS (Dordogne). — « ✠ Sancte Roche, ora » pro nobis. — Maître Martial Bramond, curé de Champniers. » Jean Armand du Laux, comte d'Allamans. Sibelle Marie dame » de la Cotte. Gabriel Conchat et Jean Moraud, scindics. — » Faite par moi Barraud. 1711. »

La paroisse de Champniers, qui était de l'ancien diocèse de Limoges, possède encore cette cloche pesant 440 kilos.

**1712.** — SAINT-YRIEIX (Haute-Vienne). — « ✠ ... ont esté mes » parrain et marraine : P. de Jarrige de la Morelie, écuyer, sei- » gneur des Biards, et Gabrielle de Chabrignat, dame de la » Seignie, 1712. »

La cloche de Saint-Yrieix, sur laquelle on lisait avec les noms des chanoines ce fragment d'inscription, a été refondue en 1880.

**1712.** — MORTEMART (Haute-Vienne). — « ✠ Ego matri divinæ » gratiæ dicata, aucta et fusa proprio et utriusque ordinis œre, » regentibus : R. P. M. Exchaupre Lemovici priore augusti- » nensium, et R. P. Justo Bonneisset Solemniaci, a S. Alberto » priore carmelitarum. 7. D. April. MDCCXII. »

**1712.** — BEAULIEU (Corrèze). — « ✠ Henri de Longueval, abbé » de Saint-Amand... »

Cet abbé qui vivait en 1712, avait mis son nom sur la cloche de l'ancienne église paroissiale de Beaulieu, qui a été refondue en 1885.

**1713.** — BORD (Creuse). — « ✠ Saint Sulpice et Marie mère de » Jésus-Christ, Notre-Dame du Saint-Rosaire, priez pour nous. » J'ai été refaite en l'an 1713 (1715?). Mon parrain a été Antoine » Léone, ma marraine Marie Alanor, M. Besse, curé de Bord. »

**1713.** — BLESSAC (Creuse). — « ✠ Sancte Martialis, ora pro » nobis. — R. P. Claude de la Huproys, R. X. de Fontevraud, » prieur-curé de Saint-Martial de Blessac. R. M. Adela de la » Roche-Aymon-du-Chez, prieure de Blessac, 1713. »

**1714.** — ORADOUR-SUR-VAYRES (Haute-Vienne). — « ✠ Bénite » par Mr P. Teulier, archiprêtre de Nontron, curé d'Oradour- » sur-Vayres. Parrain : Annet-François Coustin du Mas-Nadaud, » comte d'Oradour-sur-Vayres. Marraine : Madeleine de Ber- » mondet, comtesse de Busset. — Pierre Virton, J. Dupin, » Faure, J. Morelon de Beaulieu. — Marc Barrau, fondeur, l'an » 1714. »

La grosse cloche d'Oradour, qui portait cette inscription et qui pesait 930 kilos. a été refondue en 1873.

**1714.** — LES CARS (Haute-Vienne). — Sur la cloche des Cars, fondue en 1714, il y a une inscription, accompagnée d'un écusson aux armes de la famille des Cars, qui sont *de gueules au pal de vair*.

**1715.** — BAULIEU (Corrèze). — « ✠ IHS. Gloria in excelsis Deo. » S[ancta] M[aria] ora pro nobis. — M. Antoyne Meynard, » pr[emier] consul, par[rain]. Marie de Roque-Mourel, dame de » Lasserre, m[arraine]. M. Vigier, curé, 1715. »

**1718.** — SAINT-NICOLAS-DE-COURBEFY (Haute-Vienne). — « ✠ Ad majorem Dei gloriam, virginisque et Sti Nicolaï. Priore » d[omi]no Jacobo Maury. Parrain, Versavaud. Marraine dlle Ma- » rie Jarrit. 1718. Marc Barraud. »

Cette cloche qui a 73 centimètres de diamètre pèse environ 220 kilos.

**1718.** — CHALUS (Haute-Vienne). — « ✠ Cloche ✠ de ✠ M ✠ les » ✠ petinents ✠ gris. ✠ M ✠ Anné ✠ de ✠ Coustin ✠ comte ✠ » d'Oradour ✠ paraint. ✠ Marine ✠ dame ✠ Magdeleine ✠ de ✠ » Bermondet ✠ comtesse ✠ de ✠ Busset ✠ 1718 ✠ E ✠ C ✠. »

Les initiales qui terminent cette inscription sont celles du nom du fondeur qui doit être Etienne Coutaud. Une croix sépare chacun des mots de cette inscription.

**1719.** — GRANDSAIGNE (Corrèze). — « ✠ Sancta Maria et » sancte Roche, orate pro nobis. — Maître Léonard Clément, » curé, parrain; et dame Marie-Claude d'Ambrugeat, marraine, » 1719. »

**1720.** — CHAPELLE DE MAUMONT, paroisse de Rozier (Corrèze). — « ✠ IHS Maria. — Te Deum laudamus. — S. S. Mar» tialis et Blasi, orate pro nobis, 1720. »

**1721.** — DOURNAZAC (Haute-Vienne). — « ✠ Ad laudem om» nipotentis Dei, beatissimæ virginis Mariæ et sancti Sulpitii. — » Patrinus fuit Joannis de Campniac dominus de Maulmont. » Matrina domina Magdalena de Bermondet comes de Busset. » F. M[oustier] c[apellanus]. Fecit Barau, 1721. »

**1722.** — BELLAC. *Couvent des doctrinaires* (Haute-Vienne). — Les doctrinaires de Bellac firent faire une cloche pour leur église en 1722, ainsi que le prouve le passage suivant de leur livre de comptes : « Reçu 10 livres de Mr Merlac, prieur de Saint-Junien, et autant de Mr Magnaud, curé de Saint-Ouen, pour nous aider à payer le prix de la cloche de notre église. »

**1723.** — BEAUNE (Haute-Vienne). — « ✠ Sta Maria, Ste Mar» tine, Sancta Barbara, orate pro nobis. — Je feu refondue » l'an 1723 par ordre du chapitre de cette église. M. Léo» nard-Antoine Garreau, sieur de la Seiglière, avocat en Par» lement, parrain. Mademoiselle Françoise Prugnier, veufve » du sieur de Landrieve de Chambran, eslu de la Marche, » marraine. »

Un écusson *à trois bandes* accompagne cette inscription. Ce ne sont pas les armes du parrain, ni celles de la marraine. La famille Garreau de la Seiglière, comme la famille Landriève de Chambran étant de la Marche, il pourrait se faire que cette cloche vint de quelque paroisse de cette province. Toutefois le « chapitre de cette église » qui ordonna de la refondre, doit être le chapitre du couvent de Saint-Martin de Limoges, auquel l'église de Beaune appartenait.

**1724.** — BEAULIEU (Corrèze). — « ✠ Per signum crucis et per » intercessionem S. S. Benedicti et Mauri spirituales nequitias » repelle, Domine. Anno 1724. — ✠ Ex sumptibus monachorum » hujus monasterii Belliloci. — Faict par Nicolas Simonot. » [Simonet]. »

Des deux cloches qui furent fondues à Beaulieu en 1724, il n'en reste qu'une sur laquelle on lit l'inscription ci-dessus. On y voit aussi les armes du monastère qui sont d'*azur à deux clefs en sautoir tenues par un destrochère*. (L'abbé Poulbrière, *Dict. des paroisses.*)

**1724.** — LA CHAPELLE-MONTBRANDEIX (Haute-Vienne). — « ✠ M. Magdeleine de Bermondet, dame de Bourbon, comtesse » de Busset. F. Dubreuil. E. de Lambertye. J. Jallade fabri- » cien. 1724. »

Marie-Madeleine de Bermondet mourut cette même année, au château de Châlus, le 30 juillet 1724. F. Dubreuil fut curé de La Chapelle de 1721 à 1728. Emmanuel de Lambertie, né en 1667 et mort en 1753, était seigneur de l'Artimache, Puydemaud, etc., dans la paroisse de La Chapelle.

**1725.** — BUSSIÈRE-BADIL (Dordogne). — « ✠ Jesus. Maria. — » Je suis faitte pour St Michel. De Lage seigneur de Varaigne. » Du Valon, prieur de Bussière. M. J. Poillevé, curé. M. J. Giry, » vicaire. Elie Nicolas parrain et bienfaiteur. Suzanne Bernard » marraine. A Bussière l'an 1725. Fecit Barreau. »

Les registres de cette paroisse de l'ancien diocèse de Limoges contiennent la pièce suivante : « Acte de bénédiction de la grosse cloche de Notre-Dame de Saint-Michel. — Le dix-huitième juin mille sept cent ving-cinq, messire Jacques Poillevé, curé de la présente paroisse de Bussière-Badil, bénit solennellement la grosse cloche de Notre-Dame de Saint-Michel, après avoir obtenu la permission de monsieur Morensane, grand vicaire de Monseigneur l'évêque de Limoges; ont été présents à la bénédiction : Hélie Nicolas, parrain, et Suzanne Bernard, marraine; M. J. Giry, vicaire de la susdite paroisse; M. François de la Brousse, gendarme du roy; P. de la Brousse, sieur de Panivolle; M. Joachim Monsalard, docteur en médecine, et plusieurs autres dont les noms ne sont insérés dans le présent acte. — J. Giry, prêtre assistant; J. Poillevé, curé. »

**1726.** — MILHAGUET (Haute-Vienne). — « ✠ Ihs. Sancta Maria » ora pro nobis. — François Perry, comte de St Auvent, parrain. » Marianne de Vivonne, marquise de Bermondet, marraine. » Mre F. Marchadier, curé de ce lieu. J. Rolle s[r] du Repaire » de Milhaguet. P. Rolle s[r] du Puy. Marguerite Millet. — » Ic ✠ Ivsds. 1726. »

Cette cloche a $0^{m},83$ de diamètre et pèse environ 328 kilos.

**1726.** — LIMOGES. *Saint-Michel-des-Lions.* — « ✠ Ihs. ✠ Sancta » ✠ Maria ✠ ora ✠ pro ✠ nobis. ✠ Jacques ✠ Benoist ✠ directeur » ✠ des ✠ postes ✠ p[arrain]. ✠ Marie ✠ Benoist ✠ m[arraine]. » ✠ Pierre ✠ Chabrol ✠ prêtre ✠ sacristain ✠ de ✠ S$^{t}$ ✠ Michel » ✠ scindic. ✠ 1726. ✠ E ✠ C ✠ E ✠.

Cette cloche avait 0$^{m}$,40 de diamètre et devait peser 38 kilos. Les mots de son inscription sont séparés par une croix, comme sur celles de Royère de 1704, de Châlus de 1718. Les lettres qui la terminent doivent être, comme sur cette dernière, celles du fondeur Etienne Coutaud.

**1727.** — LA BREGÈRE-LES-LIMOGES. — « Le 6 août 1727 a été bénite notre petite cloche, pesant 119 livres, par vénérable M. Raimond, prêtre. Le nom de saint Léobon lui a été imposé par M. Jean Mouri, bourgeois et marchand de la présente ville, qui a été parrain; et la marraine a été D$^{lle}$ Paule Baju, dame épouse du sieur Jean Dupeyrat, écuyer, seigneur du Viginal. — L. Desveux, curé de la Brugère. » (Reg. paroissiaux.)

**1728.** — BOURGANEUF (Creuse). — « ✠ A fulgure et tempestate » defende nos Domine. — J'ai pour parrain illustrissime seigneur » frère Claude-François, comte de Lescherrines, commandeur de » Compesiers, par la grâce de Dieu grand prieur d'Auvergne. » J'ai pour marraine dame Marie-Radegonde Bouchier, épouse » de M$^{r}$ J.-B. Dubois, con$^{re}$ receveur des tailles à Bourganeuf. » Jean Berger, l'aîné, et André Joanny, fabriciens. — Bertrand » Liebaud, fondeur, 1728. »

**1728.** — LUSSAS (Dordogne). — La paroisse de Lussas dans l'ancien diocèse de Limoges fit refondre une cloche en 1728, ce que nous fait connaître l'acte suivant : « Je soussigné, prêtre, curé de Saint-Etienne de Lussas, ay reçu des mains de M$^{me}$ la marquise de Saint-Proget, la somme de cent livres, qu'elle m'a donnée pour contribuer à la refonte de la seconde cloche de la paroisse qui estait cassée et que nous avons augmentée.

« Lesd. cent livres ont été employées à payer les fournitures ci-devant faites pour la réfection de lad. cloche, aussi bien que ce qui estait amassé dans la paroisse sous forme de queste. Ladite dame marquise de Saint-Proget prétendant par là satisfaire pour son tier seulement au légat fait à l'église de Lussas de pareille somme de cent livres par defunte Catherine Descars, dame comtesse de Beauvais, en faisant don du surplus.

» Fait à Beauvais, le 21 mai 1728. L'Artigues, curé de Lussas. »

**1730**. — SAINT-CHRISTOPHE (Charente). — « ✠ L'an 1730.
» Bénite par le prieur René-Cyprien Le Gueru. Parrain : Jean-
» François Delassier, écuyer, chevalier, seigneur de Per, de
» Brosses, de St-Morice-les-Lyons, de Montbron et autres lieux.
» Marraine : dame Jeanne Pabot, épouse de Jean Feydeau, sei-
» gneur de St Christophe. Sindic : Guionnet dit Corporal de la
» Coutumanie. »

**1732**. — SAINT-MARTIN-TERRESSUS (Haute-Vienne). —
» ✠ Sancte Martine, ora pro nobis. — Ag. Beaure curé de Saint-
» Martin-Terressus. Parrain : Léonard Crouschetière habitant du
» village de Puymaud, et marraine Anne Payniaud habitant du
» village le Chenard, et Jean Dubois sendi, et J. Morin f. 1732. »

**1732**. — EYGURANDE (Corrèze). — « ✠ Ihs. — Est mihi nomen
» Sancta Maria. Accipe vota, Virgo Deipara. 1732. — Laudo
» Deum, plebem voco, defunctos ploro, festa decoro, tempestates
» fugo. — J'ai été bénite par Me Jean-Baptiste Chabrerie, prieur-
» curé d'Eygurande, assisté de Me Pierre Lestang, son vicaire,
» 1732. — A été parrain Mr Gaspard Simonet, de Lascoux, bour-
» geois, et marraine dlle Jeanne Brillaud de Sixte, de Chassain-
» vare. — Claude Sevrot, fondeur. »

Cette cloche, bénite sous l'invocation de la Sainte-Vierge, douze ans après la découverte de la statue de Notre-Dame d'Eygurande, a pour parrain Gaspard Simonet, le propriétaire du pré dans lequel fut trouvée la statue. J.-B. Chabrerie est le curé d'Eygurande qui a dressé le procès-verbal de cette découverte. (L'abbé Poulbrière.)

Au bas de cette cloche, on voit une croix, le monogramme IHS, et la marque du fondeur, qui est un écusson portant une cloche entourée des mots CLAUDE SEVROT.

**1733**. — LIMOGES. *Cathédrale*. — « ✠ Expensis D. D. Benjamin
» de l'Isle du Gast, a S. Martiale 88 episcopi Lemov. et donorum
» capituli. — Nomen mihi imposuerunt D. D. Ant. de Charpin de
» Genetines, nuper ēpus Lem. Et D. D. Mar. Fr. Vict. de Vertha-
» mon, D. D. Lud. Fr. de Peyrusse, comitis de Quadris, et
» S. Bonn. march. de Pranzac, Aixiæ bar. et regii provinc.
» Lemovic. præfecti conjux. — Faite par le sieur Le Brun en 1733.
» — Et verbum caro factum est. »

**1733**. — LIMOGES. *Abbaye de Saint-Martial*. — « ✠ L'an 1733
» Mrs du chapitre de l'église royale et collégiale de Saint-Martial
» ont fait fondre cette cloche. Messire Jean-François de La Cropte
» de Bourzac, abbé titulaire de la même église a été parrain.
» Dame Marie-Anne Marsollier, épouse de messire Louis de

» Niert, chevallier, gentilhomme ordinaire de la chambre du roy, » gouverneur de Limoges et du Louvre, a été marraine. — » Faite par Joseph Morin. »

Cette cloche était nommée La Valérie.

**1733.** — LIMOGES. *Abbaye des Bénédictins.* — « ✠ Anno Dñi 1733. » Reg. Lud. XV, fusa est hæc, camp. Patrin. fuit illust. nob. Dnus » Lud. Aubert eq. torq. march. de Tourny, baron. de Nulli, Dnus » de Pressaigny, Laqueudaire, Thil, etc., regi a cons. lib. supp. » mag. rei foren polit. ær. in dict. Lem. reg. præf. — Et matrina » clar. et illust. Dña Anna-Ther. de Ferrieres, proto-bar. Lem. » march. de Saulvebœuf, Brie, Cheronnac, S[ti] Mathæi, etc., uxor, » illust. march. Caroli de Vassan, Dñi de La Tournelle, Germain- » court, etc., nec non et reg. exercit. ducis. Domino Gabr. Le Gai » abb. S. Aug. Lem. Ord. S. Benedicti e congr. S. Mauri. — » Faite par moi Morin. — Sancte Augustine, ora pro nobis. »

**1733.** — LIMOGES. *Abbaye de la Règle.* — « ✠ Mre M. de Vertha- » mont, président au grand conseil, parrain. C. E. de Verthamont » de Lavaud, abbesse et marraine. — Je suis faite pour détourner » la tempête. — Faite par le sieur Le Brun. An 1733. Michel » Compain. »

**1733.** — MAISSONNAIS (Haute-Vienne). — « ✠ Mre Jean Hiver, » curé de Maisonnet. Mre J. Delage, chevalier de l'ordre du roy, » secrétaire du comte de Lavauguyon, et dame Thérèse Demourat, » son épouse, parrain et marraine. Et a leur place s[r] Charles » Garrigou, agent de leurs affaires, et demoiselle Marie Dussolier » épouse de Michel Gros s[r] de Lage, juge sénéchal dudit comte. » Sr Jean-Baptiste Garrigaud fabricien. — Faite par le sieur Le » Brun. 1733. »

Un écusson portant *trois besants* accompagne cette inscription.

**1733.** — BORD (Creuse). — « ✠ Sancta Maria, ora pro nobis. » Jesu filii Dei vivi miserere nobis. Sancte Petre ora pro nobis. » Mon parrain est Michel Léger de Lage, écuyer, seigneur de » Belfaye. Ma marraine damoiselle Marie-Eloïse Dupuy, veuve » Brody. Mon curé Messire Barthélemy Brunet m'a bénite, 1733. » M[a] f[aite] Juichard. »

Cette cloche vient de l'ancienne paroisse de Bornet, qui avait pour patron Sain-Pierre-es-liens.

**1733.** — EYREN (Corrèze). — « ✠ Ste Petre, ora pro nobis. — » Parrain Messire Léonard-Louis, comte de Lantilhac. Marreine » dame Anne de Beyssac, comtesse de Lantilhac, dame d'Eyren, » 1733. »

**1733**. — PEYRISSAC (Corrèze). — « ✠ Parrain, Messire Philippe » Grein de Saint-Marceau, seigneur de Peyrissac. Marraine, » haute et puissante dame Marthe-Ambroise de Logivière de » Boisse, vicomtesse de Treignac. — Me Charles Jeanisson de » la Garde, curé. Pierre Simonet, fondeur, 1733. »

**1733**. — RILHAC-SAINTRIE (Corrèze). — « ✠ St Martin, patron, » priez pour nous. ✠ P[arrain] me Alexandre Rose, comte de » Lostanges, maréchal de camp. ✠ M[arrraine] haute et puis- » sante dame Elisabeth de Lostanges de St Alvère, marquise de » St Projet et de Rilhac, baronne de Boutouyrac, Jambleuse et » autres places. Mr Antoine [Rivière], prieur et bienfaiteur. » L. Brousse, syndic f[abricien], 1733. J. B. Soyer, fondeur. »

**1733**. — SOLIGNAC (Haute-Vienne). — « Le 18 mai 1734, le feu du ciel tomba sur le petit clocher du chœur [de l'église de Solignac], qui le consomma sans qu'on put y porter aucun remède. Toute la charpente de la croisée fut endommagée, les deux cloches qui y étaient furent entièrement fondues. [Ce sont celles] que le R. P. dom Etienne Vernet, alors prieur, avait fait fondre. C'est ce même prieur qui fit fondre les autres trois cloches du grand clocher. » (*Chronique du monastère de Saint-Pierre de Solignac*, p. 167.)

**1735**. — SAINT-FIEL (Creuse). — « Mr Jean Brissaud, originaire de Thouron, installé curé de Saint-Fiel le 2 mai 1690, et démissionnaire en janvier 1737, fit placer dans son église de Saint-Fiel une nouvelle cloche, dont la bénédiction eut lieu le 12 juillet 1735. Le parrain fut messire François Couturier, et la marraine Anne Couturier, sa fille, qui, à cette occasion, donnèrent 36 livres à la fabrique. » (L'abbé Dardy, *La cure de Saint-Fiel.*)

**1735**. — SARRAN (Corrèze). — La paroisse de Sarran possédait deux cloches, l'une de 1493, l'autre de 1735. « Le parrain de cette dernière était Dominique Monteil, mort en 1783; la marraine Marie Chezviel, et le fondeur Pierre Simonet. En 1793, le gouvernement républicain requit toutes les cloches. Les communes ne pouvaient en garder qu'une pour sonner les décades et autres fêtes publiques établies par le gouvernement. Sarran avait les deux susdites et ne pouvait s'empêcher d'en livrer une. On la descendit du clocher, et quelques jours après on devait la conduire à Tulle. Mais quelques personnes bienfaisantes eurent la prudence de la voler pendant la nuit et de l'enfouir bien profondément dans la terre. Les bouviers requis pour la conduire furent forcés de rentrer chez eux sans la trouver. Plus tard, elle fut remise à sa place et, par ce moyen, elle fut conservée à la commune jusqu'au 21 juin 1846, date à laquelle elle fut cassée. » (Madelmon, instituteur à Sarran.) Elle a été refondue et augmentée par M. Paintandre, fondeur à Turenne, bénite et remontée au clocher le 4 août 1848.

**1737.** — ROYÈRE (Creuse). — On fit fondre une cloche à Royère en 1737. Les frais furent payés au moyen d'une collecte faite dans la paroisse. C'est probablement cette cloche dont l'administration s'empara pendant la Révolution.

**1738.** — LIMOGES. *Saint-Domnolet.* — « ✠ S. Domnolet, l'an » 1738. J'ai été baptisée par Mre Jean de Petiot de Lamothe, » chanoine de Saint-Etienne, cy-devant curé de Saint-Domnolet. » A été parrain ill. et rev. Mre Michel de Verthamon, évêque de » Montauban, et marraine vénérable dame Catherine-Elisabeth » de Verthamon, abbesse de la Règle. — Hugon, curé de Saint-» Domnolet. Antoine Paute. Jean Voselle. »

**1739.** — SAINT-LÉGER-MAGNAZEIX (Haute-Vienne). — « ✠ Mes-» sire Jean-Baptiste Nicaud, prêtre, curé de Saint-Léger. Par-» rain, Mr Sebastien Salesse, sindic. Marraine, damoiselle Marie » Nicaud. Mr F. Pichon, fabricien. Sancta Maria ora pro nobis. » Le Brun, 1739. »

**1740.** — SAINT-DIZIER-BOURGANEUF (Creuse). — « ✠ Ste » Jacobe, ora pro nobis, D. Joannes du Rieux, D[ominus] de » Vilpot patrinus. D. Catharina du Rieux matrina. Jbus Stuard » rector, 1740. »

J'ai vu en 1869 une cloche, hors d'usage, dans le grenier de la maison commune de Saint-Dizier. Elle portait l'inscription ci-dessus.

**1740.** — ORADOUR-SAINT-GENEST (Haute-Vienne). — « ✠ In » nomine Domini..... Ad laudem et gloriam Beatæ Mariæ, et in » honorem beati Genesti, sede apostolicâ vacante, Ludovico » Francorum rege, ejus anno 25, Joanne-Egidio du Coetlosquet » episcopo Lemov. nominato, et hujus ecclesiæ pastore Stephano » Bigaud, campana benedicta est. Patrinus D. D. Johannes Les-» ter de La Doulce abbas et caput regalis capituli Sancti Petri » du Dorat, et matrina D. D. Maria, conjux D. Johannis Phe-» lippi domini des Bordes et de La Rivaillerie, consiliarii regis » in Inferiori Marchâ, pecuniæ consignationis depositarii. Ludo-» vicus de Genesteix fabricarius. — Faite par le sieur Brun, » 1740. »

Un écusson portant les armes du parrain accompagne cette inscription. Elles sont : *d'azur à la souche d'or*, avec une mitre et une crosse d'abbé.

**1745**. — CAMPS (Corrèze). — « ✠ Sancte Petre ora pro nobis. » M. N. Renaudin [fondeur]. 1741. »

**1741**. — RILHAC-TREIGNAC (Corrèze). — « ✠ M[essir]e Charles-» Annet de Gain, marquis de Linars, seigneur de Chamberet, » les Sales et autres places. Dame Catherine de David de Las-» tours, vicomtesse du Verdier. Charles Jeanisson de la Garde, » curé. Jean La Grafoeil et Jean Doucet, syndics. 1741. »

**1743**. — LIMOGES. *Collège*. — « ✠ Jesus, Maria, Joseph. 1743. B. C. »

**1743**. — COUZEIX (Haute-Vienne). — « ✠ Jacques ✠ Henri » ✠ Philippe ✠ de ✠ Montesciou ✠ abbé ✠ de ✠ S[t] ✠ Martial. » ✠ Antoine ✠ Joseph ✠ de ✠ Martin ✠ chevalier ✠ seigneur » ✠ de ✠ La Bastide ✠ parain. ✠ Jeanne ✠ Thérèse ✠ du ✠ Re-» paire ✠ dame ✠ de ✠ La Bastide ✠ mariene. ✠ Martial ✠ Ter-» rier ✠ No[re] ✠ fabricien. ✠ F[ait] ✠ P[ar] ✠ M[oi] ✠ Morin » ✠ 1743. »

**1743**. SAINT-MAURICE (Creuse). — « ✠ Sancte Michael, ora pro » nobis. Messire Jacques Compain, prêtre, curé de la paroisse » de Saint-Maurice. Parrain : Messire Mathieu Morel, chevalier, » baron de Fromental, comte de la Clavière, Saint-Tone. Mar-» raine : dame Marie-Anne de Marand de la Maison-Rouge, sei-» gneur du Couret, Le Monteil. — Refondue aux dépens des » habitants de la paroisse à la diligence de M. André Poujaud, » fabricien. 1743. »

Cette cloche de Saint-Maurice près La Souterraine a été refondue en 1886. Saint-Michel est le patron de la paroisse.

**1743**. SADROC (Corrèze). « ✠ L'an 1743 fut faite et benite cette » cloche. Le nom de Joseph lui fut donné par François Bernotte, » du Lac, parrain, et Catherine Vergnols, de Verniole, mar-» raine. »

**1743, 1744**. — DUN (Creuse). — « Aujourd'hui quatrième jour du mois de septembre 1743, environ 8 heures du soir, au bourg de Dun, derrière la maison de Silvain-Louis Bazenerye dit Laplace, a été fondue et fabriquée par Bonera, fondeur, la petite cloche de ce lieu de Dun. Le parrain a été Charles Delafont, la marraine Gabrielle Pimpaneau. La bénédiction a été faite par M. Léonard Briquet, prêtre, cure de ce lieu. La cloche qui avait été faite en août 1702, pèse maintenant 241 livres, parce qu'elle a été augmentée de 39 livres de matières. Lorsqu'elle fut cassée elle pesait 202 livres.

» Le 17 septembre 1744, l'on a fondu la petite cloche de

l'église de Dun, qui a été manquée faute de métal et de prévoyance de la part du fondeur, qui l'avait gâtée, le 4 septembre 1743. On l'avait augmentée de 109 livres cette dernière fois. » (Livre de raison de Léonard Veillaud.)

**1744.** — LA MAZIÈRE-BASSE (Corrèze). — « ✠ Sit nomen Do-
» mini benedictum. Ste Bartholomee, ora pro nobis. ✠ Haut et
» puissant seigneur Messire Louis-Théodore de Scorailles, mar-
» quis de Roussilles, brigadier es armées du roy, et son lieute-
» nant en la province d'Auvergne, parrain. Haute et puissante
» dame Genevieve de Champeron, marquise de Soudeilles
» [épouse de Louis-Paul marquis de Soudeilles] lieutenant pour
» le roy en la province du Limousin, marraine. Messire Léonard
» Coustau, curé. Léger Borie, Joseph Faugeras, Jean Michelon,
» marguillers. Ph. Métivier m'a fondu en 1744. »

Cette cloche a été refondue en février 1889 par M. Paintendre, fondeur à Turenne.

**1744.** — SAINT-AVIT-LE-PAUVRE (Creuse). « ✠ Parain Mre Jac-
» ques de Courtille, curé de St Avit. Maraine dame Marianne de
» Bort, dame de St Avit. 1744. »

**1745.** — MEYMAC (Corrèze). « ✠ Sit nomen Domini benedictum.
» Anno Domini millesimo septingentesimo quadragesimo quinto,
» regnante Ludovico decimo quinto, constructa fuit in honnorem
» Sancti Andreæ et Sancti Leodegarii, sumptibus hujus monas-
» terii, sub administratione R[di] Patris Brunonis Leyssene prioris.
» Parrain Messire Louis-François de Paul, marquis de Soudeilles,
» lieutenant du roy au gouvernement du Limousin. Marraine
» dame Blaise de Flaya, comtesse d'Usselle. N. Renaudin [fon-
» deur.] »

**1745.** — VAULRY (Haute-Vienne). — « ✠ Mre Jean de Marsange,
» chevalier, seigneur de Vaulry et autres lieux, parrain. Demoi-
» selle Louise Joubert de La Bastide marraine. 1745. Doumezil
» fabricien. Le Brun m'a fait. »

**1745.** — VAULRY (Haute-Vienne). — « ✠ Mre Jean-Charles Joubert
» de La Bastide, écuyer, comte de Châteaumorand, parrain.
» Dame Gabrielle-Thérèse de Beaupoil de Ste Aulaire, marraine.
» 1745. Doumezil, fabricien. Le Brun m'a fait »

Cette seconde cloche de Vaulry n'existe plus. Les registres paroissiaux nous la font connaitre dans le procès-verbal suivant: « Aujourd'hui 11e jour du mois de juillet, dimanche après la Pentecôte de l'année mille sept cent quarante cinq, nous, soussigné curé de l'église paroissiale de Vaulry, en vertu de la commission de Monseigneur l'Illustrissime et Reverendissime Jean-

Gilles de Coetlosquet, évêque de Limoges, en date du 22 juin 1745, signé David, vicaire général, assisté de Monsieur Hiacinthe Manet, prêtre, curé-prieur de Chamboret, et de Monsieur Jean Montazeau, prêtre, vicaire de Cieux, nous avons béni solennellement, et selon les règles et cérémonies prescrites par le rituel du diocèse de Limoges, deux cloches, pour être placées au pinacle de ladite église de Vaulry. De la première desquelles a été parrain Messire Jean de Marsange, seigneur de Vaulry et autres lieux, et marraine demoiselle Louise Joubert de La Bastide, fille de feu Jean de La Bastide, écuyer, seigneur du Repaire et du Croiset et de feu Marguerite Vérinaud, lesquels nous ont requis que ladite cloche fut bénite sous le nom de S^t Jean et de S^t Louis. Et de la seconde cloche a été parrain Messire Jean-Charles Joubert de la Bastide, écuyer, comte de Châteaumorand, et marraine Dame Gabrielle-Thérèse de Beaupoil de S^te Aulaire, femme de Messire Jean de Marsange, seigneur de Vaulry, qui ont requis que ladite cloche fut bénite sous le nom de S^t Charles et de S^te Thérèse. Fait l'an et jour que dessus en présence des soussignés : Manet, prieur et curé de Chamboret. Montazeau curé de Cieux. Jean de Marsanges de Vaulry. Louise de Joubert de La Bastide. Jean-Charles Joubert de La Bastide, comte de Châteaumorand. Thérèse-Gabrielle de Beaupoil de S^te Aulaire de Marsange. De Brette de Cieux. La Fleur de La Guerenne. Doumezil fabricien. Mabaret, curé de Vaulry. »

**1748.** — CHAMPAGNAC (Haute-Vienne). — « ✠ S^ta Maria, ora pro nobis. 1748. — Besson rector. Parrain François Jude, seigneur de la Rivière. Marraine dame Marie-Genevieve de Vassan, marquise de Mirabeau, représentée par Jude de Laubanie. »

**1748.** — AUBUSSON (Creuse). — « ✠ Faite par les libéralités des » habitants de cette ville d'Aubusson, et sous le consulat de » Charles Bozon, Furgaud, Vallenet, Grellet et Moreau, l'an » 1748; et par les soins de MM. Joseph Gerbaud curé d'Au- » busson, de Furgaud vicaire et prieur de la confrérie du Saint » Sacrement, de Gabriel Laboreys, président, de Laporte docteur » en médecine, de Vallanet, Mercier et François Maingonnat, » marguilliers et de Landriesve des Bordes, syndic de la ville. — » Parrain : Seigneur Louis-Charles-Armand-Rose, vicomte d'Au- » busson et de La Feuillade, premier baron de La Marche et » puissant seigneur de la vicomté d'Aubusson et du duché de » Roanais. Et marraine dame Catherine Scolastique Bazin de » Bezons, vicomtesse de Mably, dame de Cornillon, Commières » et Maltaverne et veuve d'Hubert d'Aubusson de la Feuillade, » père et mère dudit seigneur parrain. »

L'église de Sainte-Croix d'Aubusson avait quatre cloches. Au mois de floréal an II (du 20 avril au 20 mai 1794), trois furent envoyées à Limoges pour être fondues. La quatrième, qui était la plus grosse et qui existe encore, fut conservée pour appeler les citoyens aux séances de la société populaire. Elle porte l'inscription ci-dessus. (C. Peyrathon, *Hist. d'Aubusson.*)

**1749.** — MARCILLAC-LA-CROISILLE (Corrèze). — « ✠ Parrain : » Antoine Dubernard. Marraine : Damoiselle Dorothée Brieude. » 1749. »

**1750.** — CIEUX (Haute-Vienne). — « ✠ L'an 1750, j'ai été bénite » par M [Pichon] curé de Cieux. J'ai eu pour parrain M [Jean-» Baptiste Duplessis d'Argentré] abbé-[prévôt] du chapitre de » Saint-Junien, vicaire général du diocèse de Limoges. Et pour » marraine haute et puissante dame Anne-Placide de Cognac, » épouse de haut et puissant seigneur M$^{re}$ Joseph-Martial de » Brettes, chevalier, marquis du Cros. — P. Boussy de la Chèze, » juge de Cieux. M. Montazeau. J. Lavergne de Lapouyade pro-» cureur d'office. Marie Ardoint. E. Lavergne, arpenteur. M. » Meunier. J. Boussy Lavenaud. Montazeau. Antoine Ouvrard » merguilliers. — Michel François. »

La marque du fondeur est un écusson portant une cloche, autour de laquelle on lit : MICHEL FRANÇOIS. Le nom du curé et du parrain ne peuvent pas se lire, la fonte ayant manqué à l'endroit où ils devaient être. Le premier doit être M. Pichon qui fut curé jusqu'en 1753. Pour le second, il ne peut pas y avoir de doute, c'est M. Jean-Baptiste Duplessis d'Argentré, frère de l'évêque de Limoges, qui devint lui-même évêque de Séez. Dans l'inscription même se trouve l'écusson de ses armes : *de gueules à dix billettes d'or 4. 3. 2. et 1.* Cette cloche avait 0$^{m}$,89 de diamètre, elle devait peser environ 359 kilos. Quoique en très beau métal, elle sonnait mal. Elle a été refondue par M. G. Bollée, d'Orléans, en 1900.

**1750.** — DUN (Creuse). — « La petite cloche de notre église pèse 38 livres, elle a été fondue à Limoges au mois d'août 1750. » (Livre de raison de Léonard Veillaud.)

**1750.** — LA BREGÈRE-LEZ-LIMOGES. — « Le 11 octobre 1750, a été bénite la grande cloche par M. Benoit, prêtre, curé de Saint-Christophe de Limoges ; ladite cloche pesant 210 livres. Le nom de Marie lui a été donné par M. Jean Mandat, écuyer, seigneur de Vicq, qui en a été parrain, et Madame Marianne de la Clef, dame de la Bastide, marraine. Et ce en présence de toute la paroisse qui en a marqué sa joie universelle par le canon qu'on a tiré avant et après la bénédiction,.....

» Nota que le 5 juillet 1750, on descendit du pinacle la susdite cloche, qui pesait 174 livres, et était cassée. Et comme on a ajouté quelque peu de matière dans la fonte, le 5 octobre suivant elle s'est trouvée peser 210 livres, qui ont monté pour le fondeur à 86 livres, qui ont été payées moyennant un rolle qui a été fait du consentement de Mrs La Bastide, Durand et Navières, sur tous les propriétaires de la présente paroisse... Desveux curé. » (Reg. paroissiaux.)

**1750**. — SAINT-MATHIEU (Haute-Vienne). — « ✠ L'an 1750, » j'ai été bénite par Mre Pierre Goudrias, curé. J'ai pour parrain » Mre Armand-François du Lau, seigneur de Châteaurocher. J'ai » pour marraine dame du Rousseau de Ferrière, dame St Mathieu » et de Chambouraud. Mre Jean-Baptiste Heyraud, vicaire de » St Mathieu. Du Rousseau de Bessieres, Pierre Gros, seigneur » de Puisseguy. François Monnerie, seigneur de Villard, Jean » Monnerie, seigneur des Champs. Manas, syndic. — Michel Fran- » çois. Nicolas Gaviar. »

**1751**. — CHAMPSAC (Haute-Vienne). — « Dans le présent mois de septembre 1751, nous avons fait fondre et refaire la seconde cloche de notre église de Champsac. Le parrain a été Mre Louis de Beaupoil de Ste Aulaire, seigneur de Gorre, et marraine demoiselle Marie de Beaupoil de Ste Aulaire, sa fille. Je, curé soussigné, ay fait la bénédiction de ladite cloche, le 10 du mois et an que dessus. Elle pèse environ neuf quintaux. — Laplaigne curé de Champsac. » (Reg. paroissiaux.)

**1752**. SAINT-LÉGER-LA-MONTAGNE (Haute-Vienne). — « ✠ M. » Joseph Nadaud, curé. M Mathurin Ducoudier, juge. Parrain » M. Pierre-Antoine Rebeyrotte, sieur de La Besse, lieutenant de » Razès, époux de Dlle Thérèse Ducoudier. Marraine Dlle Fran- » çoise-Agathe de Savignac, épouse de M. Léonard Ducoudier, » notaire royal. Jean Martiallet, scindic. 1752. »

Un écusson accompagne cette inscription, mais il est impossible de reconnaître les pièces.

**1755**. — BUGEAT (Corrèze). — « ✠ Sancte Pardulfe, ora pro » nobis. Parrain, Antoine Chaumeil. Marraine Marie Brousse- » loux. Etienne Regaudye, Grandchamp, curé 1755. »

**1756**. — SAINT-ESTÈPHE (Dordogne). — Au mois de mai 1760, Charles de Lavie, baron de Nontron, seigneur du Bourdeix, Saint-Etienne-le-Droux et autres places, président honoraire au

Parlement de Bordeaux, déposait une plainte contre les habitants de Saint-Etienne-le-Droux, paroisse de l'ancien diocèse de Limoges (aujourd'hui appelée Saint-Estèphe) qui, après avoir eu la politesse de le nommer parrain de leur cloche, et de faire mettre son nom, ses titres et armes dans l'inscription qui la décorait, avaient commis l'insulte de les enlever et de les remplacer par d'autres, malice d'autant plus injurieuse qu'il était seigneur haut justicier de la paroisse; sur l'autorisation qui fut accordée d'informer, Ladoire de Chamisac, lieutenant-criminel à Périgueux, se transporta à Saint-Etienne: mais le curé, Pierre Laforest, qui était l'instigateur de cette suppression, lui refusa d'abord l'entrée de l'église et ne lui remit les clefs que sur une sommation par notaire.

Dans le clocher, le lieutenant-criminel trouva deux cloches; celle qui faisait l'objet de la plainte était la plus grosse et la plus récente; « sur icelle il y a tout autour quatre lignes d'écriture, par le haut, formées entre cinq cordons compris celui qui est par dessous la quatrième et dernière ligne, savoir les trois premières effacées de force depuis peu de temps, non seulement avec le secours d'un ciseau, mais encore toutes les lettres paraissant comme effacées par la lime au point qu'on reconnaît à peine quelques lettres de loin en loin; ce qui empêche de pouvoir du tout reconnaître quels noms y avaient été ci-devant formés en même temps que la fonte de la cloche. Nous a paru aussi dans la seconde ligne qu'entre les mots ou noms ci-devant apposés il y avait deux empreintes ou figures rondes de la grosseur d'un liard pareillement effacés par la lime. »

« Toutes les trois lignes ont été effacées si uniment qu'il est impossible de savoir ce qui pouvait être écrit ou empreint; avons pourtant remarqué dans la troisième ligne un seul mot et gravé en dedans avec un burin composé des lettres PEISEML (1) qui paraît avoir été formé quelque temps après la fonte; plus avons trouvé dans la quatrième ligne quelques mots ou noms effacés de la même manière que les précédents; y ayant dans cette ligne les noms suivants en lettres moulées et gravées : *P. Laforès, curé*. Et à la suite est effacée une écriture ou autre chose de ressemblant de la longueur de deux pouces et demi, et à la suite de cette trassure est marquée l'année 1756 en chiffres élevés en bosse; à la suite est gravé avec un burin

(1) Le curé qui l'avait composée et l'armurier qui l'avait gravée ne purent ou ne voulurent, au cours des interrogatoires, donner le sens de cette inscription qui contenait peut-être quelque chose de désobligeant à l'adresse de M. de Lavie.

en lettres de moulure : *P. L. Rebeyrol. — MM. Peyraud, épouse de M. Bourcin, s[r] du Bouchet*; y ayant entre la syllabe *du* et le nom *Bouchet* une lettre effacée. N'ayant plus rien trouvé d'empreint ni d'écrit sur lad. cloche, si ce n'est le nom de *Jacques Bareau M[es]*, en écriture moulée et y paraît formée en même temps que la cloche qui fut refondue tout comme le chiffre 1756 qui sont les deux seules choses qu'on a laissé subsister. »

De l'enquête qui suivit, il résulta que le grattage de l'inscription primitive et la gravure de la nouvelle avaient été faits par Jean Chantrand, maître-armurier à Piégut, sur l'ordre exprès du curé et malgré les représentations du syndic et de plusieurs habitants qui craignaient de mécontenter le seigneur. Dans son interrogatoire, Chantrand dit que cette cloche, qui était dans une grange depuis la fonte, portait : *Jean-Charles de Lavie, chevallier, baron de Nontron, seigneur du Bourdeix, Saint-Estienne-Ledroux,* et à la suite le nom de la dame de La Ramière avec ses noms de baptême et de famille dont il ne se souvient ; il ne remarqua pas d'armoiries, mais leurs noms « en chiffre en empreinte élevée ».

M. de Lavie avait bien en effet promis d'être parrain avec la dame de La Ramière, mais pendant quatre ans, il avait renvoyé de jour en jour la cérémonie, si bien que la marraine était morte; il avait alors fait dire au curé qu'à la suite de cette fâcheuse circonstance il ne pouvait décemment assister à la bénédiction. M. Laforest annonça donc en chaire le désistement de M. de Lavie et déclara qu'il prendrait comme parrain et marraine celui et celle qui se montreraient le plus généreux envers l'église. Léonard Rebeyrol, marchand au château d'Eygurac, ayant promis dix écus, et M. Peyraud, femme de Mathurin Bourcin, sieur du Bouchet, bourgeois, s'étant engagée à faire reblanchir l'église ou à donner cinquante livres, furent choisis.

Il avait été d'abord convenu qu'on ajouterait leurs noms sur la cloche à la suite de ceux qui s'y trouvaient déjà; mais le curé, sans doute mécontent du procédé de M. de Lavie qui lui avait fait attendre quatre ans cette bénédiction, enjoignit au graveur d'enlever toute l'inscription primitive.

Les documents ne font pas connaître quelle suite fut donnée à cette enquête (Archives départementales de la Dordogne, B, 534. — Roger DROUAULT, *Bull. Soc. du Périgord*, XXIII, 153).

**1756**. — BEYNAT (Corrèze). — « ✠ Saint Roch. Louis Marq...
» Saint Jean. ✠ Parrain Jean Maley. ✠ Maraine Léonore Se...
» 1756. »

Un écusson *à trois fasces*, accompagne cette inscription.

**1757.** — LIMOGES. *Abbaye de Saint-Martial.* — « ✠ A l'hon- » neur du glorieux S^t^ Martial. — Parrain M^re^ Jean de Montes- » quiou, abbé de S^t^-Martial et vicaire général de Limoges. » Marraine d^lle^ Marie-Gillette du Coetlosquet, 1757. »

Cette cloche fut fondue dans le cloître de Saint-Martial en même temps que la suivante. La marraine était la sœur de l'évêque de Limoges.

**1757.** — LIMOGES. *Saint-Maurice.* — « ✠ M^re^ Alexis Garat, doc- » teur de Sorbonne, curé. Parrain, M^re^ Jean-Baptiste Ardent du » Masjambeau. Marraine, dame Marguerite Guingan de S^t^- » Mathieu, veuve de M^re^ Jean-Baptiste Mailhard de La Couture. » Fabriciens : M^rs^ Morel de Chabane, Cognasse et Bourdeau, » 1757. »

Cette cloche a été fondue dans le cloître de Saint-Martial en même temps que le précédente.

**1760.** — MONTROL-SÉNART (Haute-Vienne). — « ✠ Sancta » Maria ora pro nobis, 1760. A été parrain haut et puissant » seigneur M. D^e^ François-Louis-Martial des Montiers, cheva- » lier, marquis de Mérinville, maréchal des camps et armées du » roi, baron de Montrocher, vicomte de Brigueil, Montrollé, et » marraine dame Elisabeth-Charlotte de Gallucii de Lhopital, » épouse de haut et puissant seigneur M^re^ François-Martial des » Montiers, chevalier, vicomte de Mérinville, maréchal des » camps et armées du roi, capitaine sous-lieutenant des gens » d'armes de la garde du roi. — J.-B. Bigaud, curé. Jacques » Duprat et Jean de Lépine, sindics, fabriciens. — Michel Fran- » çois [fondeur]. »

**1760.** — BRIVEZAC (Corrèze). — « ✠ Parrain, messire François » de Sainte-Marie. Marraine, Jeanne Meschin de Rivière. — » Jean-Baptiste M[artin], f[ondeur], 1760. »

**1760.** — SEILHAC (Corrèze). — « ✠ Parrain, messire Joseph de » Fénis, chevalier du Tourondel. Marraine, dame Jeanne Fabre, » veuve de messire Gabriel de Roderel, chevalier, seigneur de » Seilhac. Curé de Seilhac, Jacques de Fénis. — P. Dupont, » fondeur, 1760. »

Cette cloche qui pèse 1,600 livres reçut le nom de Notre-Dame.

**1761.** — SUSSAC (Haute-Vienne). — « ✠ S^ts^ Pardulfe et Psal- » modi, orate pro nobis. — Charles-Joseph de Chastagnac, » parrain, seigneur baron de Beauvais, Sussac. Marraine D^lle^ » Marguerite de La Vergne de Ligoure. Pierre Chapelas, curé » de Sussac, prieur de Chuaux. Pierre Desclaux, juge de la » baronnie de Beauvais, 1761. »

**1761.** — LAMONGERIE (Corrèze). — « ✠ Jacques Dumas, par-» rain. Maria Bordello, comtesse de Prats, marraine. Mathurin » Laroque, chanoine de Brive. »

Mathurin Laroque, nommé curé de Lamongerie en 1754, fit fondre cette cloche vers 1761.

**1763.** — SAINT-LÉONARD (Haute-Vienne). — « Rev$^{dus}$ Dns » Franciscus Gilbert abbas Bonneffiencis me fudi curavit anno » 1763. Andreas Vanden Chein me fudit Lovani. Opus nil ter-» restre sapit.

» Prœcipue festis soleo laudare diebus
» Summa voce Deum populosque ad sacra ciere :
» Hæc duo divinas resonantia tympana laudes
» Sancte, tibi tua plebs, o Leonarde dicat. »

D'après cette inscription, deux cloches auraient été fondues à cette époque pour Saint-Léonard : « Révérend seigneur Gilbert, abbé de Bonnefond, m'a fait fondre à ses frais en 1763. André Van den Chein m'a coulée à Louvain. Je ne suis pas destinée aux choses de la terre; principalement aux jours de fête, de ma grande voix, j'ai la coutume de louer Dieu et de convoquer le peuple à la prière. O Saint-Léonard, ton peuple te dédie ces deux cloches destinées à chanter les divines louanges. »

**1763.** — SAINT-JOUVENT (Haute-Vienne). — « ✠ Placée en » 1763. Parrain, J. F. Rogier de Janailhac. Dame Arbonnaud, » veuve de messire de Vaucorbeille, seigneur de Bachellerie, » marraine. J. Lajoumard, curé. »

Cette cloche a été refondue en 1876, et c'est sur cette dernière qu'on trouve reproduite l'inscription ci-dessus.

**1763.** — VERNEUIL (Charente). — « ✠ Sancta Anna et sancta » Theresia, orate pro nobis. — Refondue en 1763. Parrain, mes-» sire Alexandre Gernier, écuyer, seigneur des Prises et du Poi-» rier. Marraine, dame Anne-Thérèse de Couhé de la Saladye, » espouse de messire Louis-René Maron, chevalier, seigneur » de Cherzé et autres places. Messire Etienne Baudet, prieur. » Léonard Sauvetre, sindic fabricien. »

**1764.** — ESPARTIGNAC (Corrèze). — « ✠ Sancte Martialis, ora » pro nobis. — Parrain, Jean-François de Montecler, abbé » d'Uzerche. Marraine, dame Marie-Thérèse Grandchamp, » épouse de M. Clédat, seigneur de Gourdon, 1764. »

**1764.** — CHANAC (Corrèze). — « ✠ Sancte Pardulfe, ora pro » nobis. — Anne de Beyssac, dame de Lantilhac, baronne de » Gimel et seigneuresse de Chanac. S$^{r}$ Jean Seigne, curé de » Chanac. DML [demoiselle ?] Marie Maschat, 1764. »

**1765**. — LE VIGEN (Haute-Vienne). — « Aujourd'hui 5 mai 1765, jour de dimanche, au devant de la principale porte de l'église paroissiale du Vigien, pardevant le notaire royal soussigné, présents les témoins bas nommés, et dans le temps que les habitants sortaient d'entendre la messe paroissiale d'icelle, a comparu sieur Bernard Dennaud, sindic fabricien de ladite paroisse, lequel a représenté aux dits habitants y assemblés parmi lesquels étaient M. Joseph Blondeau, sieur de l'Arfoulière, bourgeois de la ville de Limoges ; Jacques Faye, sieur de Malefaud, aussi bourgeois ; Jean Imbert, hopte; Léonard Vernoux, marguillier ; Martial Cherveix, marchand cloustrier; Bernard Dennaud, meunier..... et grand nombre d'autres tous habitants et faisant la majeure partie des manants propriétaires de ladite paroisse du Vigien, convoqués et assemblés pour délibérer des faits de la paroisse, en vertu de l'ordonnance rendue sur la requête présentée par lui dit Dennaud audit nom de sindic fabricien de ladite église paroissiale, par Monseigneur l'Intendant de la présente généralité de Limoges, portant que ladite requête serait communiquée aux habitants dans une assemblée convoquée à cet effet, en la manière accoutumée pour délibérer, aux fins d'icelle, qui serait reçue par un notaire et rapportée pour être ordonné ce qu'il appartiendrait, datée du 25 avril dernier, signée Turgot. Laquelle requête était tendante aux fins qu'il fut fait la fonte de leur grosse cloche et une imposition sur ladite paroisse pour fournir aux frais qu'il leur en pourrait couster. Tous lesquels susdits habitants et autres assemblés après avoir murement examiné et réfléchi sur la grande nécessité qui leur importe que la susdite grosse cloche de leur pinacle en leur église qui se trouve fêlée, soit incessamment fondue....... ils ont tous unanimement dit et déclaré qu'ils suppliaient mondit seigneur l'Intendant de vouloir les autoriser à la fonte de la susdite grosse cloche. Et tout de suite s'est présenté sieur Joseph Poincarré, maître fondeur de cloches, qui s'est dit habitant ordinairement en la ville de Neufschasteau, diocèse de Toul, évêchés de Loraine, qui s'est offert aux susdits habitants pour faire par lui-même la fonte de la susdite grosse cloche et de la rendre bien et parfaite. A ce les susdits habitants ont convenu sous le bon plaisir de mondit seigneur l'Intendant de lui payer pour la main d'œuvre et fournitures la somme de 310 livres, en ce que ledit sieur Poincarré joindra au metal de la dite cloche un quintal d'autre metal qui soit bon et valable, bien fabriqué, laquelle dite somme sera payable audit sieur Poincarré par les sindic et habitants ou autres contribuables, proprietaires ainsi qu'il sera jugé par mondit seigneur l'Intendant. Déclarant ledit sieur Poincarré qu'il consent que le quintal de métal qu'il promet de fournir pour le déchai en augmentation de la susdite cloche, soit caution envers lesdits habitants pour la construction d'icelle. De tout quoi les susdites parties, habitants et maître fondeur, ont requis acte qui leur a été concédé sous le scel royal en la meilleure forme et en présence de Léonard Maury et de Martial Pradeau praticien, habitant la ville de Solignac, paroisse de Saint-Michel, tesmoins. »

Joseph Poincarré fondit la cloche du Vigen aux conditions indiquées dans l'acte ci-dessus. Mais il mourut le 23 mars 1766, avant d'avoir été payé. Son gendre et son unique héritier, comme époux de Marguerite Poincarré, fit alors les démarches nécessaires pour toucher ce qui lui était dû. Ces démarches aboutirent quelques temps après, ainsi que le montre la lettre suivante :

« Monsieur, je viens de recevoir l'argent que vous m'avez adressé à Toul pour le payement de la refonte de la cloche du Vigen, que défunt mon beau-père Poincarré a fondue. Vous m'avez rendu un grand service ; je ne puis pour vous assurer de ma vive reconnaissance que continuer d'adresser mes vœux au ciel pour votre santé et prospérité.

» J'ai l'honneur d'être, très respectueusement, Monsieur, votre très humble et très obéissant serviteur, Mariotte. — A Vannes, le 3e avril 1768. — A Monsieur Beaulieu, subdélégué de l'Intendant du Limousin, à Limoges. » (Archives de la Haute-Vienne, C. 52).

**1766.** — LIMOGES. *Abbaye des Bénédictins.* — « ✠ O.seMper » inDefeCta Cito LuX VenI. »

Cette cloche de l'horloge de l'abbaye des Bénédictins fondue en 1766, portait cette date formée par les lettres majuscules de son inscription : M DCC LXVI.

**1766.** — NEDDE (Haute-Vienne). — « ✠ Sancte Martine, ora pro » nobis. — Mr Raymond Garat, chevalier, seigneur marquis de » Nedde, parrain. Dame Jeanne Martiale Gailliote de Turenne, » marquise de la Villeneuve, marraine, 1766. Reymondaud » rector. »

**1766.** — PLÉNARTIGE, commune de Nedde (Haute-Vienne). — « Le 20 juillet 1766, bénédiction de la cloche de Plénartige, à l'issue de la messe paroissiale, par noble et vénérable Jacques de La Bachellerie, prêtre, bachelier de Sorbonne, chanoine d'Eymoutiers. Parrain, noble et vénérable messire Jean de La Bachellerie du Theil, aussi prêtre et chanoine d'Eymoutiers. Marraine, demoiselle Marie-Anne de Miomandre de Châteauneuf. » (Registres paroissiaux).

**1768.** — RILHAC-LASTOURS (Haute-Vienne). — « ✠ Parrain,
» messire Germain de David, comte de Lastours, baron de la
» Douze, premier baron du Haut et Bas-Limousin. Marraine,
» dame Marie-Anne-Françoise Berni, veuve à feu messire Fran-
» çois de David, baron des Etangs. Messire François Bourdi-
» chon, curé de Rilhac-Lastours. Jean de Gorsas, sindic fabri-
» cien, 1768. J.-B. Richard M[a] F[aite]. »

Cette cloche qui a 82 centimètres de diamètre pèse environ 320 kilos.

**1769.** — SAINT-BRICE (Haute-Vienne). — La paroisse de Saint-Brice fit refondre une de ses cloches aux conditions spécifiées dans l'acte suivant :

« Nous soussignés Pierre Dupuy des Boiges, avocat en parlement, juge et sindic fabricien de la paroisse de Saint-Brisse, et Joseph Couteau, marchand fondeur de la ville de Limoges, sommes convenus de ce qui suit, savoir que moi Pierre Dupuy en vertu de la délibération des habitants de la susdite paroisse de Saint-Brisse, du 30 avril dernier, reçue et signée Rouhet, notaire royal à St-Junien, ai convenu du prix avec ledit Joseph Couteau pour raison de la fonte d'une des cloches de la dite paroisse, qui a été réglé à la somme de cent cinquante livres, et l'augmentation de matière à raison de 25 sols la livre, qui a été fixée à 56 livres, qui à raison de 25 sols la livre monte 70 livres, qui jointes à celle de 150 livres de prix-fait pour la refonte monte en total à la somme de 220 livres. Et moi Couteau au moyen des susdites conventions promets et m'oblige de fondre ladite cloche, la refaire bien et duement conditionnée dans le délai d'un mois au plus tard, et après qu'elle aura été agréée par moi Dupuy, je m'oblige en ma susdite qualité de payer audit Couteau les sommes convenues, immédiatement après les avoir recouvrées sur les habitants de la paroisse, soit en vertu d'une quête ou d'une taxe faite sur iceux, ainsi qu'il plaira à Monseigneur l'intendant de cette généralité ordonner. Fait en double, à Limoges, le 5 mai 1769. — Dupuy des Boiges, sindic fabricien ; Coutaud, fondeur ». (Archives de la Haute-Vienne, C. 76.)

**1770.** — GLENIC (Creuse). — « ✠ Sancta Maria, ora pro nobis.
» — L'an 1770, j'ai été bénite par Mr Gaspard Besse, curé de

» Glenic. J'ai eu pour parrain M^re Claude Gaillard Theobald » Dalbost, conseiller du roy, receveur des tailles de cette province » et pour marraine dame Marie Rose Rondeau, épouse de mes- » sire Antoine Olivier François Couturier, écuyer, seigneur de » Fournoux, conseiller du roy et son procureur au siège présidial » de la Marche à Guéret. — Bonnet, sindic et fabricien. — Les » Guichard, fondeurs. »

**1771.** — SAINT-DIZIER-BOURGANEUF (Creuse). — « Aujourd'hui 27 janvier 1771, au bourg de S^t-Dizier en Poitou, place publique dudit lieu, élection de Bourganeuf, province de Poitou, par devant les notaires soussignés, à l'issue de la messe paroissiale dudit lieu, ont été présents personnellement établis Pierre Renard, marchand, habitant du village de Teille, sindic fabricien de ladite église paroissiale, lequel ayant convoqué et rassemblé les habitants de ladite paroisse conformément à l'ordonnance de Monseigneur l'intendant de la généralité de Limoges, du 6 juillet 1770, leur a représenté et fait lecture de sa requête présentée à Mon dit Seigneur tendante à ce qu'il lui plut ordonner une taxe sur les seigneurs et habitants propriétaires des fonds et rentes, pour être employée à faire refondre la grosse cloche de ladite paroisse qui est cassée; ensemble leur a fait lecture de ladite ordonnance, et sont convenus unanimement les habitants signataires et non signataires de la dite paroisse de la nécessité de faire refondre ladite cloche incessamment. Pourquoi ce faire sont comparus ledit sindic, Pardoux Teixier, laboureur, Louis et Pardoux Chambraud, cabaretiers, Jean Valeau, marchand, cabaretier, M^e Jean Cardeau, chirurgien, Joseph Parinet, Joseph Toupy, sacristain, soussigné, Pierre Valeau, collecteur de 1771, Pierre et Joseph Chambond, marchands, etc... Lesquels ici présent sont convenus de la nécessité de faire refondre la dite cloche, et de faire ajouter cent livres pesant de métal pour équivaloir au déchet qui pourrait se trouver dans la refonte. Pourquoi faire s'est présenté maître Joseph Coutaud, habitant de la ville de Limoges m^e fondeur, lequel de son bon gré et volonté s'est obligé à refondre ladite cloche et à délivrer cent livres de métal bon et marchand, à fournir tout ce qui sera nécessaire pour la dite refonte, également pour la monter et la placer dans le clocher, de fournir les cordages et autres engains nécessaires, même d'employer charpentiers pour faire le joulg de la dite cloche, de fournir les fers et ferrements nécessaires pour l'attacher et la main d'œuvre, de faire raccomoder le batant et le rendre convenable à la cloche, le tout bien et dûment fait et parfait, moyennant le prix et somme de 600 livres, payable après que le tout sera fait et parfait. Les susdits ont accepté et se sont obligés, tant pour eux que pour les autres habitants absents, de payer audit sieur Coutaud la dite somme, dès qu'il aura plû à Monseigneur l'Intendant de la généralité de Limoges d'en ordonnancer et faire faire la répartition sur tous les propriétaires de biens fonds ou autres objets y sujets, exempts et non exempts, privilégiées et autres, à quoi faire se sont obligées les dittes parties, savoir ledit sieur Coutaud à cet effet a obligé et hipotéqué tous ses biens présents et advenir, tous et chacun ses biens et même s'oblige à garantir ladite fonte, et à la refaire à ses frais et dépens si elle était manquée dans la première et même seconde refonte, et à fournir dans ces cas à ses frais et depens le métal qui se trouverait manquer pour la remettre de la même grandeur et du même poids qu'elle est à présent. Et lesdits habitants, pour l'effet des présentes, aussi ont affecté, obligé et hipotéqué tous leurs biens présents et advenir. Le tout fait audit bourg de Saint-Dizier, les dits jour et an que dessus, en présence du sieur François Legay, prieur-curé de ladite paroisse, qui a signé... » (Archives de la Haute-Vienne, C. 77.)

**1772.** — SAINT-AIGNAN-DE-VERSILLAC (Creuse). — « ✠ L'an » 1772 j'ai été nommée Anne-Barbe par haut et puissant seigneur » Mre Louis-François-Marie-Haunorine, vicomte de Rochechouart-» Pontville, Bridier et autres lieux, brigadier des armées du roy, » par haute et puissante dame Anne-Adélaïde-Aymerele de Gareau, » épouze de haut et puissant seigneur Mre Anne-Nicolas Doublet, » chevalier, marquis de Persan, de St-Germain et autres lieux. » Jean Parotin, notaire royal sindic fabrisien. Mre Silvain-Aignan-» Barthelémy Ducluzeau, notaire royal, et D[lle] Marie Martin son » épouze. Me Charles Petit de Mazegont, notaire et procureur et » D[lle] Anne Veschère, son épouze. — Jacques Martin et J. B. Mu-» tel fondeurs ».

Cette cloche, qui a 1m20 de diamètre, pèse environ 960 kilog.

**1772.** — SAINT-AIGNAN-DE-VERSILLAC (Creuse). — « ✠ L'an » 1772 j'ai été nommée Marie-Anne par Pierre Delcaire, sieur de » Maumerle, bourgeois, et par Marie-Anne Mestadier du Peirat. » Mre Barthelémy Queroy, prieur curé de Saint-Etienne de Ver-» sillac. »

Cette cloche qui a 55 centimètres de diamètre, pèse environ 100 kilos. Elle fut fondue pour la paroisse de Saint-Etienne-de-Versillac, qui est maintenant réunie à celle de Saint-Aignan, dans le clocher de laquelle elle se trouve aujourd'hui.

**1772.** — COUFFY (Corrèze). — « ✠ François-Aimé d'Ussel, » parrain. Catherine-Claire de Salviat d'Ussel, marraine. Michel » Gouyon, fabricien-sendic. A. Champ-Arnaud. P. Sauty, curé, » 1772. — J. B. Martin et N. Martin, fondeurs ».

**1772.** — SAVIGNAC-DE-NONTRON (Dordogne). — « Le 29 octobre 1772 a esté baptisée et bénite la seconde cloche de la paroisse en l'honneur de Saint-Pierre, patron d'icelle. A este parrain messire Louis-René de Ranconnet, chevalier, seigneur comte de Noyan et autres places, et très haute et puissante dame Henriette de Javerlhac, dame de ladite paroisse et autres lieux; tous les deux d'icy absents, mais en leur absence Christophle Marcillaud, sieur de Goursac, gendarme, et d^lle^ Marguerite Marcillaud, épouse du sieur Pierre Pastoureau de la Besse, le premier habitant le lieu de Gengt, paroisse de Saint-Barthelémy, et la dernière la ville et paroisse de Nontron.

« La cloche a été placée au clocher de ladite église du côté droit en entrant, laquelle a été achetée à Limoges, dont l'autheur est messire Jean Martial, curé de la paroisse. Les noms, tant de l'autheur que des parrain et marraine, sont écrits et gravés sur ladite cloche. » (*Registres paroissiaux*, R. Drouault.)

**1773.** — BRILLAC (Charente). — « ✠ L'an 1773. M^re^ Jean Robert » bachelier en théologie, prêtre, curé de Brillac. Très haut et » très puissant seigneur M^re^ Louis de Conflans, marquis d'Armen- » tiers, maréchal de France, chevalier, commandeur des ordres » du roi, commandant en chef Meze, Toul et Verdun, seigneur » de Brillac. Dame Marie de Sanneterre, maréchale d'Armentiers. » J. B. Baudouin. E. Guichard. Merlin me fecit. »

**1774.** — LINARDS (Haute-Vienne). — « Parrain Messire Isaac de Gain, chevalier, haut et puissant seigneur de Linards. Marraine dame Marie de Livenne, marquise de Linards. En leur absence Louis-Jean Chaussade, notaire royal, contrôleur des actes, juge du marquisat de Linards et Léonarde Chaussade, épouse du sieur Jean Bargez, ont fait les fonctions de parrain et marraine. » (*Registres paroissiaux.*)

Cette cloche a été fondue le 18 septembre 1774 et bénite le 20. Elle n'existe plus.

**1774.** — LAGLEYGEOLLE (Corrèze). — « ✠ Sancta Maria, ora » pro nobis, 1774. P[arrai]n Pierre Teillol, du Boy. M[arrai]ne » Enriette de la Mote-Flomont. P[rieu]r ? Jean de Martine. Guarde, » chevalier. »

**1774.** — LES ANGLES (Corrèze). — « ✠ M^e^ Jean Laporte, cha- » noine de l'église cathédrale de Tulle, sindic du séminaire,

» parrain. Demoiselle Jeanne-Toinette-Joseph-Foy Geouffre de » Chabrignac, marraine. Messire Jean-Antoine Candèze, curé » des Angles. L'an 1774. »

Le curé Candèze fit fondre la cloche qui porte cette inscription. Ses ressources étaient médiocres, il fut obligé de recourir à des emprunts aux pères Feuillants, à maître Léonard Bussières, docteur en théologie, au sieur Jean-Baptiste Martin, fondeur. Les billets restèrent impayés à l'échéance et des poursuites furent exercées contre lui devant le présidial de Tulle.

**1775.** — PALAZINGE (Corrèze). — « ✠ Baptisée en MVCLV. » Marie Cérod, marraine. De Maisy, parrain.

» ✠ Refondue en 1775. De Gilbert, maraine. Joseph Brival, » curé, parain. Jean de Chambet, sindic. »

La petite cloche qui est à Palazinge, fondue en 1555, fut refondue en 1775, ainsi que le montre cette inscription qu'elle porte aujourd'hui.

**1775.** — CHATEAUNEUF. *Sainte-Marie-la-Claire* (Haute-Vienne). « ✠ M. B. Joseph du Garreau, du Puy-de-Bette, la Seinie, Ver- » gnias, Neuvic, Masléon, Leborne, de Ste-Marie et autres lieux, » patron fondateur de l'église paroissiale de Ste-Marie-la-Claire, » capitaine de cavalerie, parain. Dame Marie-Anne de Guiton du » Tranchard, marquise de Châteauneuf, Tranchard, Fleurac et » autres lieux, veufve de Mre F. Duché, escuyer, gdr s[ecretai]re » du roy. — Mre Martial Marc, curé. Jhp Pigner, juge et notaire » royal fabritiens, l'an 1775. — Jacques Martin et Nicolas Bou- » langer, fondeurs. »

**1775.** — SOURZAC (Corrèze). — « ✠ L'an 1575. Parrain Mre Jean- » Baptiste de Mérigonde, chevalier, baron de Favars, seigneur » de Pennacors et autres places. Maraine dame Gasparde de » Gain de Montagnac, barone de Sourzac. Jean-Baptiste Laporte, » prieur et curé de Sourzac. Jean-Baptiste Soulier, sindic fabri- » cien. — Jacques Martin et Nicolas Boulanger, fondeurs. »

Dans ces deux dernières inscriptions on a lu le nom des fondeurs « Jacques Martinet, Nicolas Boulanger. » Il vaut mieux lire « Jacques Martin, et Nicolas Boulanger », car Jacques Martin fondait d'autres cloches à cette époque, pendant que le nom de Martinet ne se trouve sur aucune de celles qui sont connues.

**1776.** — SAINT-GERMAIN-BEAUPRÉ (Creuse). — « L'an mil sept cent soixante seize et le dix septiesme jour du mois d'aoust a été bénite par moi curé soussigné, assisté de Jean-Baptiste Sigaud, prieur-curé de Saint-Léger-Bridaireix, Pierre Dupertuis, prieur-curé d'Azerables et chapelain des Places, la grosse cloche de l'église de Saint-Germain qui a été refondue. A été procedé à la benediction de ladite cloche [étant parrain] Haut et puissant seigneur Anne-Nicolas Doublet de Persan, chevalier, marquis de Persan et de cedit lieu de Saint-Germain, comte de Dun, de Crozant et des Places, seigneur de Saint-Aubin-sur-Yonne, seigneur du Plessis, de Langroue, du Gareau, la Ligne, Pierrefitte, Mandrezat et aultres lieux, conseiller du Roy en ses conseils, maistre des requestes ordinaire de son hôtel, conseiller honoraire du parlement de Paris. Et marraine Haute et puissante dame Marie-Victoire Boucher, représentée par Haut et puissant seigneur Louis-François-Marie-Honorine de Rochechouard-Pontville, vicomte de Rochechouard, baron des Bâtiments, seigneur de Challiat, la Celle, Bridier, Rhodes, Mondon, Lavaupot et aultres lieux, chevalier de l'ordre militaire de Saint-Louis, brigadier des armées de Sa Majesté, mari et époux de ladite dame marraine, qui ont nommé la ditte cloche Anne-Marie-Victoire, lors de ladite cérémonie qui s'est faite selon les rites accoutumés dans l'église dudit Saint-Germain, à laquelle cérémonie ont assisté plusieurs curés et personnes soussignés avec lesdits seigneurs : De Persan, Le V[te] de Rochechouart, Dupertuis, curé d'Azerables, Boussy de Lacheize, prieur-curé de Vareilles, Pichon des Champs, juge de Saint-Germain, Dalbort, Dissande de Bosgenest, de Lestang, de la Fot, Martin Du Couret, Martin de Chantagru, De Chastelus, curé de Saint-Germain, Berthonnet de Montroger. » (Registres paroissiaux).

Cette cloche a été refondue en 1869. La date que porte l'acte ci-dessus a été lue par quelques-uns mil sept cent *soixante treize* au lieu de *soixante seize*.

**1778.** — CHABANAIS (Charente). *Eglise de Saint-Michel.* — « ✠ In domum Domini ibimus. — Messire Pierre Pontus, prior » curatus, anno Domini 1778. Messire François Raygondaud de » Grateresse, syndic fabricien. Guichard, fondeur. »

Cette cloche de la paroisse de Saint-Michel-de-Chabanais dans l'ancien diocèse de Limoges, a $1^{m}06$ de diamètre, et pèse environ 660 kilos.

**1779.** — AMBAZAC (Haute-Vienne). — « ✠ Léonard Cramail, » curé d'Ambazac. Parrain Louis de Labesse, fils de M. Léonard » de Labesse du Bois-du-Mont, juge de Montcocu et Ambazac. » Marraine D. Antoinette Thoumas, épouse de Mr François » Clément de Mazure, bourgeois, 1779. »

**1779.** — LIMOGES. *Saint-Maurice.* — « ✠ Parrain Messire Guil- » laume du Meny, écuyer, et dame de Fraissiniat, née Poujaud

» de Nanclas, marraine. Messieurs Pétiniaud, curé et chanoine » honoraire de l'église de Limoges, De Bonnefont, écuyer, De » Malevergne, Montégut, Audoin, bayles des âmes. — Coutaud » F[ecit], 1779. »

La *Feuille hebdomadaire de Limoges* complète les renseignements fournis par cette inscription : « Le 22 mai 1779, Mgr l'Evêque a solennellement béni une cloche de l'église paroissiale de Saint-Maurice de Limoges. Elle a été nommée Saint-Maurice. M. Guillaume Dumeny, écuyer, ancien officier au régiment de Lyonnais, a été parrain, et Madame Mallevergne de Fressignac a été marraine. »

**1780**. — NEUVIC (Corrèze). — « ✠ Charles de Rohan, prince de » Soubise, duc de Ventadour, pair et maréchal de France, par- » rain. Et marraine dame Françoise de Mérigonde, veuve de » Guillaume Dubois de Saint-Hilaire, seigneur baron de Saint- » Hilaire, Favars, Saint-Mexant, Saint-Germain-les-Vergnes et » autres places. Syndics Antoine Audubert et Antoine Barrière. » L'an 1780. »

**1780**. — JANAILHAC (Haute-Vienne). — « ✠ Parrain haut et » puissant seigneur Alphonse-Louis du Montet de la Molhière, » chevalier, marquis de Cardaillac et de la Capelle-Marival, » baron du Mazet, seigneur de Janailhac et autres places, lieute- » nant des maréchaux de France. Marraine haute et puissante » dame Marcelle des Chizadours, marquise, baronne et dame » desdits lieux son épouse. J.-B. Barrière, curé de Janailhac. » 1780. »

La cloche sur laquelle était cette inscription et qui avait été bénite le 15 mai 1780, a été refondue en 1859.

**1780**. — SAINT-GILLES (Haute-Vienne). — « ✠ ...... Chevalier, » seigneur de Villemoujanne et autres places, parrain. Dame » Jeanne-Marcelle de Turenne de La Villeneuve, marine. Bien- » feteur de la Chapelle, 1780. Coutaud. »

La partie qui manque à cette inscription nommait très probablement Pierre Gaultier de Villemoujanne qui, le 27 mai 1778, avait été pourvu de l'office de conseiller du roi, trésorier de France et général des finances au bureau de la généralité de Limoges, au lieu de M. Psalmet Gaultier du Marache, son père.

**1781**. — LIMOGES. *Couvent des Dominicains*. — « ✠ Parrain Mre » Louis Naurissart, écuyer, directeur de la Monnoye, maire de la » ville ; et marraine Anne Labiche son épouse, 1781. N. Martin, » fondeur, J.-B. Martin, fondeur. »

On lit dans la *Feuille hebdomadaire de Limoges* : « Le samedi 22 septembre 1781, M. l'abbé Pradel, vicaire-général du diocèse, a béni solennellement une cloche dans l'église des RR. PP. Dominicains de Limoges. Elle a été nommée Louise-Anne, par M. Naurissart, directeur de la Monnaie de cette ville et Madame son épouse, qui ont été ses parrain et marraine. La cérémonie a été faite au son des instruments et des tambours, en présence d'une assemblée nombreuse et choisie. On lit sur la cloche l'inscription ci-dessus. »

**1781**. — NANTIAT (Haute-Vienne). — « ✠ Nicolas-Zacharie de » Caumont, c^he^, capitaine de cavalerie, chevalier de Saint-Louis, » commandant des Suisses invalides de la garde de Versailles, » parrain. Marie-Armande Le Vasseur de Fredaigue, baronne de » Nantiat, marraine. M. J.-B. Cheyrou, prieur-curé, 1781. Martin » fondeur. »

**1781**. — CUSSAC (Haute-Vienne). — « ✠ Parrain : Armand-» Hippolite-Astolphe-Renaud, comte de Bermondet. Marraine : » D^lle^ Amable-Hortense de Bermondet. L'an 1781. »

**1781**. — SAINT-HILAIRE-LA-TREILLE (Haute-Vienne). — « ✠ Baptisée en 1781 par Monsieur François Ducoux, curé de la » paroisse. Parrain Monsieur le marquis et marraine Madame la » marquise de Montbel, son épouse. »

**1781**. — ASTAILLAC (Corrèze). — « ✠ Parrain M^e^ Joseph de » Roquet, baron d'Estresse, et dame Marguerite-Geneviève de » Turenne, marquise d'Estresse, 1781. — M^e^ Pierre Sirieyx, curé » d'Estailiac. Etienne Bergé, sindic F. B. N. [fabricien?]. — Martin » fondeur. »

**1781**. — LIOURDES (Corrèze). — « ✠ Ad majorem Dei gloriam, » Virginisque Mariæ, sanctæque Agathæ. — Parain Piere Lescure, » Marraine Anne Alfermier. — François Bachellerie, curé de » Liourdes, 1781. — J.-B. Martin, fondeur. »

**1782**. — LIMOGES. *Couvent des Augustins*. — « Le 2 novembre 1782, Mgr l'Evêque de Limoges s'est rendu dans l'église des RR. PP. Augustins ; il avait été précédé par MM. de son Séminaire. Après avoir célébré la messe il a donné sa Bénédiction pontificale à une cloche, de laquelle M^r^ d'Aine, intendant de cette généralité et M^me^ d'Aine ont été parrain et marraine. Ces deux illustres personnages, qui ont toujours donné des marques authentiques de leur zèle pour la religion, ont rempli avec autant de dignité que de piété, la place qu'ils occupaient dans cette auguste cérémonie. Les PP. Augustins, en reconnaissance d'un pareil bienfait, ont fait sur le soir de grandes illuminations, accompagnées d'un feu d'artifice, sur leur terrasse, auquel Mme d'Aine et Mlle d'Aine sa fille, et d'autres personnes distinguées ont bien voulu assister. » *(Feuille hebdomadaire de Limoges).*

**1782**. — LIMOGES. *Couvent des Carmélites.* — « ✠ Messire » Eutrope-Alexis de Chardebœuf de Pradel, vicaire-général, » aumônier de Monsieur, abbé de Sully, supérieur, parrain. » Mlle Marie-Louise-Catherine Duplessis d'Argentré, marraine, » 1782. Coutaud, fondeur. »

« Le 30 octobre 1782, M. l'abbé de Pradel, vicaire-général de ce diocèse, fit, dans l'église des dames Carmélites de cette ville, la cérémonie de la bénédiction d'une cloche sur laquelle on lit l'inscription ci-dessus. » (*Feuille hebdomadaire de Limoges*).

**1782**. — ROZIERS-SAINT-GEORGES (Haute-Vienne). — « ✠ M[re] » Daniel Lafont du Mazubert, curé. Mre Jean-Baptiste de La Lande, » chevalier, seigneur de Lavau, Saint-Etienne, Neuvillars et » Lajaumont, parrain. Dame Anne Dalesme, épouse de M[re] Le » Bloy, seigneur de Roziers, marraine. Joseph Parri, sindic fabri- » cien. J. Coutaud fecit 1782. »

**1782**. — LAGRAULIÈRE (Corrèze). — « ✠ M. Louis Guillemin de » Chaumont, curé de Lagraulière. Parrain : Pierre Buze, labou- » reur, du village de Boullac. Marraine : Marie Claux, son épouse, » J.-B. Mouchotte, fondeur, 1782 (?) »

**1783**. — LIMOGES. *Saint-Martial-de-Montjauvy.* — « ✠ Mre Léo- » nard Bourdeau, écuyer, Seigneur de la Judie, parrain. Dame » F. G. Julie Tandeau, marraine. Mr Charles Salot-Tourniol, » P. Prieur de MM. les Pénitents. Mr J.-B. Vitrac, curé, 1783. » J. Coutaud. »

« Le 14 janvier 1784, M. l'abbé de Montesquiou-Fezenzac-Poilebon, abbé de Saint-Martial et de Bolbonne, et vicaire-général du diocèse, après la messe célébrée pontificalement, a béni solennellement une cloche dans l'église paroissiale de Saint-Martial-de-Montjauvy. Il a été assisté à cette cérémonie par M. Vitrac, curé de cette église et par M. Salot-Tourniol, prêtre, prieur en charge de MM. les pénitents Feuille-Morte. Messire Léonard Bourdeau, écuyer, seignieur de la Judie, et dame F. G. Julie Tandeau-de-Bellivier, épouse de Mre Jean-Baptiste Bourdeau de la Judie, écuyer, ont donné le nom de Julie à cette cloche.

» La cérémonie avait été annoncée la veille par une salve de canons, qui fut répétée le jour même, à l'arrivée de M. l'abbé célébrant, ainsi qu'à celle des parrain et marraine de la cloche et après ladite cérémonie à laquelle la compagnie de MM. les pénitents Feuille-Morte assista processionnellement ». (*Feuille hebdomadaire de Limoges*).

**1783.** — LINARDS (Haute-Vienne). — « ✠ Parrain Mre Jean-Louis » Chaussade, seigneur de Trasrieux, juge de Linards. Marraine » Dame Valérie Fargeaud de Gay-de-Vernon de Chauvent, qui a » donné sa procuration à Dlle Marie de Gay-de-Vernon. »

Cette cloche fut bénite le 11 mai 1783, et nommée Marie. Elle n'existe plus et nous n'avons probablement qu'une partie de son inscription.

**1783.** — LOUIGNAC (Corrèze). — « ✠ Ste Juliane. Ste Clare. Mre » Mathieu Seguyn, docteur en théologie, curé. A été parrain Mre » Gabriel-Jacques de Royère, marquis de Peyrau, seigneur de » Lons et autres lieux; et marraine dame Marianne de Lansade, » dame de haut et puissant seigneur François, comte du Saillant, » baron de Saint-Bonnet, coseigneur de la ville et parriage » d'Allassac, seigneur de Respire, Paper, Bugresse, Caire, les » Farges du Luc. De Bort, syndic. E. Guichard et B. Salvat, fon- » deurs, 1783. »

**1783.** — SALON (Corrèze). — « ✠ Parrain Mre J.-B. Bouilhac, » seigneur du Pin, Salon, Masseré, Lamothe-Fénelon, Bourzat » et autres lieux. Marraine dame Anne Romanet, douairière de » Mre Pierre Ardant, chevalier des ordres du Roy, seigneur de » la Grénerie. M[aître] Bernard Gauthier, curé de Salon. M[ait]re » Jean Daudy, vicaire. F. Roume p[rocureur] d'office. F. Soursac, » syndic fabricien. L'an 1783. »

**1783.** — SAINT-BONNET-PORT-DIEU (Corrèze). — « ✠ J'ai été » bénite par Mre Michel Bernadaud, prêtre, curé de cette paroisse. » J'ai pour parrain Dom Pierre Hocmelle, docteur de Sorbonne » et abbé de l'abbaye royale de Bonnaigue, sr du village de Daillac, » paroisse de Saint-Bonnet. Pour marraine Magdelaine Brun » Ribière, épouse de Mr Antoine Rebière, du village d'Eyzac, » susdite paroisse. — Longeagne sindic. — Andreas Barbette » nos fecerunt 1783. »

Cette cloche pèse environ 210 kilos.

**1784.** — SÉREILHAC (Haute-Vienne). — « ✠ Parrain Martial » Gayou, fils d'Etienne Gayou et de Marguerite Gayou. Marraine » Catherine Gayou, fille de Louis Gayou et de Françoise Brun. — » Village de La Grange 1784. — François Cocahis fondeur. »

**1784.** — LAGRAULIÈRE (Corrèze). — « ✠ Sit nomen Domini » benedictum. Messire Louis Chaumont, curé. Gabriel Salesse, » sindic fabricien. 1784. — J.-B. Martin fondeur. »

**1784.** — AMBRUGEAT (Corrèze). — « ✠ S^te Blasii, ora pro nobis. » — René-Irenée Brousse, curé de Saint-Merd, prieur de Grivau. » L'an 1784. — Jacques Martin et Alexis Voillemin fondeurs. »

Cette cloche, qui est aujourd'hui à Ambrugeat, vient de Saint-Merd-les-Oussines. Grivaud est un village de la paroisse (L'abbé Poulbrière, *Dict. des paroisses.*)

**1784.** — NEXON (Haute-Vienne). — « La nuit du 18 au 19 juillet 1784, la foudre renversa la pointe du clocher de Nexon, qui s'élevait assez haut en forme de pyramide octogone...... Une cloche a été cassée par la chute d'une des pierres (*Feuille hebdomadaire de Limoges,* 1784).

Le même journal fournit les indications suivantes touchant la refonte de cette cloche : « On nous écrit de Nexon, paroisse de ce diocèse, un phénomène singulier, et sur lequel nous aurions même peut-être osé former des doutes, si les témoignages les plus respectables n'en avaient attesté la vérité. On a parlé dans ces Feuilles d'un orage terrible qui causa, il y a deux ans, les effets les plus surprenants sur l'église de Nexon. Une partie du clocher avait été renversée, et l'on avait trouvé une cloche fêlée, sans savoir cependant positivement si cet accident venait de la foudre, ou avait été occasionné par la chute des pierres qui s'étaient détachées du sommet de la flèche. On a entrepris depuis peu de refondre cette cloche. Un ouvrier connu, et d'une expérience de quarante ans, s'était chargé de la mettre en fusion. Après huit heures consécutives du feu le plus ardent, la matière ne coulait point encore, elle paraissait seulement noire et réduite en petits grains. On ranime le feu, et après six heures la matière paraît fondue. Elle coule en effet un moment, et se fige presque aussitôt dans le conduit et même dans le fourneau. On répète cinq ou six fois les mêmes épreuves, et le résultat est constamment le même. L'ouvrier étonné change ses fourneaux; depuis sept heures du matin jusqu'à quatre heures du soir il donne au feu toute l'activité dont il est susceptible. Ces nouvelles tentatives, ces nouveaux soins ne sont pas suivis d'un succès plus heureux. On n'a jamais pu obtenir dans le moule que deux quintaux à peu près de métal, qu'on avait ajouté à celui de la cloche.

» Voilà le phénomène que nous laissons aux réflexions des savants et des métallurgistes : nous accueillerons avec reconnaissance les éclaircissements qui nous seront communiqués à cet égard. Tout ce qui peut concourir au progrès des sciences et à la perfection des arts, sera toujours pour nous des objets infiniment précieux. On voudrait savoir surtout, par la voie de nos Feuilles,

les moyens qu'on doit employer pour réussir, s'il est possible, dans le projet de fondre cette cloche ». (*Feuille hebdomadaire de Limoges,* n° du 14 juin 1786).

**1785**. — BONNEFONT (Corrèze). — « ✠ Parrain Mre Adélaïde-
» Marie-Stanislas, marquis de Boisse. Marraine dame Marie de
» Tarnac. Joseph Périer, curé, 1785. J. B. Martin, fondeur. »

Deux cloches de Bonnefont avaient été faites en 1749; il fallut les refondre, l'une en 1785, celle qui porte l'inscription ci-dessus; l'autre, en 1826 (L'abbé Poulbrière, *Dict. des paroisses.*)

**1786**. — SAINT-PIERRE-DE-FURSAC (Creuse). — « ✠ Parrain
» Mre André de Gartempe, seigneur des Taillades. Marraine
» Demoiselle Marie Savy de Lavillaubert, 1786. »

Deux cloches furent bénites, le 19 mai 1786, par M. Dubrac, curé de la paroisse. La première qui existe encore pèse 250 kilos et donne la note *si* bémol. Elle porte l'inscription ci-dessus. La seconde, qui a été prise en vertu de la loi du 23 juillet 1793, devait avoir pour parrain M. Vincent de Vénassier, notable habitant de Saint-Pierre-de-Fursac, et pour marraine dame Marie de Vénassier, sa fille.

**1787**. — ESPAGNAC (Corrèze). — « ✠ Parrain Messire de la
» Borderie de Lavaur, chevalier, seigneur de Vernejou et baron
» de La Rochette. — Marraine dame Marie-Gabrielle-Charlotte
» de Crussy-Marcillac, épouse de Messire Jean-François d'Arche,
» chevalier, seigneur d'Ambrugeac. Curé Messire J. B. Parjadis
» de Dauzès. Léonard Delor, vicaire. Sourie, syndic, 1787. J. B.
» Martin, fondeur. »

**1787**. — DAVIGNAC (Corrèze). — « ✠ Anno Domini, 1787. Su
» Joannes Baptista et Saturnine, orate pro nobis. — J'ay été
» bénite par Me Joseph Servientis, ancien curé de Meymac, en
» présence de Me François Lafargue, curé de Davignac, et de
» Me Jean-Baptiste Coudert, vicaire. — J'ay pour parrain haut et
» puissant seigneur Me Jean-François Darche, chevalier, seigneur
» d'Ambrugeat, baron de Puydeval, et pour marraine haute et
» puissante dame Anne-Armande de Lentilhac, comtesse de
» Valon, épouse de haut et puissant seigneur comte de Valon,
» lieutenant des maréchaux de France, chevalier de Saint-Louis.
» A. Barbette, fondeur. »

(Au-dessus d'un crucifix) : « O Crux ave spes unica. — Sieur
» Marc-Antoine Audin, bourgeois. »

(Au-dessous d'une Assomption) : « Assumpta est Maria in cœlum.
» Etienne Bastou, sindic. »

Par une délibération les habitants de Davignac demandèrent à l'intendant du Limousin d'imposer sur la paroisse la somme de 308 livres, qu'Etienne Bazetou, sindic fabricien, avait payée au fondeur pour frais de refonte de cette cloche (L'abbé Poulbrière, *Dict. des paroisses.*)

**1787.** — ABBAYE D'AUBEPIERRE, commune de Measnes (Creuse). — « Acte sous seing privé (1787) par lequel Nicolas Peignier, fondeur de cloches, s'engage envers Jean-Annet de La Celle, prieur d'Aubepierre, à fondre une cloche pour l'abbaye, moyennant 30 livres, et à fournir le supplément de métal, si les morceaux de l'ancienne cloche ne suffisent pas, aux mêmes conditions que pour celle de Fresselines. » (Archives de la Creuse, H, 158.)

**1788.** — PEYRAT-LE-CHATEAU (Haute-Vienne). — « ✠ Parrain
» haut et puissant seigneur messire Guillaume-Joseph Desmai-
» sons, comte, chevalier, baron de Peyrat, capitaine de cavalerie,
» gouverneur pour Sa Majesté des villes de Saint-Léonard,
» d'Esmoutier, Bourganeuf, grand bally de Pe... Compiegne.
» Marraine Madame Marie-Gabrielle de Naviere. — Ecclesiæ
» signum, incolarumque zelum. — Merignat, sindic fabricien,
» 1788. J. B^te Martin, fondeur. »

Cette cloche, qui a 1^m20 de diamètre, pèse environ 960 kilos.

**1788.** — SAINT-GENIER, annexe de Curemonte (Corrèze). —
« ✠ Parrain Guy, chevalier, comte de Plas, baron de Marcillac
» et marquis du Tilhay. Marraine : Marie-Marguerite de Gui-
» chard, marquise de Plas. J. Barot. Du Phé (?) sindic, 1788. »

**1789.** — LINARDS (Haute-Vienne). — « ✠ M^r Jean-Louis Bargez,
» chirurgien juré, parrain. Dame Louise Chaussade du Maset,
» épouse de M^r Chaussade, sieur de Trasrieux, marraine, 1789. »

**1789.** — SAINT-LÉGER-MAGNAZEIX (Haute-Vienne). — « ✠ L'an
» 1789 j'ai été bénite par Messire F. Moreau, curé, et nommée
» par haut et puissant seigneur Messire Marie-Memin Dubouex,
» chevalier, marquis de Villemort, seigneur de Fontmorant,
» Brissac, Vouhet, etc., et par haute et puissante dame Adélaïde-
» Jeanne-Charlotte Carvoisin, comtesse de Lussac. »

**1789.** — LUSSAC-LES-EGLISES (Haute-Vienne). — « ✠ L'an 1789
» j'ai été bénite par messire François Moreau, curé de cette
» paroisse et nommée par haut et puissant seigneur, messire
» Antoine Lignaud, comte de Lussac, baron de La Boutelaye,
» chevalier, lieutenant-colonel de cavalerie, seigneur de Lussac-

» les-Eglises, Saint-Martin-le-Mault, Tilli, Colonges, Brigueil, » etc., et par haute et puissante dame Marie-Anne-Nicole Fumée, » marquise de Lussac. Mr Léonard Gaillard du Couray, sindic » fabricien. »

**1790.** — SAINT-MARTIAL-DE-VALETTE (Dordogne). — Le 3 août 1790, à Saint-Martial-de-Valette, au diocèse de Limoges « a été baptisée la cloche de la paroisse, pesant 387 livres, sous l'invocation de Saint-Adrien et de la bienheureuse Marie. Ont donné les noms Mr Adrien-Sicaire Texier, chevalier de l'ordre militaire de Saint-Louis, et dame Marie Saragosse, épouse de Mr Jean Moreau de Saint-Martial, président à la Cour souveraine de la Cour des Aides de la province de Guienne. A fait la bénédiction, en vertu d'une commission de Mgr l'évêque de Limoges, Mr Thibault Fourien-de-Villaupré, curé de la présente paroisse. » (Registres paroissiaux.)

**1790.** — GIMEL (Corrèze). — « ✠ Parrain : Guillaume-Louis » Lalaye, archiprêtre de Gimel. Marraine : demoiselle Marianne » Meynard, épouse du sieur Martial Leyrat, bourgeois du lieu de » la Bitarelle, et maire de la présente paroisse, 1790. »

**1791.** — SÉREILHAC (Haute-Vienne). — « ✠ Parrain : J. B. » Clausure, régisseur de Mr des Cars. Marraine : Mademoiselle » Valerie Robert de Puycheny. »

Cette petite cloche, qui pesait environ 500 livres, fut bénite par le curé constitutionnel le 23 juin 1791, en présence de la municipalité escortée de la garde nationale. Elle n'existe plus.

**1791.** — SÉREILHAC (Haute-Vienne). — « ✠ L'an 1791 M. Léo- » nard Gay de Vernon, évêque du département de la Haute- » Vienne, parrain, représenté par Léonard Gerard de Lage. Mar- » raine Anne Pâtier, épouse de Mr Robert, notaire royal et maire. » Bénite par Baptiste-Gaspard Desportes, curé de la présente » paroisse, Robert, Mayeras, Mayeras, capitaine, Roche, Des- » bordes, Lacombe, Gayout Louis, Desbordes, François. »

Cette cloche qui existe encore pèse environ 1,100 livres ; elle fut bénite le 23 juin 1791.

L'enlèvement et la destruction des cloches, pendant la Révolution, furent ordonnés par deux lois différentes. La première, celle du 6 août 1791, confisque toutes les cloches des églises des couvents, abbayes, collégiales et paroissiales supprimées ou réunies par la nouvelle constitution. La seconde, celle du 23 juillet 1793, ordonne de ne laisser qu'une seule cloche dans chaque paroisse. Les agents du gouvernement en faisant exécuter ces lois trouvèrent une forte opposition de la part du peuple et de plusieurs municipalités. Voici quelques exemples de la manière dont les choses se passèrent dans les trois départements formés de l'ancien diocèse de Limoges.

Dans la *Haute-Vienne*, nous voyons le Directoire du district de Saint-Léonard, prendre l'arrêté suivant : « Séance du 24 décembre 1791. — Vu la proclamation du roi en date du 20 novembre 1791 pour accélérer l'envoi aux hôtels des monnaies et autres établissements formés pour la fabrication des flaons, des cloches et des vieux cuivres des églises et communautés supprimées ; — Vu la lettre écrite à ce sujet par le ministre des contributions publiques à MM. du Directoire et procureur général syndic du département de la Haute-Vienne, — Nous, administrateurs du directoire du district de Saint-Léonard, arrêtons, sur ce ouï le procureur syndic, que les cloches des églises supprimées de Saint-Léonard seront incessamment envoyées à l'hôtel des monnaies de Limoges; qu'il sera procédé sans délai à la descente des cloches des églises supprimées du district, et notamment de celles de l'église de Notre-Dame, ci-devant paroissiale d'Eymoutiers ; Qu'à cet effet le sieur Villemoujeanne, président de ce district, et Bardoulat de la Planche administrateurs sont nommés commissaires pour veiller à l'exécution des opérations y relatives ; Qu'ils seront priés de vouloir bien s'en occuper dans le plus bref délai, et qu'il sera écrit à la municipalité d'Eymoutiers d'assister MM. les susdits commissaires dans l'exécution de leur commission. Fait en directoire à Saint-Léonard, les jour, mois et an que dessus. » (Archives de la Haute-Vienne, L. 282, de l'ancien classement.)

La municipalité d'Eymoutiers et le peuple s'opposèrent à l'enlèvement de leurs cloches. La municipalité fut destituée et remplacée par une commission de cinq membres. Il n'en fallut pas moins l'envoi de la force armée pour faire exécuter cet arrêté.

Dans les délibérations du Directoire de Limoges, on constate que le 26 juillet 1792 la Monnaie de Limoges avait déjà reçu 102,470 kilos de matière de cloches et 2,400 livres de cuivre venant des églises.

La loi du 23 juillet 1793 trouva la même opposition de la part du peuple et sur plusieurs points on eut à craindre qu'il se révoltât contre ceux qui le dépouillaient de ses cloches. La lettre suivante fait allusion à cette crainte :

« Morterol, 23 septembre 1793. — Le maire au citoyen procureur-syndict du Dorat.

« En conformité de la loi du 23 juillet portant que chaque paroisse ne pourra garder qu'une cloche, je viens d'en faire abattre deux dans notre église. Je n'en ai, en effet, laissé qu'une seule. Les deux que j'ai fait descendre ont été transférées à la maison commune. Je vous prie de me faire savoir où elles doivent être conduites et comment les frais de transport seront acquittés.

« Le peuple de notre canton n'est pas entièrement guéri de son fanatisme ; toutes mes exhortations n'ont pu encore prévaloir contre les insinuations perfides des prêtres hypocrites. Je vous prie donc de faire en sorte que toutes les communes, surtout de notre canton, imitent notre exemple, car si nos paysans pouvaient dire : Telle commune a conservé ses cloches, cela occasionnerait certainement des troubles.

« Salut et fraternité. Le maire de la commune de Morterol : Montaudon. » (Arch. de la Haute-Vienne, Q. 271.)

Les mêmes Archives départementales contiennent, dans des liasses intitulées « Dépouilles des églises », une grande quantité de lettres analogues à la précédente et l'indication des cloches prises aux communes à cette époque.

Dans le département de la *Creuse*, le nombre des cloches qui ont été prises est considérable. M. L. Duval, qui dans les *Archives révolutionnaires de la Creuse* a publié la liste de celles provenant du district de Guéret et du district de La Souterraine, en 1791, et du district de La Souterraine seulement en 1793 (page 3), nous dit comment ces lois de spoliation furent exécutées dans le département de la Creuse, qui est loin, assurément, d'être un des plus riches de la France :

« On sait que le département de la Creuse avait été divisé par la loi du 4 mars 1790, en sept districts : Guéret, Aubusson, Felletin, Boussac, La Souterraine, Bourganeuf, Evaux. Or, dans le seul district de La Souterraine, le nombre des cloches qui furent fournies à cette époque par les trente-trois communes de cet arrondissement atteint le chiffre de *cinquante-neuf*. Près de la moitié de ces cloches (26) ayant déjà été descendues et envoyées à Guéret ou à La Souterraine, lorsque le commissaire national pour la descente des cloches, Joseph Dinot, en dressa le tableau (30 floréal an II - 19 mai 1794). Le poids du bronze fourni par ce district est porté dans cet état à *seize mille neuf cent quatre-vingt-dix livres*. Pour avoir le poids total, il faut ajouter à ce nombre le poids rétabli par la proportion de ces vingt-six cloches déjà envoyées pour être fondues. Ce chiffre dépasse *trente mille livres.*

« Ajoutons enfin que le même district, en exécution de la loi du 6 août 1791, relative aux cloches des églises supprimées avait déjà à cette époque fourni douze petites cloches, du poids de 1,034 livres.

« Nous pouvons sans crainte adopter le chiffre 30,000 livres, indiqué par l'état des cloches fournies par le district de La Souterraine, comme représentant en moyenne la quantité de bronze envoyé par chacun des sept districts du département. Ainsi dans le district d'Evaux, nous trouvons que le nombre des cloches descendues est de *soixante-neuf*, dont seize pour la ville d'Evaux. Le poids total des cloches fournies par ce district est de 31,982 livres. En multipliant ce nombre par celui des districts de la Creuse, on obtient le chiffre vraiment colossal de *deux cent onze mille livres de bronze!* »

Dans le département de la *Corrèze*, pour ce qui regarde l'année 1791, nous trouvons une délibération des *Amis de la Constitution de Tulle,* qui dès le 13 mars demande que les cloches soient transformées en canons. La ville de Tulle ne semblait pas s'associer de bonne grâce aux décisions du club. La ville de Brive, plus docile à la direction de la Société, envoyait à Limoges les cloches des Cordeliers, de Saint-Libéral, des Pénitents Blancs, Bleus et Noirs (Municipalité de Brive, 30 novembre 1791). La population de Tulle s'opposait énergiquement à l'arrêté du 13 mars et maintenait les cloches dans les églises. La résistance était presque générale, au chef-lieu du département, et avait gagné les membres de l'administration. De là la grande colère des *Amis de la Constitution*, et les dénonciations contre la municipalité.

En 1793 les habitants de Tulle avaient failli mettre à mort le procureur-sindic du district, les deux municipaux et leurs agents, quand ils vinrent s'emparer des reliquaires de la cathédrale. C'est après cela qu'arriva le décret du 23 juillet sur les cloches. Les campagnes le surent : ce fut un nouvel aliment à la fermentation. Le département très embarrassé n'osa rien statuer. Le vice-procureur général Sauty, ennemi mortel de tout prêtre, se détermina enfin à prier l'évêque constitutionnel de la Corrèze de faire une circulaire d'après le décret. Quatre jours après elle lui fut remise pour être envoyée dans tous les cantons. Les cloches demandées furent alors accordées sans trop de violences et de murmures.

## XIXe siècle

Les inscriptions de cloche du XIXe siècle offrent moins d'intérêt que celles des siècles précédents. Elles n'ont aucun caractère particulier, mais nous permettent de comparer les variations du style campanaire depuis l'époque la plus reculée jusqu'à nos jours. Dans quelques-unes d'entre elles, le saint patron de la paroisse n'est même pas nommé; toute autre invocation y fait défaut, ainsi que toute parole de l'Ecriture sainte. On dirait que leurs rédacteurs se sont proposés pour but unique de donner le nom des parrains et des marraines ou de quelques autres personnages de la paroisse. Il y en a cependant un bon nombre où la prière et les sentiments religieux sont traduits d'une manière heureuse. Beaucoup d'entre elles par les noms et les indications qu'elles renferment deviendront des documents qui ne sont pas à négliger.

**1802.** — BEYNAT (Corrèze). — « Quelque mauvais citoyen me fit » briser l'an 4 et j'ai été refondue par les bons citoyens de l'an X, » sous les auspices d'un gouvernement pour qui réédifier est plus » doux que détruire....... 1802. Chabrignac, maire. Ramade, » adjoint. »

Deux cloches furent fondues à Beynat en 1802. Le lieu où elles sont suspendues ne permet pas de lire entièrement leur inscription. Sur une on lit les lignes ci-dessus. (L'abbé Poulbrière, *Dict. des paroisses*).

**1802.** — BEYNAT (Corrèze).

« Beynat comme Lyon longtemps persécuté,
» Fut par son bienfaiteur en l'an dix visité.
» Bonaparte au premier rendit son opulence ;
» Verneilh, préfet, rendit au second l'espérance.
» Le dix-neuf germinal fut pour nous l'heureux jour
» Où nous pûmes ici lui peindre notre amour.
» Si d'un marché Beynat obtient la jouissance,
» A lui nous en devons toute reconnaissance. »

M. de Verneilh, préfet de la Corrèze, visita Beynat le 9 avril 1802. Il avait fait rétablir dans ce lieu les anciens marchés, le conseil municipal lui en témoigna toute sa gratitude en mettant sur la cloche qu'on fondit alors l'inscription ci-dessus.

**1803.** — LA CHAPELLE-AUX-SAINTS (Corrèze). — Bien que tous les saints figurent au vocable que cette paroisse a reçu, saint Namphase, solitaire au diocèse de Cahors vers le IXe siècle, est le seul qu'on y honore, sinon comme titulaire, du moins comme patron. Il a seul les honneurs de la cloche, où son nom (*Sancte Namphasi, ora pro nobis*), vient immédiatement après ceux du maire, de l'adjoint et des conseillers municipaux ; pas de nom de curé. A cet oubli des règles, on reconnaîtra sans peine notre époque. De fait, la cloche fondue par les Martin, père et fils, est de messidor an XI, ou juillet 1803. (L'abbé Poulbrière, *Dict. des paroisses*).

**1803.** — BERSAC (Haute-Vienne). — « ✠ Mre Joseph Tardy,
» desservant la paroisse de Bersac. Nom du parrain : Léonard
» Champcommunal. Nom de la marraine : Léonarde Boscier.
» M. Louis-Charles Mignot, maire de la commune. 1803. Jacques
» Martin et François Martin, fondeurs. »

**1804.** — LIMOGES. *Cathédrale.* — « Le... du mois de thermidor dernier, M. l'évêque a baptisé une cloche destinée pour sa cathédrale. Le parrain fut M. Brigueil, premier adjoint du maire et fabricien de Saint-Etienne ; l'épouse du préfet était la marraine. Cette cloche doit s'appeler Richard, nom de famille de Mme Texier-Olivier, car au baptême d'une cloche, on lui donne un nom, comme on donne un prénom à l'enfant qui reçoit ce premier sacrement. » (*Feuille hebdomadaire de Limoges* — 19 fructidor an XII. — 6 septembre 1804).

**1804.** — SAINT-PRIEST-TAURION (Haute-Vienne). — « ✠ Sancte
» Prejecte, ora pro nobis, ut a fulgure et tempestate liberet nos
» Deus. Parrain : Silvain Gravelat de Montlebeau, de la Souter-
» raine. Marraine : Marie-Angélique de Fromental, de Saint-
» Priest, 1804. An XII. Bernard et François Martin les fon-
» deurs. »

**1805.** — CHATEAUPONSAC (Haute-Vienne). — « ✠ J'ai été bénie
» par M. Jacques Villejoubert, curé. J'ai eu pour parrain M. J.-B.
» Daubin, et pour marraine dame Marie-Florence-Victoire Du-
» brac. — M. Jean de Fenieu, avocat, M. André-Louis de Fenieu
» de Vaubourdolle, Alexis Mathieu Ventenat, maire ; F. Tardy
» et F. Chénieux, marguillers. 1805. — Jacques Martin, fon-
» deur. »

**1805**. — NOUIC (Haute-Vienne). — Une cloche du poids de 490 kilos fut fondue à Nouic en 1805. Elle a été refondue en 1883. Voir à cette date.

**1806**. — TULLE. *Cathédrale*. — Une cloche, appelée Notre-Dame, fut fondue à Tulle, sous M. le curé Brival, en 1806.

**1807**. — DUN-LE-PALLETEAU (Creuse). — « ✠ Sit nomen Domini » benedictum. — Bénite par M. Joseph Bazénérie, curé de Dun. » Parrain : M. Charles-Thomas Desbarreau. Marraine : Mlle Mar- » guerite-Cécile Goguyer, fille de M. Gabriel-Martin Goguyer, » maire. L'an 1807. Fabriciens : Mrs Etienne Goguyer, Deschau- » mes, Jean Doreau et François Simon. Bernard Martin, fondeur. »

Cette cloche, ayant 0m,66 de diamètre, doit peser environ 165 kilos.

**1807**. — BOURGANEUF (Creuse). — « ✠ IHS. Sit nomen Domini » benedictum. 1807. — Dubois Robert, au Puy. »

**1807**. — NANTIAT (Haute-Vienne). — « Dubois Robert, au Puy. »

Une petite cloche de Nantiat porte ce nom de fondeur, sans date. Mais elle est absolument semblable à la précédente qui est de 1807. On y voit aussi la marque du fondeur, qui est un écusson, sur lequel est une cloche, entourée des mêmes mots : « Dubois Robert, au Puy. »

Une sonnette, au presbytère de Saint-Sulpice-Guéretois, est signée « Dubois, neveu, au Puy ».

**1810**. — SAINT-LÉONARD (Haute-Vienne). — « ✠ Ad majorem » Dei gloriam. 1810. »

Cette petite cloche de Saint-Léonard servait à la sonnerie de l'horloge.

**1810**. — SAINT-PRIEST-LIGOURE. FREISSINET (Haute-Vienne). — « Le 20 octobre 1810, il fut procédé par la fabrique de Saint-Priest-Ligoure, à la vente et aux enchères d'une grosse cloche et d'un cimetière servant l'un et l'autre, avant la Révolution, à l'ancienne paroisse de Freissinet, réunie à Saint-Priest-Ligoure. » (*Annales de la Haute-Vienne*, 2 octobre 1810.) J'ignore quel a été le sort de cette cloche.

**1811.** — ROCHECHOUART (Haute-Vienne). — On possède le procès-verbal de la fonte de la grosse cloche de Rochechouart du 3 mai 1811. Cette pièce est surtout intéressante parce que le maire, M. Chazaud, y donne la description complète de la vieille cloche descendue du clocher et destinée à être refondue. Celle-ci datée de 1615.

**1812.** — GENTIOUX (Creuse). — « ✠ 1812. Bénie par M. Jean-
» Baptiste Benassy, curé de Faux. — Parrain : M. Louis-Joseph
» Benassy, notaire. Marraine : D[lle] Charlotte de la Vareille. Les
» Dubois fondeurs. »

**1813.** — SAINT-PRIEST-TAURION (Haute-Vienne). — « ✠ Deus
» nobiscum. J'ai été fondue en 1813 et bénie par M. Roche, curé
» de Saint-Priest. J'ai eu pour parrain M. de Bord et pour mar-
» raine dame Lucie de Duvillars de Salvanez. — Cornevin et
» Mutel, fondeurs. »

**1813.** — AIXE (Haute-Vienne). — « ✠ Ad majorem Dei gloriam.
» J'ai été fondue le 3 juillet 1813 pour l'église de Sainte-Croix
» d'Aixe. Ont été parrain M. Jean-Joseph-François Bony de La
» Vergne, maire de cette ville, et marraine dame Marie-Rade-
» gonde Londeyx, épouse de M. Durand de la Saigne. Sindincs-
» fabriciens MM. Durand de la Saigne, Massaloux, Chastenet de
» La Besse, Rougerie, Jayac et Bramaud, curé. — Bernard et
» Alexis Martin les frères, fondeurs. »

Cette cloche qui pèse 840 kilos donne la note *mi*.

**1813.** — COMPREIGNAC (Haute-Vienne). — « ✠ Jean-Baptiste
» Barriat, maire, parrain. Elisabeth Dupeyrat des Flottes, mar-
» raine. Geoffroy des Flottes, adjoint. Mathieu Bord, juge de
» paix, président de la fabrique. Pierre Martin-Compreignac,
» curé. L'an 1813. Bernard et Alexis Martin, les frères, fon-
» deurs. »

**1813.** — GUÉRET (Creuse). — « ✠ Sous le pontificat de Sa Sain-
» teté le Pape Pie VII et le règne glorieux de Napoléon-le-Grand,
» empereur des Français, cette cloche a été bénite par M. l'abbé
» Jarry-de-Lille, curé de cette ville et paroisse de Guéret, et
» nommée Emmanuel par M. Emmanuel-François Camus du
» Martroy, baron de l'Empire, chevalier de la Légion d'honneur,
» auditeur au Conseil d'Etat, préfet du département de la Creuse,

» et dame Marie-Zéphyrine Nompère de Champagny Cadore, son » épouse. Evêque du diocèse Mgr du Bourg. — M. de Lille, curé » de Guéret; Couturier de Fournoue, maire, baron de l'Empire, » chevalier de l'ordre de la Réunion; MM. Fayolle, Druillette, » Duceilloux, Faucher, Coudert de Lavillatte, Vosniey, directeur » des douanes, marguilliers en exercice. An 1813. »

**1813.** — CHAPELLE-DE-FAVARS, commune de Nespouls (Corrèze). — « ✠ J'ai été bénite par M. Antoine Valin, curé de » Nespouls. Le parrain a été Louis Lacoste de Monceaux; la » marraine demoiselle Antoinette Gouyon, épouse de Mathieu » Téorisse, dit Tourisson. »

**1813.** — SEILHAC (Corrèze). — « ✠ 1813. Appartient à la com- » mune de Seilhac. Bénite par Pierre Jouannet, curé de la com- » mune. — Les Dubois fondeurs. »

Cette cloche, qui pèse environ 150 livres, porte le nom de Saint-Roch, patron de la paroisse.

**1814.** — LIMOGES. *Saint-Michel-des-Lions.* — « ✠ J'ai été fondue » par Duboys, en 1814, sous le règne de Louis XVIII le Désiré, et » baptisée par Mgr Jean-Marie-Philippe du Bourg, évêque de » Limoges, assisté de M. J.-B. Montégut, curé de la paroisse de » Saint-Michel-des-Lions. — Le parrain a été M. J.-B.-Hippolyte » Etienne Monluc, baron de La Rivière, premier président de la » Cour royale de Limoges, chevalier de la Légion d'honneur; et » la marraine dame Marie-Madeleine-Geneviève Gaudrée-Boileau, » épouse de Mᵉ Charpentier de Belcourt, directeur des contribu- » tions du département de la Haute-Vienne. — Membres de la » fabrique en exercice : MM. Etienne de La Rivière, président; » Pierre-Martin Gravier ; Charles Decous ; Pierre-Eustache Char- » pentier de Belcourt;..... d'Humières, recteur de l'Académie; » François-Xavier Boutault de Russy; Georges Noualhier, négo- » ciant;..... Vivien ; Joseph Peyroche du Reynoux. Sous la pré- » fecture de M. René, comte de Brosses. — Prêtres attachés à la » paroisse : MM. J.-B. Montégut, curé; Aucamus, vicaire ; Du- » four, vicaire ; Faugeron-Desvergnes, vicaire ; Ganny, vicaire ; » Péconnet, vicaire; Bardinet, prêtre habitué, ancien curé de » Janailhac. — Les Dubois père et fils et Charton, fondeurs. » Montée par les Chabrol fils et petit-fils, tous deux entrepre- » neurs. »

Cette cloche qui existe toujours est appelée le *Bourdon*.

**1817**. — SAINT-QUENTIN (Charente). — « ✠ L'an 1817. M. Pierre-» Hippolyte Martin de Labastide, parrain. Dame Marie-Anne » Peyroche de Labastide marraine. M. François Lavergne de » Saint-Quentin, maire. »

**1819**. — PENSOL (Haute-Vienne). — « ✠ L'an 1819. M. Jean-» Thomas Valentin, curé de Saint-Mathieu, m'a bénite. M. Léo-» nard Millet Delage a été mon parrain et Me Catherine-Justine » Fleurat ma marraine. Le chevalier Malnuit, fondeur. »

Cette cloche a $0^m,75$ de diamètre et pèse environ 240 kilos.

**1819**. — PENSOL (Haute-Vienne). — « ✠ L'an 1819. M. Jean-» Thomas Valentin, curé de Saint-Mathieu, m'a bénite. M. Henri-» Benoit Joubert a été mon parrain et Mme Petronille Villevaleix » ma marraine. Le chevalier Malnuit, fondeur. »

Cette seconde cloche a $0^m,55$ de diamètre et pèse environ 95 kilos.

**1819**. — DARNAC (Haute-Vienne). — « ✠ Bénite en 1819 par » M. F. J. B. Sandemoy, curé de Darnac. Parrain M. Léon Ri-» chard-de-Latour. Marraine Mademoiselle Honorine de Blanc. » Maire M. Richard-de-Latour. Fargeau, fondeur. »

**1819**. — MAGNAC-LAVAL (Haute-Vienne). — « ✠ En août 1819, » j'ai été bénite par M. P. Puifferat, curé de Magnac-Laval. Par-» rain : Anne-Pierre-Adrien de Montmorency-Laval, prince et » duc de Laval, pair de France, grand d'Espagne de première » classe. Marraine : Bonne-Renée-Charlotte-Adélaïde de Mont-» morency-Luxembourg, duchesse de Laval, son épouse. Maire : » M. A. Javerda-Fombelle. Adjoints : Jh. J. Decressac-Villogrand » et V. T. Dubrac-Lachassagne. Juge de paix : H. Mitraud. Mar-» guilliers : MM. J. B. Dubrac de Feux ; P. T. J. G. de Veriaud ; » J. Blanchard ; F. A. Frichon. — Sancte Maximine, ora pro » nobis. — MM. Mutel et Forgeot, fondeurs. »

**1820**. — BESSINES (Haute-Vienne). — « ✠ Sit nomen Domini » benedictum. — Dubois Robert, au Puy, 1820. »

Cette cloche pèse 250 kilos.

**1820**. — BALLEDENT (Haute-Vienne). — « ✠ Bénite en août » 1820. Fut parrain..... Fut marraine..... »

Cette cloche à 53 centimètres de diamètre et pèse 85 kilos. Le nom du parrain et celui de la marraine n'y sont pas ; ils devaient y être gravés au burin après la fonte de la cloche. Celle de Fromental de 1830 se trouve dans le même cas.

**1821.** — PEYRAT-LE-CHATEAU (Haute-Vienne). — « ✠ Cloche » de la confrérie des pénitents bleus de la ville de Peyrat, faite » l'an de grâce 1821. Parrain : M. Léonard Tramonteil, notaire » royal et maire de Peyrat. Marraine : dame Hélène Laborne, » veuve Tristan de l'Hermitte. Prieur des pénitents : Pierre-» Gabriel Peyroux. Sous-prieur : J.-B. Darfeuille. Trésorier : » Pierre Lachaud. Maître des cérémonies : Léonard-Jean La-» pouille. — F^s et B^te Martin, fondeurs. »

Cette cloche qui a 60 centimètres de diamètre, pèse 125 kilos.

**1822.** — COMPREIGNAC (Haute-Vienne). — « ✠ Bénite en 1822. » Parrain : François Leger, curé de Compreignac. Marraine : » Marie-Angèle Constant, née Laforet. M. Jean-Baptiste Barriat, » maire. — MM. Mutel et Forgeot, fondeurs. »

Cette cloche a été fondue dans le parc du château de Compreignac. On voit dans le procès-verbal de la séance du conseil municipal du 22 août, que la refonte de la cloche cassée, l'achat du métal et les frais pour la replacer, ont occasionné une dépense de 900 fr.

**1822.** — SAINT-ESTÈPHE (Dordogne). — « ✠ Parrain : M. Stanislas de Blocque, baron de Wisme, préfet de Maine-et-Loire. » Marraine : Madame Emilie de La Ramière, baronne de Wisme, » représentés par M. Jean-Baptiste Murtin, propriétaire, et par » D^lle Jeanne Lapeyronie. — Pierre Lapeyronnie, curé de Saint-» Estèphe. — Si je suis cloche, le sieur Jean Parachon, adjoint » de la commune en est l'auteur, 1822. GHIJK. — Auguste Mar-» tin, fondeur. P[oids] 1,100. »

**1823.** — SAINT-DENIS-DES-MURS (Haute-Vienne). — « ✠ Année » du salut, 1823. — Jésus, Marie, Joseph. — S^te Dyonisi, ora » pro nobis. — Parrain : M. Antoine Veyrier du Muraud. Mar-» raine : D^lle Thérèse Lajoumar de la Boissière. Nicolas Veyrier, » curé. M. Germain de La Pomélie, maire. Joseph Laforest, » adjoint. F. Martin, fondeur. »

L'an 1823 et le 27 juillet, dixième dimanche après la Pentecôte, je soussigné, Nicolas Veyrier, curé de Saint-Denis-des-Murs, âgé de 82 ans, ai béni la cloche dudit Saint-Denis, refondue par François Martin de La Colombey-de-Choiseul, département de la Haute-Marne. M. Antoine Veyrier du Muraud en a été le parrain, et M^lle Thérèse Lajoumar de la Boissière en a été la marraine, dont les noms se lisent en lettres saillantes autour de la cloche qui porte cette prière : *S^te Dyonisi, ora pro nobis.* Elle pèse mille trois livres. Elle a été bénite sous l'invocation de Sainte Thérèse, patronne du Carmel, à la plus grande gloire de Dieu, que nous prions avec la plus grande ardeur dont nous sommes capables, de faire la grâce à tous ceux qui entendront le son, d'élever leur cœur vers lui, de le bénir et de le louer. Amen, amen, amen. — Veyrier, curé. Veyrier du Muraud. Thérèse Lajoumar. Catherine Marsa. (Registres paroissiaux).

**1823**. — MASLÉON (Haute-Vienne). — « ✠ Bénite en 1823. —
» Fut parrain M. Léonard Leblois, membre du Conseil général
» du département. Marraine : dame Marie-Anne Fargeaud, née
» Beaure. M. Jérôme Fougères, maire et pharmacien. — For-
» geot, fondeur. »

**1823**. — LA BUSSIÈRE-MADELEINE, commune de La Souterraine (Creuse). — « ✠ Sit nomen Domini benedictum. L'an 1823.
» — Parrain : Charles Gartemples. Marraine : Marie Gaulier.
» — Lhéritier à Clermont. »

**1823**. — EYGURANDE (Corrèze). — « ✠ L'an 1823 j'ai été bénite
» par M. Moussard, vicaire d'Eygurande et curé de Feyt. J'ai eu
» pour parrain M. Claude Paret, curé d'Eygurande, et pour
» marraine dame Josephine Rochefort, épouse de M. Choriol,
» notaire à Eygurande. MM. Philippe-Gaspard Levadour, maire
» et Jean Simonnet, adjoint. »

On voit aussi sur cette cloche une croix de la Légion d'honneur avec ces mots : *Eques Malnuit, Causardque artifices*. Puis un écusson tiercé en barre, chargé d'étoiles avec l'inscription : Chevalier Malnuit, fondeur à Brevannes.

**1823**. — AUGINHAC (Dordogne). — « ✠ Parrain : M. Louis
» Beaupoil de Sainte-Aulaire, chevalier de la Légion d'honneur.
» Marraine : Mme Marie-Marthe de Saleton, épouse Texier, che-
» valier de Saint-Louis, juge de paix du canton de Nontron.
» M. Pierre Verneuil fils aîné, maire d'Auginhac. M. Pierre
» Boniton fils, adjoint. Huguet Dufresse, desservant, 1823. —
» Auguste Martin, fondeur. »

L'église d'Auginhac, de l'ancien diocèse de Limoges, conserve cette cloche qui est peut-être de 1825, le dernier chiffre de sa date étant peu lisible. Elle a 94 centimètres de diamètre et doit peser environ 470 kilos.

**1824**. — LIMOGES. *Hospice*. — « ✠ Au nom de la Très Sainte
» Trinité. L'an 1824 j'ai été fondue dans l'atelier du sieur Bon-
» nin, métallurgiste à Limoges. J'ai eu pour parrain M. Hippo-

» lyte, baron de la Bastide, maire de Limoges, président de la » commission administrative de l'hospice, chevalier de l'ordre » royal de la Légion d'honneur; pour marraine dame Félicité, » baronne de Gaujal. »

**1824.** — LE DORAT. *Petit Séminaire* (Haute-Vienne). — « ✠ » Faite par les soins de M. Petit, supérieur du Petit Séminaire » du Dorat, 1824. »

**1824.** — BELLAC (Haute-Vienne). — « ✠ L'an 1824 cette cloche » a été bénie sous l'invocation de Sainte Anne, par M. J.-B. Du- » theil, curé. Le parrain a été M. Jean-Théobald Nesmond, avo- » cat et juge suppléant. Marraine M^me^ Anne-Sylvie Mallebay- » Demar. En présence de MM. J. Barbier de Blamont, maire; » J.-B. Leborlhe de Juniat; J.-B. Demar; J. Rivaud Lechalar- » derie; F. César; F. Buisson, fabriciens. — Faite par Peigney » frères. »

**1824.** — BELLAC (Haute-Vienne). — « ✠ L'an 1824. J'ai été » bénie sous l'invocation de la Sainte Vierge, par M. J.-B. Du- » theil, curé de Bellac. Le parrain a été M. Michel de Faydeau, » chevalier de Saint-Louis ; la marraine dame Jeanne Génébrias- » Gouttepagnon. En présence de MM. J. Barbier de Blamont, » maire; J.-B. Leborlhe de Juniat; J.-B. Demar; J. Rivaud- » Lechalarderie; F. César; F. Buisson, fabriciens. — Faite par » Peigney frères. »

**1825.** — SAINT-MÉARD (Haute-Vienne). — « ✠ J'ai été fondue » en octobre 1825 par les soins de M. Jean-Jacques Joyet, capi- » taine retraité, maire de Saint-Méard, et Jacques Boutaud, » adjoint. Léonard-Frédéric Martinot, bourgeois, parrain. Marie- » Sophie Hennequin, bourgeoise, marraine. — Le chevalier » Malnuit et Couzard, fondeurs. »

**1826.** — SAINT-JUNIEN (Haute-Vienne). — « ✠ En juin 1826, » j'ai été bénie par M. François-Amable Goumot, vicaire général » et curé, sous l'invocation de Saint Amand. Fut parrain M. Jo- » seph Desvergnes-Lafont, juge de paix; marraine dame Marie- » Hyacinthe Chabodie-Dupérat, épouse de M. Amédé Chabodie- » Dupérat, avocat. — Augustin et Alexis Martin, fondeurs, et » Réglot, fondeur. »

**1826.** — SAINT-JUNIEN (Haute-Vienne). — « ✠ En août 1826, » j'ai été bénie sous l'invocation de Saint Junien par M. François- » Amable Goumot, vicaire général des diocèses de Limoges et » d'Angoulême, curé de la ville de Saint-Junien, assisté de

» M. Jean-Baptiste Lamy-Boisrosier, prêtre, et de MM. Léon » Déperet et Claude Rouffignac, vicaires. A été parrain M. Jean-» Baptiste Chauvignier, 1er adjoint du maire, et marraine » Mme Rose Pouliot, épouse de M. Junien Londeix de Labrousse, » chevalier de Saint-Louis. M. Jacques-Anselme Teillet, 2e ad-» joint, nommé en remplacement de feu M. Simon, son père, » 1er adjoint. »

Au bas de cette cloche il y a d'un côté l'image de la Sainte Vierge, de l'autre une croix avec ces mots : *Sit hominibus salutis monitum*.

**1826**. — CHAMPAGNAC (Haute-Vienne). — « ✠ Ego sum quia » in tanto regimine prævalui. Parrain : Jude de Lajudie, maire. » Marraine : dame de Jaubert. Port rector ecclesiæ, mai 1826. » Fondue par Bonnin à la Monnaie de Limoges dans l'atelier de » M. Parant. »

**1826**. — LA CROISILLE (Haute-Vienne). — « ✠ Anne Roux, de » Bazenge, donatrice, 1826. – Parrain : M. Pierre Joyet, maire. » Marraine : Catherine de Vaucorbeil de Montréal. M. J.-B. » Chadebec, curé de La Croisille. — Le chevalier Malnuit et » Cousard, fondeurs. »

**1826**. — MAGNAC-BOURG (Haute-Vienne). — « ✠ J'ai été bé-» nite par M. Reymond de Beunos, curé de Magnac. M. Guillau-» me Fénelon Delignac, notaire et maire, parrain. Mme Antoi-» nette-Rosalie-Pauline de Villelume, veuve de M. Athanase de » la Bastide, marraine. — Le chevalier Malnuit et Cousard, » fondeurs, 1826. »

**1826**. — RANCON (Haute-Vienne). — « ✠ 1826. Sancta Maria. » Sancte Petre, ora pro nobis. — Grati animi et famere (?) » signum. — Parrain : M. le comte Albéric-Joseph-Charles-» Gédéon de Roffignac. Marraine : Mlle Gédéonie-Marie-Agnès-» Sophie de Roffignac, fils et fille de M. le comte Gédéon de » Roffignac et de feue Mme la comtesse Honorine de Coustin ; » petit-fils et petite-fille de M. le marquis de Roffignac, chevalier » honoraire de l'ordre de Malte, ancien capitaine de cavalerie » et premier page de l'arme, et de Mme la marquise de Roffignac, » née Guiot d'Asnières, et de M. le comte de Coustin, chevalier » de Saint-Louis, capitaine d'infanterie et de Mme la comtesse de » Coustin, née de Nesmond. — M. Léonard D.D. Desmousseaux, » curé. — Auguste Martin, fondeur. »

**1827**. — LE DORAT (Haute-Vienne). — « ✠ Ave Maria. Sancti » Israel et Theobalde, orate pro nobis. — Je m'appelle Marie-

» Madeleine. J'ai été bénite au mois d'avril 1827 par M. Cham-
» blet, curé du Dorat. Parrain et marraine : M. Claude Pascal
» de Gobertière-Lamothe, maire du Dorat et dame Marie-Made-
» leine de Voyon, née Etourneau. Fabriciens : MM. de Voyon,
» chevalier de Saint-Louis ; Ducoux, notaire ; Vacherie, juge de
» paix ; Desmoulin père ; Boucheuil ; Dr de La Porte ; de Taillac,
» chevalier de la Légion d'honneur. — Peigney frère, fondeur,
» natif d'Amblaix, département des Vosges. »

**1828** — AIXE (Haute-Vienne). — « ✠ L'an 1828, j'ai été bénite
» par M. Roche, curé d'Aixe. — Parrain : Jean-Baptiste Gicquet
» de Pressac. Marraine : Madame Marie-Charlotte-Rose Balatier,
» comtesse de Villelume, dame de Losmonerie. — Le chevalier
» Malnuit, Petitfour, fondeurs. »

Cette cloche pèse 500 kilos et donne la note *sol*.

**1828.** — NEXON (Haute-Vienne). — « ✠ L'an 1828, j'ai été bénite
» par M. Pierre Mazérieux, curé de Nexon. — Parrain : Mre
» Charles de David, baron des Etangs, chevalier de l'ordre royal
» et militaire de Saint-Louis, maire de Nexon. Marraine : dame
» Amable-Hortense de Bermondet de Cromières, épouse de
» Mre François-Alexis Gay de Nexon, chevalier de l'ordre royal
» et militaire de Saint-Louis. — Le chevalier Malnuit et Petit-
» four, fondeurs. »

**1828.** — DOURNAZAC (Haute-Vienne). — « ✠ Louis-Léonard
» Legros, curé de Dournazac. — Auguste Martin, fondeur. —
» Gouyot Victor. »

Cette petite cloche faite avec les débris d'une qui était à Montbrun, a 63 centimètres de diamètre et pèse environ 112 kil.

**1828.** — BERSAC (Haute-Vienne). — « ✠ M. Martial Bonnet-La-
» borderie, curé de Bersac. Parrain : M. J.-B. Théophile Mignot.
» Marraine : Mlle Louise-Clarisse-Clémence des Marais. —
» M. J.-B. Mignot, trésorier de la fabrique. M. Jérome-Arsène
» des Marais, maire. J.-B. Causard, 1828. »

Cette cloche bénite le 1er juillet 1828, pèse 439 kilos 500 grammes. Elle a été achetée à raison de 4 fr. le kilo.

**1828.** — ABJAT (Dordogne). — « ✠ Les parrains présentés par
» M. Duvoisin, maire d'Abjat, sont : M. Louis Beaupoil de Saint-
» Aulaire, membre de la chambre des députés de France, et
» dame Egidie de Saint-Aulaire, duchesse de Caze. M. Etienne
» Masson, curé d'Abjat. — Auguste Martin, fondeur, 1828.
» Pèse 1,200 livres. »

**1829**. — FAILLEMENDY, commune de la Chapelle-Montbrandeix (Haute-Vienne). — « ✠ 1829. M. Jouve. Léonard Lavé. M. Jac-
» ques Jouve, parrain. Marraine : Marguerite Jouve, sa sœur. —
» Gouyot Victor. »

**1830**. — LIMOGES. *Cathédrale*. — « ✠ Monsieur Jean-Aimé Mas-
» singuiral, vicaire général, chanoine-archiprêtre; M. Martin
» Thomas, chanoine; M. Joseph Audoin; M. Marie-Joseph La-
» forest ; M. Martial Nicot; M. Pierre-Simon Mallevergne-Fressi-
» niat; M. Léon P. Elie Judde de La Judie, fabriciens; M. A[re]
» Prosper Feret, chanoine et secrétaire. — Sous le règne de
» Charles X, 1830. — Marraine : Mme Louise-Elisabeth-Françoise
» Augeraud de la Branche, vicomtesse Rafelis de Broves. Par-
» rain : M. François-Jean-Adolphe-Prosper Cabasse, chevalier
» de l'ordre royal de la Légion d'honneur, procureur général du
» roi à Limoges. — Bénite par Monseigneur Prosper de Tour-
» nefort, évêque de Limoges. — J.-B. Causard, fondeur. »

**1830**. — FROMENTAL (Haute-Vienne). — « ✠ L'an 18[30, j'ai
» été bénite par M. J.-B. Fermin Beraud, curé de ce lieu, et
» nommée par.....] J'ai été faite par Osmond, fondeur du roi,
» à Paris. »

Ce qui est entre [ ] dans cette inscription, a été gravé au burin, Le reste est en relief et fondu avec la cloche. C'est le cas de la cloche de Balledent de 1820.

**1830**. — MAGNAC-LAVAL (Haute-Vienne). — « ✠ J'ai été bénite
» le 1er août 1830. Parrain : M. Léonard Mitraud, juge de paix.
» Marraine : Mme Fombelle, épouse du maire. — MM. Audebert,
» curé; Coussedière, vicaire; Javerdat-Fombelle, maire; De
» Cressac-Villegrand, 1er adjoint; Blanchard, 2e adjoint; Mi-
» traud, juge de paix. — Membres du Conseil de fabrique :
» Mesure, président; Blanchard, secrétaire; Mitraud, trésorier;
» Porcher; Laroque; Dumont. »

**1830**. — ROUSSINES (Charente). — « ✠ Année 1830. Marc-
» Antoine Dauphin d'Escossut, maire; J.-H. Duclou, curé;
» A. Lageon, juge de paix, parrain; Mme Pradiguet, marraine;
» F. Chapelle, adjoint; J. Penoty, sacristain et conseiller muni-
» cipal; et Jean Callendreau, conseiller municipal. »

La paroisse de Roussines, qui était de l'ancien diocèse de Limoges, possède cette cloche, au bas de laquelle était le nom du fondeur. Un défaut de fusion de la fonte en cet endroit le rend illisible. On sait d'autre part que cette cloche a été fondue à Roussines et qu'elle pèse 600 kilos.

**1831**. — GENTIOUX (Creuse). — « ✠ 1831. Causard ».

Il n'y a sur cette cloche qu'une croix, la date et la marque du fondeur, qui est un écusson portant une cloche entourée du nom CAUSARD. On sait par ailleurs, qu'elle fut bénite en 1837, ayant pour parrain M. Adolphe Dufour, demeurant à La Vareille, et pour marraine, Mlle Stéphanie Dupic. M. François Montcalier, curé de Gentioux.

**1832**. — LIMOGES. *Cathédrale*. — « ✠ Sous l'épiscopat de Mon- » seigneur Prosper de Tournefort, évêque de Limoges, 1832. — » Parrain : Martial-Léonard Peyroche de Pressac, chanoine. » Marraine : Mme Audoin, née Marie-Henriette Boutault de Russy. » — J.-B. Causard, fondeur. »

**1833**. — ISLE (Haute-Vienne). — « ✠ J'ai été bénite par M. Louis » Blanchard, curé d'Isle. Parrain : M. Eléonore-Simon Vidaud » d'Envaud, du lieu d'Enraud. Marraine : Mme Jeanne-Suzanne- » Jenny Faure, épouse de M. Charles Lesterps, chef d'escadron » d'artillerie, chevalier de St-Louis et de la Légion d'honneur. » — M. Alpinien-Pierre Tharaud, maire, 1833 ».

Cette cloche pèse 170 kilos.

**1834**. — BELLEGARDE (Creuse). — « ✠ J'ai été fondue en » 1834. M. L. Mergoux étant curé de Bellegarde, MM. A.-F. » Laveis, maire ; J.-F. Lachaise, avocat, adjoint, P.-F. Boudet, » trésorier ; F. Robert ; F.-L. Gorsse, notaire, J.-U. Lavaurre, » conseillers de fabrique. — M. Jacques-Marie Laveis, représenté » par M. Jacques Boudet, notaire, son grand-père. et Mlle Made- » leine-Angélique Semmenterry, nièce de M. le curé, m'ont » donné les noms de Marie-Angélique. — Paul Petitfour, fon- » deur à Brevanne (Haute-Marne). »

**1834**. — TURENNE (Corrèze). — « ✠ Sous l'invocation de Saint- » Pantaléon, martyr, patron de l'église de Turenne, et de la » Sainte-Vierge. — Parrain : M. Jean-François-Marie de Mire- » mont. Marraine : dame Madeleine Muzac, née Lagorsse. M. » Vachon, maire, M. Raymond Molinié, curé, 1834. Paintandre » frères, fondeur. »

M. Molinié a béni cette cloche qui pèse 894 kilos, le 25 mars 1834.

**1835**. LIMOGES. *Saint-Michel-des-Lions*. — « J.-B. Causard, fondeur, 1835 ».

Trois cloches servant à la sonnerie de l'horloge portent les les mots ci-dessus.

**1836.** — RANCON (Haute-Vienne). — « ✠ Bénite par M. l'abbé » L[d] Desmousseau, ancien curé de Rancon. M. L[d]-François Vin- » cendon, parrain ; Mme Marie-Céline, épouse Vincendon, mar- » raine. M. Hippolyte Vacherie, maire, 1836. Causard, fondeur. »
Au bas de cette cloche, on voit les armes de l'évêque de Limoges qui sont *d'azur à la tour donjonnée et accostée de deux lions affrontés le tout d'argent*. Elles sont entourées des mots : Prosper de Tournefort Lemovicensis episcopus.

**1836.** — CHABANAIS (Charente). *Eglise de Saint-Pierre.* — « ✠ Bénite par M. J.-B. Prévoton, curé. — Parrain : M. le Colonel » Dupont, officier de la Légion d'honneur, inspecteur général » des haras ; marraine : Mme Marie-Jeanne-Grâce-Claire Dupont. » M. Pierre-Achille Chazeaud, juge de paix. M. J.-B. Longeaud, » maire de Chabanais ; Monsieur J.-B. Rougier, trésorier de » fabrique. »

**1837.** — LAURIÈRE (Haute-Vienne). — « ✠ Bénite sous l'invo- » cation de Sainte-Victoire. — Parrain : M. Victorin Dutheil. » Marraine : Mlle Victorine Thoumas. M. J.-B. Merle, curé de » Laurière. M. Martial Fauveau, maire. MM. J.-B. Thoumas ; » J.-B. Manceaux ; C. de Thouron ; M. Dutheil ; A. Boismandé, » syndics-fabriciens, 1837. Causard, fondeur. »
On y voit aussi le sceau des armes de l'évêque, entouré des mots : Prosper de Tournefort Lemovicensis episcopus.

**1837.** — SAINT-BONNET-LA-MARCHE (Haute-Vienne). — « ✠ Ad gloriam Dei et solemnitatem catholici cultus, ex chari- » tate fidelium S[ti] Bonneti conflata anno 1837. — Patrino DD. » Francisco-Henrico-Gaston St Martin de Bagnac. Matrina DD. » Lucia-Aloysa de Chauffailles, sponsa Augusti de Montbron. » M. Bernard Vacherie, notaire et maire. M. Mathurin Bandel, » curé. — J. B. Causard, fondeur. »
Au bas sont les armes de Mgr de Tournefort, comme sur la précédente.

**1837.** — LE DORAT (Haute-Vienne). — « ✠ Beatæ Virgini » Mariæ sine peccati labe conceptæ. — Sancti Petre, Israel et » Theobalde orate pro nobis. Anno Domini 1837. De Charme F. ».
Cette cloche a été refondue en 1861.

**1837.** LINARDS (Haute-Vienne). — « ✠ M. Jean-Baptiste Fou- » gères, curé de Linards. Parrain : M. Joseph Faucher, notaire. » Marraine : Mme Fougères, née C[ne] E[ie] Bargez. M. Aimé-Guil- » laume Rougier, maire. Syndics-fabriciens : M. Jean-Baptiste

» Fougères, médecin et adjoint; M. Bastier; Léonard-Baptiste » Roux; Jean Duri, 1837. — M. Joseph-Marie Lavialle, curé. » J.-B. Causard. »

**1839**. — SAINT-MARTIN-TERRESSUS (Haute-Vienne). — « ✠ M. L[t] Ruchaud et M. J.-B. Thouvenet, curé, 1839. Decharme, » fondeur. »

**1839**. — BOURGANEUF (Creuse). — « ✠ J'ai été bénite par » M. J.-B. Coussedière, vicaire-régent de Bourganeuf. M. Fran- » çois-Emile Fourest, parrain et Mme Anne-Mathilde Filloux, » marraine. G[me] Dulery aîné, maire, 1839. »

J'ai relevé cette inscription en 1873 sur une cloche hors de service, conservée dans la sacristie de l'église de Bourganeuf.

**1840**. — JALESCHES (Creuse). — « ✠ J'ai été bénite par M. An- » toine Nadaud, curé de Clugnat et de Jalesches. Parrain : M. » Jean Bourdeau, du bourg. Marraine : Marie Lacour, du village » de Marcillat, 1840. — Prosper de Tournefort Lemovicensis » episcopus. — Causard, fondeur. »

**1841**. — SAINT-PRIEST-SOUS-AIXE (Haute-Vienne). — « ✠ En » l'an 1841, en l'honneur du grand Saint Priest, j'ai été bénite » par Mgr Prosper de Tournefort, évêque. M. J. Perenqucreur, » curé. M. Etienne Cramaille de Létat fut mon parrain, et mar- » raine, Mme Marie Thoumas de Bosmie, épouse de M. Gérald de » Faye, maire de la commune. J.-B. Causard, fondeur, — Pros- » per de Tournefort Lemovicensis episcopus. »

**1843**. — DOURNAZAC (Haute-Vienne). — « ✠ L'an 1843. Bénite » par Louis-Léonard Legros, curé de la parroisse. Mon parrain » est M. Léonard-Salomon Châtenet, maire et notaire à Dourna- » zac et marraine Mme Duverneuil, née Lamosnerie Marguerite. » M. Martin Lagarde-Desborde, adjoint. — J.-B. Causard, fon- » deur. — Prosper de Tournefort Lemovicensis episcopus. »

**1843**. — LES-GRANDS-CHÉZEAUX (Haute-Vienne). — « ✠ L'an 1843 j'ai été bénite, nommée Jeanne-Julie par M. Jean- » Baptiste Gravier, parrain, et par Mlle Anne-Julie Delacou, » marraine. MM. Dufour, curé des Chézeaux et Jules-Mathias » Aufort, maire de la commune. M. François de Fougière, che- » valier de St-Louis, bienfaiteur de la paroisse. — Emile Mutel, » à Brevanne (Haute-Marne). »

Cette cloche qui à 80 centimètres de diamètre, pèse environ 300 kilos.

**1843**. — BAZELAT (Creuse). — « ✠ Paroisse de Bazelat et de La » Chapelle-Baloue, son annexe. — L'an 1843 j'ai été bénite et » nommée Louise-Marie par M. Georges-Louis-Isidore Wasmer, » parrain, et par Mlle Marie-Rose Thomas, marraine. MM. Louis-» Désiré Courteau, curé; Georges Wasmer, maire; Antoine » Bailly, instituteur; Etienne Lardillier, curé de Versillat. — » Emile Mutel. »

Cette cloche a 80 centimètres de diamètre et pèse environ 300 kilos.

**1843**. — LA SOUTERRAINE (Creuse). — « ✠ Prosper de Tour-» fort episcopo. Johanne-Baptista Cazaud parocho. Silvano » Pinaud, Victore Cazaud vicariis. Carolo-Remigio Montaudon-» Ducros, patrino. Hna-Stephania Montaudon-de-Montenon, ma-» trina. Clodio Petit urbis prœtore. Franscisco Bouyer civitatis » prœfecto. Clo-Remigio-Petro Cujas. Ludovico Sallet. Jho Thlo » Busson. Subterranea mense julii anno 1843. Ab Emilio Mutel » conflata. »

**1844**. — SAINT-BONNET-LA-RIVIÈRE (Haute-Vienne). — « ✠ Domini vox super omnia sonate. — Baptisée en l'an 1844, au » chef-lieu de la commune de St-Bonnet-la-Rivière. Marc de La » Lande, parrain. Marie Morterol, marraine. Phillippe-Marc-» Antoine de Lavaud. — St-Etienne, comte de La Lande, maire de » la commune. François Ruchaud, desservant. — Fondue par » Gallois à Paris, montée par Potelune de Limoges. »

**1845**. — LA CROISILLE (Haute-Vienne). — « ✠ Parrain : M. Ma-» thieu de Montréal, ancien magistrat, membre du Conseil » général. Marraine : dame Marguerite Bonnet, épouse de M. Fran-» çois Mosnier, notaire royal et maire de La Croisille. M. Joseph-» Rose Calari, curé de La Croisille. M. André-Martial de Ville-» chabrolle, vicaire de La Croisille. Martin père et fils, fondeurs, » 1845. »

**1845**. — SAINTE-ANNE (Haute-Vienne). — « ✠ Parrain : M. » François Dumont de St-Priest, procureur général à Limoges. » Marraine : Mme Elisa Cramouzaud, née Limousin. M. François » Cramouzaud, maire de Sainte-Anne. M. Antoine-Hippolyte » Radigon, curé de Sainte-Anne, 1845. Martin père et fils, » fondeurs. »

Cette cloche a 75 centimètres de diamètre et pèse environ 240 kilos.

**1846**. — SAINT-GERMAIN-BEAUPRÉ (Creuse). — « ✠ Saint-» Germain-Beaupré l'an 1846. Nommée Julie-Constance, par

» J.-B.-J. Martin Lignac, Edmond Rapin, J.-B. Rillardon, H.-S. » Rillardon, J.-B. Billoux, F. Pâquet, A. Doucet, A. Boussar- » don, H. Lacôte, L.-J. Péricaud, maire. Jean P. Ratier, curé de » la paroisse. — Emile Mutel. »

**1846**. — SAINT-GERMAIN-BEAUPRÉ (Creuse). — « ✠ Saint- » Germain-Beaupré l'an 1846. Nommée Louise-Elisa par L. Raoul » comte de Villemotte et Louise Demotor, comtesse de Ville- » motte, J.-E. Dumonteil, J.-B. du Colombier, E. Baraille, » A. Montaudon, J. Delage, André, J. Janoty, F. Boussardon, » J.-B. Tolnier, L.-J. Péricaud, maire, J.-Paul Ratier, curé de la » paroisse. Emile Mutel, à Brevanne (Haute Marne). »

**1846**. — BRIGUEIL (Charente). — La cloche de Brigueil, paroisse de l'ancien diocèse de Limoges, n'a pas d'inscription. La foudre ayant incendié le clocher en 1846, les trois cloches qui y étaient furent détruites. Un fondeur ambulant en fit une avec leurs débris ; c'est celle qui existe aujourd'hui. Elle pèse 1.000 kilos ; elle eut pour parrain M. Des Moutiers et pour marraine Mme de La Guéronnière.

**1847**. — GRAND-BOURG-DE-SALAGNAC (Creuse). — « ✠ L'an » 1847 j'ai été baptisée par M. François-Léonard Grenat, curé » de la paroisse de Notre-Dame du Grand-Bourg, et nommée » Marie par M. Louis Barret des Cheises, parrain, et par Mme » Marie-Athenaïs de Villemhoune, épouse de M. Charles de » Villemhoune, marraine. Tous les habitants du Grand-Bourg » ont contribué à la fonte de cette cloche, et principalement » M. Grenat curé, Mme la comtesse de Brémont, M. Barret des » Cheises, M. François Lavaud, Mme du Fraysseix sa sœur. »

**1847**. — SARRAN (Corrèze). — Voir la cloche de 1735. « Cassée le 21 juin 1846, elle fut livrée à M. Paintandre au mois d'août 1847. Elle pesait 252 livres, le fondeur lui donna une augmentation de 170 livres. Elle fut bénie et montée au clocher le 4 août 1848. Louis Monteil fut parrain et donna 135 francs. La marraine fut Marguerite Géraudie, ancienne servante de M. Baluze, elle donna 150 francs. Simon Madelmont étant maire ; Jean-Marie Marvy, desservant ; Léonard Mazeau, président de la fabrique ; Pierre Borie ; Pierre Val ; Antoine Peschel et Léonard Orliaguet, membres de la fabrique. Les noms de tous furent gravés sur la dite cloche ». (S. MADELMON. — *Commune de Sarran*).

**1848**. — CHAVANAT (Creuse). — « ✠ J'ai été fondue à Chavanat » le 15 novembre 1848. Je pèse 900 livres. J'ai eu pour parrain

» M. Louis-Etienne Jarrijon, ancien juge de paix, et pour mar-
» raine, Mlle Marie-Thomase-Olive Michelet, qui m'ont nommée
» Louise-Marie-Thomase-Olive. M. Pierre Couturier, curé de la
» paroisse. Etienne Peyrot, adjoint. Aux souvenirs de Jean-
» Joseph Michelet, de dame Adèle Patois, son épouse et de dame
» Thomase-Olive Michelet, épouse Jarrijon. Emile Mutel, à Bre-
» vanne (Haute-Marne). »

**1848.** — SAINT-HILAIRE-LA-TREILLE (Haute-Vienne). — « ✠
» J'ai été baptisée en l'année 1848 par M. Jean-Amable Celles,
» curé de la paroisse. Parrain : Jacques Nicaud, maire de la
» commune. Marraine : Marguerite-Henriette-Elodie Rouffignac,
» épouse Thouraud. »

Cette cloche qui a 75 centimètres de diamètre doit peser environ 240 kilos.

M. Lecler qui a été curé de Saint-Hilaire-La-Treille de 1851 à 1862, avait dans ses papiers la note suivante : « La petite cloche a été refondue par M. Cauzard, de Limoges, à Droux, le 10 mai, et a été bénite le 16 mai 1849 par M. l'abbé Vedrine, curé d'Arnac, qui a été assisté de M. Lauby, principal du collège de Magnac-Laval, de M. l'abbé Roche, vicaire de Magnac et de moi Celles Jean-Amable, curé de la présente paroisse. Ont été parrain M. Jacques Nicaud, maire, et Marguerite Rouffignac, épouse Thouraud. La cloche pèse 450 livres ».

**1848.** — DROUX (Haute-Vienne). — « ✠ Refondue l'an 1848, j'ai
» été bénite sous l'invocation de la Sainte-Vierge par M. Silvestre-
» Léon Duchiron, curé de la paroisse. Parrain : M. Antoine-
» Théobald Marcoul-Lagorce. Marraine : Mme Anne Rousseau,
» épouse de M. François Bagraud. M. Laurent Faure, maire de
» Droux. J.-B. Causard, fondeur. »

**1849.** — DROUX (Haute-Vienne). — « ✠ Faite l'an 1849, j'ai été
» bénite par M. Silvestre-Léon Duchiron, curé. Parrain : M. Fran-
» çois Dupeux, fabricien. Marraine : Mme Jeanne Praud, épouse
» de M. François Courcelle, adjoint. M. Laurent Faure, maire
» de Droux. »

**1849.** — CHATEAUPONSAC (Haute-Vienne). — « ✠ Agios
» o theos yschyros athanatos eleison ymas. — Sancte Thirse,
» ora pro nobis Deum, ut nos defendat a fulgure et tempestate
» et ab omni malo, Amen. Telle est l'invocation sous laquelle je
» fus mise, lorsque sous le curé Bongrand je fus fondue par
» Pierre Lalay, et bénite en 1643 [1648]; mes parrain et mar-
» raine étaient J. Tardy et Mathurine Sornin. Telle est l'invoca-

» tion que je conserve aujourd'hui, septembre 1849, que sous le » curé Gardavaud, brisée par un éclat de la foudre, je suis refon- » due par Emile Mutel, et bénite de nouveau, ayant pour parrain » et marraine P.-A. Junien Tardy, maire, et A.-M. Aglaé de La » Celle, née Ventenat. Emile Mutel, à Brevanne (Haute-Marne). »

**1849.** — AMBAZAC (Haute-Vienne). — « ✠ Afferte Domino glo- » riam et honorem, afferte Domino gloriam nomini ejus, adorate » Dominum in atrio sancto ejus. Ps. 28. J'ai été bénite par » M. Labrune, curé d'Ambazac, et fondue par les largesses de » M. Pierre-Paul Pouquet et de M^me^ Antoinette-Céline Gay, son » épouse. Etait maire M. Delphin Ballet; Adjoints D. Maury et » Maleguise. Membres du conseil de fabrique : M^rs^ L^d^ Chaise- » martin, L^d^ Bureau trésorier, J. Queyroix, D. Lanthony. L^d^ Bou- » chaud. A été parrain M. Pierre-Paul Pouquet de Traforest, » et marraine M^me^ Wast Gay, née Leclerc, du Grand-Coudier. » Mon nom est Elisabeth-Céline, 1849. »

**1850.** — PEYRAT-LE-CHATEAU (Haute-Vienne). — « ✠ Fondue » en 1850. Bénite par M. Laroche, curé de Peyrat. Parrain : » M. Fantouiller L^d^, médecin et maire de la commune. Marraine : » Madame H^tte^-Thérèse-Gabrielle-Louise Desmaisons Dupalan, » veuve de M. le comte de Maumigny. Membres de la fabrique : » M^rs^ Laboulinière, président; Lachaud, trésorier; Léonard » Conille; Germain Moratille; Léonard Jouany. Martin F^res^ et F^s^, » fondeurs. »

Cette cloche qui a 98 centimètres de diamètre pèse environ 525 kilos.

**1850.** — AZÉRABLES (Creuse). — « ✠ J'ai été bénite l'an 1850. » J'ai eu pour parrain Etienne Denis, âgé de 89 ans, ancien » curé d'Azerables, chanoine titulaire de Limoges, restaurateur » et fondateur de l'ordre du Verbe-Incarné. J'ai pour marraine » M^lle^ Joséphine-Gabrielle Gravelais, née au Dorat (Haute-Vienne), » le 20 juin 1844, qui m'ont nommée Marie-Joséphine-Etienne. »

**1851.** — LES GRANDS-CHÉZEAUX (Haute-Vienne). — « ✠ L'an » 1851 j'ai été bénite, nommée Eugénie-Julie. Mon parrain a été » M. Jules-Mathias Aufort, maire et notaire, et ma marraine » Marie-Rose-Eugénie de Fougière, née Leroy. Dufour Antoine, » curé. Pierre-Ambroise Aumasson, huissier. Mutel et Martin, » fondeurs. »

Cette cloche a 90 centimètres de diamètre et pèse environ 410 kilos.

**1851**. — LE BUIS (Haute-Vienne). — « ✠ Mon nom est Marie- » Eugénie. M. Silvain Augros, curé au Buis. M. J.-B.-Eugène » Ruaud, parrain. M^lle Pauline Audiguet, marraine. M. François » Arbellot, maire, 1851 J.-B. Causard, fondeur. »

**1852**. — ROUSSAC (Haute-Vienne). — « ✠ L'an 1852, j'ai été » fondue sous l'administration de M. Jean-Louis Villette, curé, » et Léonard Grimody, maire de Roussac. A été parrain M. Jean- » Marie de Roffignac, et marraine dame Catherine-Félicie Lafon, » née Lagorce. »

**1852**. — SAINT-PRIEST-LIGOURE (Haute-Vienne). — « ✠ D. » O. M. J'ai été fondue et bénite sous l'épiscopat de Mgr Bernard » Buissas. M. Antoine Chaussade, curé de la paroisse. M. Boutot- » Monteil, maire de Saint-Priest-Ligoure. — J'ai eu pour parrain » M. Bony de La Vergne, représenté par M. Adrien Bony de La » Vergne, et marraine M^me Boutot-Monteil, née Bonnefont, repré- » sentée par M^lle Marie-Alida B.-M., sa fille. — Membres de la » fabrique M^rs Deluret, Maurize, Roux, Boutot, Lavergnas, » Roche, Bonnafy, Montazeau, 1852. — Causard, fondeur. »

**1852**. — SAINT-PRIEST-LIGOURE (Haute-Vienne). — « ✠ Nous » sommes sœurs, nées le même jour, soyons toujours d'accord » pour appeler à la prière les enfants du Dieu d'Israël. — » M. Gabriel de Luret de Feix fut mon parrain et M^lle Alexan- » drine de Bony de La Vergne, marraine. — Saint-Priest- » Ligoure, 1852. — Causard, fondeur. »

**1852**. — BEYNAC (Haute-Vienne). — « ✠ Sit vox tua vox salutis » in Domino. — Parrain : Eugène Brisset-Desiles. Marraine : » M^lle Marie-Claire Froment. Maire de Beynac, Léopold Froment. » Maire de Bosmie, Gérald de Faye. Jean Mérigot, curé, 1852. »

**1852**. — LIMOGES. *Cathédrale*. — « ✠ Chanoines de la Cathé- » drale : M^rs Chauvignat, archiprêtre; Denis, Chavastelon, » Laroque, Pératout, Brunet, Jougounoux, Mérigot. — Mem- » bres de la fabrique non chanoines : M^rs Hervy, vicaire général; » Valleix, Audoin. Rogue de Fursac, Navierre-Laboissière, De » Crossas, baron d'Aigueperse, 1852. — Parrain : M. Léonard- » Gustave Dinematin de Salles, membre du Conseil municipal. » Marraine : Dame Antoinette-Joséphine-Camille Broussaud, » épouse de M. Victor Alluaud. — Bénite par Monseigneur Ber- » nard Buissas, évêque de Limoges. »

**1852**. — VILLEFAVARD (Haute-Vienne). — « ✠ Anno Domini » 1852, die VI id....... Bernardo Buissas, sub invocatione imma-

» culatæ Virginis Mariæ et sancti Stephani protomartyris, me » dedicavit D. Guillelmus-Fredericus Plainemaison parochiæ » Villefavard rector. Nomen mihi imposuerunt D. Albertus » Moulinaud et D. Suzanna de Goultepagnon. — Hodie si vocem » ejus audieritis, nolite obdurare corda vestra. — Auguste Bollée, » fondeur au Mans. »

**1854**. — SAINT-SYLVESTRE (Haute-Vienne). — « ✠ Sous » l'épiscopat de Monseigneur Bernard Buissas. Monsieur Léonard » Larue, curé; Monsieur Léonard Barny, fils aîné, maire de » Saint-Sylvestre; Monsieur Jacques Brandy, adjoint; j'ai été » bénite sous l'invocation de Sainte-Marie, par Monsieur Merle, » curé de Laurière. A été parrain Monsieur Jean Malabard, fils » aîné, de Grandmont, et marraine Marie Lemarchand, 1854. »

**1854**. — SAINT-SYLVESTRE (Haute-Vienne). — « ✠ Sous l'épis- » copat de Monseigneur Bernard Buissas, Monsieur Léonard » Larue, curé, Monsieur Léonard Barny, fils aîné, maire de » Saint-Sylvestre et Jacques Brandy, adjoint, 1854. J'ai été bénite » sous l'invocation de Sainte-Marguerite, par Monsieur Merle, » curé de Laurière. A été parrain Monsieur J.-B. Brandy, petit- » fils de Monsieur Malabard de Saint-Sylvestre, et marraine D^lle^ » Marie-Marguerite-Angèle Gay du Coudier. — Martin frères, » fondeurs. »

**1854**. — PAGEAS (Haute-Vienne). — « ✠ L'an 1854 j'ai été » baptisée par Monsieur Courbarien, curé de Pageas. J'ai eu » pour parrain Jacques Audoynaud, maire de cette commune, et » pour marraine dame Marie Nadaud-Manet, née Descubes, qui » m'ont donné les noms de Jacques-Marie-Caroline. Peignier et » Guyot, fondeurs à Angoulême. »

Cette cloche pèse 725 kilos.

**1854**. — LOUBERT (Charente). — « ✠ En novembre de N. S. » J. C. 1854, Pie IX, pape, Antoine-Charles Coussaud, évêque » d'Angoulême, a été donnée à Saint-Jean de Loubert et nommée » Catherine-Ambroisine, par Catherine-Sophie Mérigaud, veuve » de Verdilhac, et par P.-A. Rempnoulx-Duvignaud, ingénieur » en chef des ponts et chaussées. — Hildebrand Auguste, fon- » deur à Paris. »

**1854**. — AMBRUGEAT (Corrèze). — « ✠ Sancte Joseph, ora » pro nobis. — Maria. — S^t^ Salvy patron de la paroisse d'Ambru- » geat. Curé : Monsieur Léonard Taguet. Maire : Monsieur Jean » Bessette, 1854. — Parrain : Monsieur Joseph Delmas, et mar- » raine M^lle^ Jeanne Chanailler. »

**1855**. — PLUVIERS-PIÉGUT (Dordogne). — « ✠ St Etienne,
» priez pour nous. — Parrain : M. Henri-Auguste Olivier, mar-
» quis de Mallet. Marraine : Mme M[the]-Th.-Philomène-Noémi de
» Verneilh de Puyraseau, née Marbotin-Sauviac. M. Silvain-
» Thomas Martin, maire, 1855. Martin frères, fondeurs. »

La cloche de cette paroisse de l'ancien diocèse de Limoges a 1[m],10 de diamètre, et doit peser environ 750 kilos. Le nom de la marraine est accompagné d'un double écusson : 1° *d'argent au croissant de gueules, surmonté de trois palmes de sinople ; au chef de gueules, chargé de trois étoiles d'argent,* qui est de Verneilh-Puyraseau ; 2° *de ...... à un lion,* qui est de Marbotin-Sauviac.

**1856**. — BONNAC (Haute-Vienne). — « ✠ Sancte Andræa, ora
» pro nobis. — Refondue en 1856. Parrain : M. Eugène de Mont-
» choisy. Marraine : Mme Hortense de Brie, épouse de M. de
» Feugré. »

**1856**. — SAINT-SÉBASTIEN (Creuse). — « ✠ Sancta Maria,
» Sancte Johannes-Baptista, Sancte Sebastiane, orate pro nobis.
» — J'ai été bénite l'an 1856 par M. Silvain Bouteiller, sous l'in-
» vocation de Saint-Louis et de Sainte-Eugénie. M. Pierre Martin,
» président de la fabrique et adjoint. M. Georges Pillorget,
» instituteur. L.-G. Quierey, maire. Forgeot, fondeur. 613 kilos. »

Cette cloche a 1[m],07 de diamètre.

**1856**. — CUSSAC (Haute-Vienne). — « ✠ Thérèse a été fondue
» en 1856 par les soins de MM. Puyboyer, maire, et Berthet
» Léonard, curé. Parrain : François Puyboyer, M. P. Marraine :
» Clémentine de Tryon-Montalembert, marquise de Cromières.
» Témoins : MM. Duvoisin, adjoint, et Cohade, vicaire. — Faite
» à Saintes par Lanoaille, Dumas et Peigney. »

**1857**. — NOUIC (Haute-Vienne). — « Crédit des paroisses :
» Auguste Hildebrand, à Paris, fondeur de l'empereur, 1857. »

Une croix et une statue de la Sainte-Vierge décorent cette cloche dont l'inscription indique seulement la provenance.

**1858**. — BILLAC (Corrèze). — En 1858 on a refondu la cloche de Billac de 1650, et on y a reproduit l'inscription qu'elle portait, et qu'on peut voir à la date de 1650.

**1859**. — LE DORAT (Haute-Vienne). *Couvent des sœurs de Marie-Joseph.* — « ✠ 1859. — Marie-Joseph. — Bénite par Mgr Des-
» pretz, prélat protecteur de la congrégation. Le Royer, fondeur
» à Paris, 1858. »

**1859.** — JANAILHAC (Haute-Vienne). — « ✠ Sancte Aredii, ora » pro nobis. Sancta Maria sine labe concepta, ora pro nobis. A » fulgure et tempestate libera nos Domine. — Fondue en 1859. » — Parrain : A. J. X., comte de Bony de La Vergne, chevalier » de la Légion d'honneur. Marraine : Jeanne-Sophie Arbonneau, » née Vallières. Matthœus Gaston rector ecclesiæ parochialis » Janailhac. — Fonderie d'Orléans de Bollée aîné. »

**1859.** —MAGNAC-LAVAL (Haute-Vienne).— « ✠ Sancte Maximine, » ora pro nobis. Maria sine labe concepta, intercede pro nobis. » — J'ai été baptisée par Martial Rommefort l'an 1859. Parrain : » Joseph-Philippe Brac. Marraine : Marguerite de Montmorency- » Laval, duchesse de Couronnel. Maire : G. Théobald Bellot. » Fabriciens : Athanase Bigaud-Dumonard, président, J. Mitraud, » J. Blanchard, J.-B. Roy, J.-B. Porcet. — M. Forgeot, fondeur. »

**1859.** — SAINT-CHRISTOPHE (Charente). — « ✠ MM. Vignaud, » maire et Tutte, curé. Parrain : M. Félix Coffour. Marraine : » Madame de Feydeau. — Année 1859. — Fondeur E. Martin. »

**1861.** — LE DORAT (Haute-Vienne). — « ✠ Beatæ Virgini Mariæ » sine labe conceptæ. Sancti Petri, Israel et Theobalde orate » pro nobis. Anno Domini, 1861. — M. Bouquet, maire du » Dorat. M. Jean-Hyacinthe Fontréaux, curé. M. Alphonse » Ducoux, président de la fabrique. —Barbier frères, fondeurs. »

Cette cloche a été fondue à Oradour, en même temps que la suivante. Elle pèse 1,122 livres. Elle a été faite avec le métal de celle de 1837, qui était cassée.

**1861.** — ORADOUR-SAINT-GENEST (Haute-Vienne). — « ✠ Domine salvum fac pastorem et gregem. O Marie conçue sans » péché, priez pour nous qui avons recours à vous. — J'ai été » bénite par M. Brun, curé de la paroisse. J'ai eu pour parrain » M. Jean-Louis-Alfred de Mascureau et pour marraine Mme Rose- » Ferdinand-Alida Pichon-Vendeuil. M. Hippolyte Cluzeau, » maire d'Oradour. — Barbier frères, fondeurs. »

Cette cloche, fondue à Oradour en même temps que la précédente, pèse 1,122 livres. Elle a été bénite le 4 août 1861.

**1861.** — LES SALLES-LAVAUGUYON (Haute-Vienne). — « ✠ » Parrain : N... De Lacroix, représenté par Fernand de Chassey. » Marraine : Berthe-Marie Faure, représentée par Alix-Marie- » Rose de Recoudert. Maire : Joseph Faure. Curé : Léonard » Vernadau, 1861. »

**1862**. — SUSSAC (Haute-Vienne). — « ✠ J'ai été fondue et » bénite en 1862. Parrain : Edouard Cruveiller, docteur en mé- » decine à Paris. Marraine : Jeanne Pathier, épouse de G. Bour- » bon, maire de Sussac. L. Du Freisseix, curé. Jean Brouilloux, » percepteur, Ponteix, adjoint. — Fonderie d'Orléans, Bollée » aîné. »

**1862**. — SAINT-SÉBASTIEN (Creuse). — « ✠ Sancte Johanne- » Baptista, sancte Sebastiane, orate pro nobis. — J'ai été baptisée » le 6 octobre 1862 par Mgr Pierre-Félix-Fruchaud, évêque de » Limoges. ✠ J'ai eu pour parrain M. Léonard F. Simon, chanoine » honoraire de Paris, curé de Saint-Eustache ✠ et pour marraine » Mme Hélène Lafond, de cette paroisse. M. J. P. Leclerc étant » curé et M. Gonillon, maire de Saint-Sébastien. Adjoint Mr P. » Martin, président de la fabrique, Mr G. Pillorget. — Fonderie » de Guillaume, père et fils, à Angers. »

Cette cloche a 69 centimètres de diamètre et doit peser environ 185 kilos.

**1862**. — SEILHAC (Corrèze). — « ✠ 1862. — Sainte-Marie, » patronne de Seilhac. Monseigneur J.-B.-P.-Léonard Berteaud, » évêque de Tulle. Mr Martial de Roderel, marquis de Seilhac, » maire. Mr Adrien-Joseph Montlouis-Laval, curé. Parrain : » Marie-Rose-Louis de Seilhac. Marraine : Marie-Antoinette- » Lucie Pourchet. — Paintandre, fondeur à Turenne. »

Cette cloche, qui a reçu le nom de Marie-Louise, pèse 410 livres. Le patron de l'église de Seilhac est Saint-Roch, dont le nom a été donné à la cloche de 1813. Le nom de Notre-Dame a été donné à celle de 1760.

**1862**. — GRENORD, près Chabanais (Charente). — « ✠ Gloria » in excelsis Deo, et in terra pax hominibus bonæ voluntatis. — » Donnée à l'ancienne paroisse de Grenord par Monsieur Sar- » dain, François-Hippolyte Fonfais de la Soutière. Parrain : » Louis-Antoine de la Quintinie. Marraine : Catherine-Octavie » Rempnoulx-Masdebost. — Antoine Vautier, fondeur, à Saint- » Emilion (Gironde), 1862. »

**1863**. — DUN-LE-PALLETEAU (Creuse). — « ✠ L'an 1863 j'ai » été bénite par G. Blanchard, curé de Dun. Thomas Duris, » F. César A. A., maire. Louis Glenisson le parrain et Simon » Louise, marraine. — Fonderie d'Orléans. »

Le diamètre de cette cloche est de 62 centimètres, son poids doit être de 140 kilog. environ.

**1863**. — DUN-LE-PALLETEAU (Creuse). — « ✠ L'an 1863 j'ai » été bénite par G. Blanchard, curé de Dun. Thomas Duris. » F. César A. A., maire. Adam, adjoint, parrain. Marie-Eulalie » Parelon de Sauzet, veuve Thomas Duris, marraine. — Fonderie » d'Orléans. »

Cette cloche, qui a 78 centimètres de diamètre, pèse environ 280 kilos.

**1864**. — LIMOGES. *Chapelle de l'asile de Naugeat.* — « ✠ Sous » le règne de Napoléon III, empereur des Français. Son Excel- » lence Monsieur Boudet, étant ministre de l'intérieur, Boby de » la Chapelle, préfet, Félix Fruchaud, évêque de Limoges, » Léopold Fougères, directeur, Eugène Fayette, architecte, Picat, » Lachaise, Poutet, entrepreneurs. Cette cloche a été placée le » 22 août 1864. — Aciérie d'Unieux. Jacob Holtzer et Cie. »

**1864**. — SAINT-AVIT-DE-TARDE (Creuse). — « ✠ Sancte Avite, » ora pro nobis. Sancta Maria, ora pro nobis. Parrain : Jules » Bordinon. Marraine : Mlle Louise Petit. Curé : M. Michel » Richard. Maire : Jean-François-Gilbert Petit. Anno Domini, » 1864. »

**1865**. — ROYÈRE (Creuse). — « ✠ Mon nom : Saint-Germain. » Parrain : Charles-Sylvain Chauseyr de Laprade. Marraine : » Françoise Valette. Maire : Zénon Toumieux. Curé : Lasnier- » Malesset, 1865. »

**1865**. — ABJAT (Dordogne). — « ✠ Sancte Andrea, ora pro » nobis. Sancta Maria, ora pro nobis. — Pie IX, pape. Nicolas- » Joseph Dabert, évêque de Périgueux. Louis Pages, curé » d'Abjat. Jean-Baptiste-Némorin Duvoisin, ancien maire, par- » rain. Jeanne-Zoé Lavergne, née Agard, marraine. Léonard » Chaperon, président de fabrique. Pierre-Justin Giry Descombes, » trésorier. Pierre Filhaud Lavergne, médecin, maire, 1865. — » E. et A. Martin, fondeurs. — Pèse 2,000 livres. »

**1866**. — PEYRAT-LE-CHATEAU (Haute-Vienne). — « ✠ A.M.D.G. » IHS. MA. V. IM. DT. ET BNDCT. A C. R. ECCL. P. AC. » S.A.R., 1866. »

Cette inscription, dont tous les mots sont abrégés, doit se lire ainsi : « ✠ Ad majorem Dei gloriam. Jésus. Maria virgo immaculata. Data et benedicta a Carolo Renard, ecclesiæ Peracensis ac Sancti Amandi, rectore, 1866. » Le parrain de cette cloche fut M. Joseph-Aimé Tramonteil et la marraine Mme Virginie-Anne-Marie, veuve Patrem, née Villevarlange.

**1866**. — VERNEUIL-SUR-VIENNE (Haute-Vienne). — « ✠ J'ai » été nommée Hippolyte-Eléonore-Amélie. Mon parrain est » Hippolyte Lézeau, premier président à la cour impériale de » Nancy. Ma marraine, Mme Eléonore-Amélie Truol de Beaulieu, » vicomtesse de Grave. M. Michel Thomas, curé. M. Marcellin » Duvert, maire. M. Pierre Mourier, adjoint. Etant membres du » Conseil municipal : MM. Coussy, Blanchet, Gandois, Blancher, » Meynieux, Durieux, Desvignes, Tharaud, Auriat, Thomas, » Pâttier, Beaulieu, Mourier, Valade, 1866. — Dubuisson, » Gallois, fondeurs à Paris. »

Cette cloche qui a 1m,10 de diamètre pèse environ 760 kilos.

**1866**. — VERNEUIL-SUR-VIENNE (Haute-Vienne). — « ✠ J'ai » été nommée Marie-Léonie. Mon parrain : M. Léonard-Georges » Duvert. Ma marraine : Mme Marie Lézeau. M. Marcellin Duvert, » maire. M. Pierre Mourier, adjoint. M. Michel Thomas, curé. — » Dubuisson, Gallois, fondeurs à Paris, 1866. »

Le diamètre de cette cloche est de 70 centimètres et son poids de 190 kilos environ.

**1866**. — COUFFY (Corrèze). — « ✠ Sancte Marcialis, ora pro » nobis. Pierre Moussard, parrain. Julie Jarasse, marraine. » Joseph Vernède, curé. Charles Gaillot, maire, 1866. — Due à » l'initiative de J. Boyer. — D. Dutot, Jérome et Cie, fondeurs. »

**1867**. — PEYRAT-LA-MARCHE (Haute-Vienne). — « ✠ S.N.D.B. » J.M.J. MM. Barrier, J.-B., prêtre, étant curé ; Péricat, Pierre, » étant maire, j'ai reçu le nom de Marie-Anne que me donnèrent » mes parrain et marraine : M. Paul-Joseph Le Cointre, fils » d'Arsène Le Cointre, propriétaire à Chataigner, et d'Anne » d'Auvillers et Dlle Marie-Catherine-Joséphine Génébrias de » Gouttepagnon, fille de M. Louis-Charles Génébrias de Gouttepa- » gnon et de dame Marie-Anne Mousnier-Buisson. J'ai été bénite » par Mgr Pierre-Félix Fruchaud, évêque de Limoges. — Sancte » Martine, ora pro nobis. — D. Dutot, Jérome et Cie, fondeurs à » Paris, 1867. »

Cette cloche pèse 682 kilos. Les quatre premières lettres de son inscription doivent se lire : « Sit nomen Domini benedictum ; et ensuite : Jésus, Marie, Joseph. »

**1867**. - PEYRAT-LA-MARCHE (Haute-Vienne). — « ✠ S. N. D. » B. JMJ. Je fus bénite par Mgr Pierre-Félix Fruchaud, évêque » de Limoges et j'ai reçu nom Marie-Justine-Joséphine que me » donnèrent mes parrain et marraine : M. Marie-Joseph Dunoyer, » notaire à Bellac, fils de François-Victor Dunoyer et de Marie-

» Madeleine Mallebay et D$^{lle}$ Marie-Justine-Elvia de Laborderie, » fille de François-Xavier de Laborderie et de Marie-Thérèse » Charpentier, dame de Laborderie, demeurant à la Glayolle, » Charente. MM. Barrier, J.-B., prêtre étant curé, et Perricat, » Pierre, étant maire. — D. Dutot, Jérome et C$^{ie}$, fondeurs à » Paris, 1867. »

Cette cloche pèse 465 kilos.

**1867.** — AZERABLES (Creuse). — « ✠ L'an 1867 j'ai été fondue » et bénite, ma donatrice étant la famille Collardeau de la Forest. » Parrain : Jean-Basptiste de Gouttepagnon, maire de Bellac. » Marraine : Madame Marie Pauget, née Guillerot. Curé : abbé » Couraud. Maire : de Lafon. »

**1868.** — LIMOGES. *Saint-Michel-des-Lions.* — « ✠ Maria, sine » labe originali concepta, ora pro nobis. — Anno D. M D C C C » LXVIII. Pie IX summo pontifice; DD. Felice-Petro Fruchaud, » Ep. Lem. ; M. J.-B.-M. Pinot, ecclesiæ sancti Michaelis a leo- » nibus rectore decano; me fundi curaverunt D. D. bonorum » temporalium administri : J. Cantillon de la Couture, consilii » prœses ; A. L. B. Leoncius de Voyon de la Planche, num- » morum custos; Ferd. Pétiniaud ; Félix Ardant du Masjambost; » J. L. de Veyvialle ; Ernestius de Salles ; Marie-Abel Lemaigre, » scriba consilii ; P. de Grave ; L. Dhéralde ; J.-B. Pinot, ecclesiæ » rector. — D. D. F. P. Fruchaud me benedixit. — Nomen vero » imposuerunt F. C. Le Sage, prœfectus municipalis, vulgo dictus » « maire » et Noémie-Catharina de La Bastide de Salles, a » quibus Catharina-Carola vocor. — Cor mundum crea, Deus, » in omnibus qui meam fideles audierunt vocem. — A. Vauthier, » à Saint-Emilion (Gironde). »

**1868.** — LIMOGES. *Saint-Michel des Lions.* — « ✠ Anno D. » M D C C C LXVIII. DD. F. P. Fruchaud, ep. L. ; M. J.-B.-M. » Pinot, ecclesiæ sancti Michaelis a leonibus rectore decano ; D. » C. Le Sage, majore Lemovicensi, me fundi curaverunt sodales » pro animarum defunctorum requie sociati : J.-B. Flacard, » nummorum custos ; J.-A. Debord ; J.-P.-B. Malinvaud ; F. Ma- » doumier ; Denis Degrosjean ; J. Labessouille ; C. Fraisse ; » Steph. Galatry. — Patrinum et matrinam habui D. Armandum » Noualhier, legatum Vigennæ superioris ad leges ferendas, » vulgo dictum « député au corps législatif », et Annam-Fran- » ciscam de Veyvialle, quorum nominibus vocor Anna-Armanda. » — Sancte Michael, archangele, defende nos in prœlio, ut non » pereamus in tremendo judicio. — A. Vauthier, à Saint-Emi- » lion (Gironde). »

**1868**. — LIMOGES. *Saint-Michel-des-Lions*. — « ✠ Anno D.
» MDCCCLXVIII. D.D. F. P. Fruchaud, ep. Lem. ; M. J.-B.-M.
» Pinot, ecclesiæ sancti Michaelis a leonibus rectore decano,
» nec non et MM. J.-B. Laplagne, J. Torrilhon, J. Cremier.
» M. Gras, A. Mathiva, ejusdem ecclesiæ vicariis, et A.-F. Rouf-
» fignac, sacrista, me fundi curaverunt ecclesiæ administri vulgo
» dicti « fabriciens ». Patrinum et matrinam habui D. A. L. D.
» Leoncium de Voyon de la Planche et Annam-Paulinam Peti-
» niaud ; unde vocor Anna-Leontina. — Martialis, Christi apos-
» tolus, precibus sanctis obtineat ut cum ipso landemus Deum
» in œternum. — A. Vauthier, à Saint-Emilion (Gironde). »

**1868**. — RILHAC-RANCON (Haute-Vienne). — « ✠ Sub invoca-
» tione sancti Michaelis. — Je m'appelle Philippe-Louise. J'ai
» été baptisée le 28 juin 1868. Mgr Félix Fruchaud, évêque de
» Limoges. J'ai eu pour parrain Philippe-Léon Teisserenc de
» Bort et pour marraine Louise-Thérèse Gonnaud. — Jacob
» Holtzer et C^ie^. »

**1868**. — BLANZAC (Haute-Vienne). — « ✠ Sancta-Maria, ora pro
» nobis. Sancte Martine, ora pro nobis. — Je suis de Blanzac,
» j'appartiens à tous, je m'appelle Marie-Rose. J'ai été baptisée
» l'an 1868, sur le glorieux pontificat de Pie IX. Hippolyte Dela-
» reberette, curé, Pierre Roux, maire. Mon parrain a été Marie-
» Hubert de La Borderie, ma marraine Jeanne-Rose Vetelay. —
» D. Dutot, Jérome et C^ie^, fondeurs à Paris. »
Cette cloche pèse 396 kilos.

**1868**. — COLONDANNES (Creuse). — « ✠ J'ai été bénite en
» 1868, M. Alexis Desmaisons étant curé et M. Jacques Vallet,
» maire. J'ai eu pour parrain Léon Delafond et pour marraine
» Amélie Aumoine, Anne-Marie-Rose Delor, Marie Riolet, veuve
» Alexandre Vallet, Anne Chimbande. — Reconnaissance au
» Conseil municipal et aux bienfaiteurs. — Je publie les louanges
» de Dieu. — Bollée et ses fils, fondeurs à Orléans, 1868. »

Cette cloche a 96 centimètres de diamètre et pèse environ 500 kilos.

**1869**. — SAINT-GERMAIN-BEAUPRÉ (Creuse). — « ✠ J'ai été
» bénite l'an 1869 et nommée Marie par P.-F. Berthomier, maire,
» et par ma marraine Marie Dumonteil. — M. Léon Loiraud,
» G^ie^ Montaudon, J. de Lignac, comte V. G. Honorati, G. Laval-
» lière-Maisonneuve, C. Beauvais, L. C. E. Laroche, J. Marie,
» A. Rillardon, J. Janoti, S. Doucet, J. Delage, Berger, C. A.
» Nadaud, J. Dunet, Pille, Chaput, Georges Der, Paul Ratier,
» curé. — Bollée et ses fils, fondeurs à Orléans 1869. »

**1869**. — CHABANAIS, *paroisse de Saint-Sébastien* (Charente). — « ✠ J'ai nom Marie-Madeleine. J'ai été baptisée le 24 octobre » 1869 par Monseigneur Antoine-Charles Coussaud, évêque » d'Angoulême, pour l'église de Saint-Sébastien de Chabanais, » Monsieur Bayssat étant curé. Mon parrain a été Monsieur » François Ducoudert, maire, conseiller général, et ma marraine » Madame Marie-Madeleine-Angela Codet. — Ursulin Dencausse, » fondeur, Tarbes. Breveté S. G. D. G. »

**1869**. — MONTROLLET (Charente). — « ✠ L'an 1869. Parrain : » M. Louis Des Montiers-Mérinville. Marraine : Marie-Aimée » Saint-Garraud, marquise de Clervaux. Maire M. le marquis de » Clervaux. Curé Pujo. Fondeur Guillaume, Angers. — Bénite » par Mgr Fruchaud. »

**1870**. — SAINT-SYMPHORIEN, *chapelle de Saint-Martin* (Haute-Vienne). — « ✠ Sancte Martine, ora pro nobis. — J'ai été bénite » en 1870 par M. A. Lecler, curé de Saint-Symphorien. J'ai eu » pour parrain et marraine M. le comte et M^me^ la comtesse Des » Montiers de Mérinville. — D. Dutot, Jérome et C^ie^, fondeurs à » Paris. »

Cette cloche, qui pèse 61 kilos, a été bénite le 1^er^ mai 1870, et placée dans la chapelle de Saint-Martin, reconstruite cette année.

**1870**. — LA CROISILLE (Haute-Vienne). — « ✠ Sit nomen Do- » mini benedictum. Parrain : M. Louis-Marie Allouveau de Mon- » tréal, maire de La Croisille. Marraine : Marie-Antoinette » Suzanne, née Chouviat. Antoine Mallet, curé. Simon-Fran- » çois Allouveau de Montréal, sénateur, Suzanne Toussaint, » Brouillou François, Prévost Léonard, Lavialle Léonard, Ma- » gieux Léonard, fabriciens.

» Bollée et ses fils, fondeurs à Orléans, 1870. »

**1870**. — CHAMPAGNAC (Creuse). — « ✠ L'an 1870. Je me » nomme Joseph-Anatole-Marie-Anne. J'ai pour parrain M. Jo- » seph-Anatole Dumont et pour marraine M^lle^ Marie-Anne Sou- » rioux. J'ai été bénite par M. Charles Florand, doyen de Belle- » garde, en présence de MM. Russe curé, J.-B. Bittard des Por- » tes maire, François Dumont adjoint, et MM. Yves Cotélot, Jean » Dubois, André Peyroux, François Raymond, Jean Bujard, mem- » bres du conseil de fabrique. — Chambon, fondeur à Montargis, » Loiret. — Je pèse 875 kilos. »

**1872**. — CROZANT (Creuse). — « ✠ Jean-Baptiste Tréguier, » maire, et Blaise Bourguignon, curé de Crozant. André Brigaud,

» sacristain. Parrain : Félix Bourdier. Marraine : Marie-Made-» leine Tréguier. — Saint Etienne, patron principal de la » paroisse. Saint Placide, patron secondaire. — Bollée, fondeur » à Orléans 1872. »

**1873**. — ORADOUR-SUR-VAYRES (Haute-Vienne). — « ✠ Par-» rain : M. Mathieu Fougeron-Laroche. Marraine : M<sup>lle</sup> Emma » Laubanie. — Desjacques, chanoine honoraire, curé-doyen; » Edouard Laubanie, docteur en médecine, maire; Forestier » Chambonnaud, président de la fabrique; Auguste Marcillaud; » Jules Fougeron-Laroche, secrétaire; Léonard Ducombeau; » Léandre Laubanie. — D. Dutot et Jérome, fondeurs à Paris, » 1873. »

Cette cloche pèse 952 kilos; pour la fondre, ainsi que les deux suivantes, on s'est servi du métal de celles de 1613 et de 1714.

**1873**. — ORADOUR-SUR-VAYRES (Haute-Vienne). — « ✠ Par-» rain : M. Joseph-Emile Moreau. Marraine : M<sup>lle</sup> Marie Ferrand. » Desjacques, chanoine honoraire, curé-doyen; Edouard Lau-» banie, docteur médecin, maire; Forestier Chambonnaud, pré-» sident de la fabrique; Auguste Marcillaud; Jules Fougeron-» Laroche, secrétaire; Léonard Ducombeau; Léandre Laubanie. » — D. Dutot et Jérome, fondeurs à Paris, 1873. »

Cette seconde cloche pèse 655 kilos.

**1873**. — ORADOUR-SUR-VAYRES (Haute-Vienne). — « ✠ Par-» rain : M. Pierre Descubes. Marraine : M<sup>lle</sup> Marie Besse. — Des-» jacques, chanoine honoraire, curé-doyen; Edouard Laubanie, » docteur médecin, maire; Forestier Chambonnaud, président » de la fabrique; Auguste Marcillaud ; Jules Fougeron-Laroche, » secrétaire; Léonard Ducombeau; Léandre Laubanie. — » D. Dutot et Jérome, fondeurs à Paris, 1873. »

Le poids de cette troisième cloche est de 492 kilos.

**1873**. — BRILLAC (Charente). — « ✠ M. Michel Boutinaud, curé » de Brillac. M. Pierre-Paul Clavaud-Ribourgeon, maire. M. » Guillaume-Théophile Babaud-Dulac, notaire. M<sup>lle</sup> Annette Pey-» raud. — Bollée et ses fils, fondeurs à Orléans, 1873. »

**1873**. — BRILLAC (Charente). — « ✠ M. Michel Boutinaud, curé » de Brillac. M. Pierre-Paul Clavaud-Ribourgeon, maire. M. Léo-» nard Bailly, propriétaire. M<sup>lles</sup> Marguerite-Irma Redon. Philo-» mène Babaud-Dulac. Juliette Rouhet. Noémi Rouhet, quê-» teuses. — Bollée et ses fils, fondeurs à Orléans, 1873. »

**1874.** — LASTOURS (Haute-Vienne). — « ✠ J'ai été fondue pour » l'église de Lastours. J'ai eu pour parrain M. Jules Delignat- » Lavaud, avocat, maire de Limoges, chevalier de la Légion » d'honneur, et pour marraine M^me^ Camille-Marie-Marguerite- » Jeanne Giry. Jean Bragard, maire de Rilhac-Lastours. M. Deli- » gnat-Lavaud père, président du conseil de fabrique de Las- » tours. M. Mérigot, curé de Rilhac-Latours. — Fondue par An- » tonin Vautier à Saint-Emilion, Gironde, l'an 1874. »

**1874.** — TEYJAT (Dordogne). — « ✠ Domine exaudi vocem » meam. — Mgr Dabert, évêque de Périgueux et de Sarlat. » M. Palhier, curé de Teyjat. 1er parrain, Georges du Chatelard, » maire. 2e parrain, Mathieu Fauconnet. 1re marraine Elisabeth » Dapien ; 2e marraine Isabelle de Beynac, née du Chatelard. » Marie Macarie, dame excellente bienfaitrice de l'église. — » Fondue par Antonin Vautier, à Saint-Emilion, Gironde. »

Cette cloche, fondue vers 1874, a 1m,07 de diamètre et pèse environ 700 kilos.

**1875.** — ROUSSAC (Haute-Vienne). — « ✠ J'ai été bénite en 1875. » M. Pierre Gaté étant maire de Roussac et M. Annet Gorse, » curé. J'ai eu pour parrain M. Albert-Joseph Dufresne, et pour » marraine Marie-Thérèse-Joséphine Tournois. — Bolée, fondeur » à Orléans. »

Pour faire cette cloche, on s'est servi d'une du XIIIe siècle, qui était hors de service depuis longtemps et qui portait pour inscription, en lettres gothiques majuscules, ces mots : *Sancte Martialis, ora pro nobis.*

**1875.** — FROMENTAL (Haute-Vienne). — « ✠ J'ai été fondue » l'an de grâce 1875. et bénite le dimanche in albis, par M. Pi- » naud, curé de cette église. Je m'appelle Marie-Amélie. J'ai eu » pour parrain Marie-Joseph Morel, baron de Fromental. Ma » marraine a été Amélie-Noémi-Blanche Ducluzeau. »

**1875.** — SAINT-PRIEST-LA-FEUILLE (Creuse). — « ✠ L'an 1875, » Pie IX étant pape, Monseigneur Duquesnay évêque de Limoges, » M. l'abbé Cocq curé de la paroisse, j'ai été bénite par M. l'abbé » Leclerc, archiprêtre de la cathédrale de Limoges, et nommée » Eugénie. Parrain : M. Auguste Clavaud du bourg de Saint- » Priest-la-Feuille. Marraine : Eugénie Pradeau du bourg de » Saint-Priest. — Bollée fondeur à Orléans. »

**1875.** — SAINT-PRIEST-LA-FEUILLE (Creuse). — « ✠ L'an 1875, » j'ai été bénite par M. l'abbé Cazaud, curé doyen de la Souter-

» raine, et nommée Berthe. Parrain : Philippe Gaullier du village
» du Coux. Marraine : Berthe Charmes du bourg de Saint-Priest-
» la-Feuille. François Gaullier, maire de la commune. Bollée et
» ses fils fondeurs à Orléans. »

**1876.** — NIEUL (Haute-Vienne). — « ✠ L'an 1876 j'ai été baptisée
» sous le nom de Marie, au chef-lieu de la paroisse de Nieul,
» sous l'épiscopat de Monseigneur Alfred Duquesnay. M. Marie-
» Antoine Plainemaison, chanoine honoraire, étant curé doyen,
» M. Fréderic Brissaud, notaire, membre du conseil général,
» étant maire. J'ai eu pour parrain M. Marie-René Henry, âgé
» de cinq ans, et pour marraine Marie-Augustine Brissaud, âgée
» de deux ans. — Fondue par Antonin Vauthier, à Saint-Emilion,
» Gironde, l'an 1876. — Hodie si vocem ejus audieritis, nolite
» obdurare corda vestra. »

**1876.** — SAINT-JOUVENT (Haute-Vienne). — « ✠ Placée en 1763.
» Parrain : J. F. Rogier de Janailhac. Dame Arbonnaud, veuve
» de Messire de Vaucorbeille, seigneur de Bachellerie marraine.
» J. Lajoumard, curé. »

» Refondue et augmentée en 1876, J.-E.-D. Vergnaud, né le
» 11 septembre 1873, parrain. Cécile de Francolini, née le 20 oc-
» tobre 1871, marraine. Maire, M. le comte de Francolini.
» M. Vernet curé. — Cecilia mihi nomen. 1763 ✠ 1876. Fondue
» par Antonin Vauthier, à Saint-Emilion, Gironde. »

**1876.** — MAILHAC (Haute-Vienne). — « ✠ J'ai été bénite en sep-
» tembre 1876 par M. François Lelong, curé de Mailhac, et me
» nomme Suzanne-Marie. Parrain : M. Maurice Garnier. Mar-
» raine : Mlle Suzanne Garnier; M. François-Antoine Bognaud,
» maire et trésorier. M. H. Garnier, député, C. ✻, président
» de la fabrique. M. Joseph Perrot, adjoint. M. Henri Durangel,
» conseiller d'Etat, insigne bienfaiteur de l'église de Mailhac. —
» Bollée fondeur au Mans. »

Cette cloche pèse 300 kilos.

**1876.** — MAILHAC (Haute-Vienne). — « ✠ J'ai été bénite en sep-
» tembre 1876 par M. Bandel, chanoine honoraire, curé de Saint-
» Sulpice-les-Feuilles, dédiée à Notre-Dame-des-Miracles, et
» nommée Marguerite-Marie. Parrain : M. Ernest Guillerot.
» Marraine : Mlle Louise-Marguerite Thibaut. M. François Lelong,
» curé de Mailhac. M. François-Antoine Bognaud, maire et tré-
» sorier. M. H. Garnier, député, C. ✻, président de la fabrique.
» M. Joseph Perrot, adjoint. Mlle Dulatier, institutrice, prési-

» dente de la Confrérie. Mme Auguste Guillerot, trésorière. Mlle » Louise Thibaut, reine. Mme Bonnet aînée, secrétaire de la Con- » frérie. — Bollée, fondeur au Mans. »

Cette cloche pèse 200 kilos.

**1877**. — LIMOGES. *Sainte-Valérie*. — « ✠ Le 5 août 1877, j'ai » été bénite par Mgr Alfred Duquesnay, évêque de Limoges, » assisté de M. Jean-Paulin Leclerc, chanoine archiprêtre de la » cathédrale de Limoges, et de M. François Labrousse, curé de » Sainte-Valérie et aumônier de l'école normale. J'ai été nom- » mée Marie-Madeleine par mon parrain Marie-Maurice-Fernand » de Lostende et ma marraine Marie-Elisabeth-Madeleine Boyer. » — Sancte Martialis, ora pro nobis. »

**1877**. — LIMOGES. *Sainte-Valérie*. — « Le 5 août 1877, j'ai été » bénite par Mgr Alfred Duquesnay, évêque de Limoges, assisté » de M. Jean-Paulin Leclerc, chanoine archiprêtre de la cathé- » drale de Limoges, et de M. François Labrousse, curé de Sainte- » Valérie et aumônier de l'école normale. J'ai été nommée Claire- » Valérie par mon parrain Marie-Louis-Pierre Boyer, et ma mar- » raine Marie-Antoinette-Claire Chapoulaud. — Ave, virgo Deo » digna ; Ave, martyr Valeria. »

**1877**. — RILHAC-RANCON (Haute-Vienne). — « ✠ Saint Jean- » Baptiste, priez pour nous. J'ai été bénite l'an 1877, Mgr Alfred » Duquesnay étant évêque de Limoges, et M. Jules-Jean-Baptiste » Brun, curé de Rilhac-Rançon. J'ai eu pour parrain M. Michel- » Fénelon-Martial Rudeuil, et pour marraine Mlle Jeanne-José- » phine-Catherine-Elisabeth Patapy. Etant maire M. Mathieu » Giroux et adjoint M. J.-B. Giroux. — Georges Bollée, fondeur » à Orléans, 1877. »

**1877**. — MAGNAC-BOURG (Haute-Vienne). — « ✠ L'an de Notre » Seigneur 1877, j'ai été bénite par Mgr Alfred Duquesnay, » évêque de Limoges. M. Félix-Pierre Dupland étant curé de » Magnac-Bourg. J'ai été nommée Marie-Antoinette-Charlotte » par mon parrain M. Charles Gervais de Lafond et par ma mar- » raine Madame Antoinette-Marie-Fernande-Odette Saint-Marc- » Girardin, née Guéneau de Mussy, représentée par Mademoiselle » Jeanne de Neuville. M. Sarre-Filhoulaud étant maire de la » commune. M. Elie Breuilh, Armand Breuilh, Faucher, notaire, » Janicot, Desmaisons, étant membres du conseil de fabrique. » Bienfaiteurs Mrs Gustave Bugeaud de la Piconnerie, le général » Hippolyte [Martin] de La Bastide, Sensaud, G. Briand, E. Mé-

» nieux, Henri Seidenbinder. — Sancte Jacobe apostole, ora » pro nobis. Regina sine labe concepta, ora pro nobis. — Georges » Bollée, fondeur, à Orléans. »

**1877**. — LA CHAPELLE-MONTBRANDEIX (Haute-Vienne). — « ✠ J'ai été fondue le 15 septembre 1877. Jean Béchade curé, » M. P. Gros de Veaud maire de La Chapelle-Montbrandeix. J'ai » été baptisée par Mgr Alfred Duquesnay le 30 septembre 1877. » J'ai eu pour parrain M. Marie-Joseph-Gabriel-Mathieu-Michel » Gros de Veaud, et pour marraine M^lle^ Marie-Thérèse-Made- » leine Chemison-Dubois. Je m'appelle Marie. — Chambon, fon- » deur à Montargis, Loiret. Je pèse 706 kilos. »

**1877**. — BOURGANEUF (Creuse). — « ✠ J'ai été bénite par » M. Paul-Etienne Diverneresse, curé archiprêtre de Bourganeuf. » J'ai été nommée Jules-Madeleine par mon parrain Jules Lau- » mond et ma marraine Marie Filloulaud. — Georges Bollée, » fondeur à Orléans, 1877. »

**1877**. — BOURGANEUF (Creuse). — « ✠ J'ai été bénite par » M. Paul-Etienne Diverneresse, curé archiprêtre de Bourganeuf. » J'ai été nommée Marie par mon parrain François-Camille » Fouret, et ma marraine Marthe-Marie-Marguerite Durand. — » Georges Bollée, fondeur à Orléans, 1877. »

**1877**. — NÉOUX (Creuse). — « ✠ L'an 1877, j'ai été nommée » Marie-Marguerite-Jeanne-Alfredine par M. Alfred Rousseau » mon parrain, et Marie-Marguerite-Jeanne Dubujadoux-Couher » ma marraine. J'ai été donnée par les familles Rousseau et » Jean-Baptiste Couher de la paroisse de Néoux. J. Thomas, curé » de la paroisse. — Chambon, fondeur à Montargis, Loiret. Je » pèse 315 kilos. »

**1877**. — ABJAT (Dordogne). — « ✠ 1877. Pie IX pape. D'Abert, » évêque de Périgueux. Louis Pages, curé d'Abjat. J'ai été nom- » mée Marguerite par M. Sicaire Puiffe-Masgondeau mon parrain » et M^me^ Marguerite-Honorine Duvoisin, née Garrigou, ma mar- » raine. Némorin Duvoisin, maire. François Danède, trésorier » de la fabrique. Berger, Garrigou, Villotte, membres de la » fabrique d'Abjat. — Chambon et ses fils à Montargis, fondeurs. » Je pèse 317 kilos. »

**1877**. — CHABANAIS (Charente). *Saint-Sébastien*. — « ✠ Ad M. » D. G. et H. B. M. V. — J'ai été baptisée pour l'église de Saint- » Sébastien de Chabanais le 12 août 1877, par Monseigneur

» Sébaux, évêque d'Angoulême, assisté de Monsieur Bayssat, » curé doyen. Mon parrain a été Monsieur Pierre-Robert Planteau du Maroussin et ma marraine Mademoiselle Marie-Madeleine-Charlotte Manès. — Georges Bollée, fondeur à Orléans, » 1877. »

**1878**. — LIMOGES. *Saint-Pierre-du-Queyroix*. — « ✠ L'an 1878, » étant évêque de Limoges Mgr Duquesnay ; curé de Saint-Pierre-» du-Queyroix M. Delor, vicaire-général ; vicaires MM. Rigaud, » Cousseyroux, Mazabraud, Bouillaud ; fabriciens MM. Bleynie » président, Pénicaud maire, Lamy de La Chapelle secrétaire ; » Disnematin de Salles trésorier ; Pouyat président du bureau ; » Jabet ; Gay du Palland ; Tarnaud ; Ardant et Bourdeau de » Lajudie. ✠ J'ai été nommée Marie par mon parrain M. Ludovic-» Grégoire Bourdeau de Lajudie et par ma marraine Mme Yves-» Marie-Amélie Tarneaud. — Clamabo ad Deum altissimum » (Ps. LVI, v. 3 ) — Georges Bollée, fondeur à Orléans. 1878. »

**1878**. — LIMOGES. *Saint-Pierre-du-Queyroix*. — « ✠ L'an 1878, » étant évêque de Limoges Mgr Duquesnay ; curé doyen de » Saint-Pierre-du-Queyroix M. Delor, vicaire général ; vicaires » MM. Rigaud, Cousseyroux, Mazabraud, Bouillaud ; fabriciens » MM. Bleynie, président ; Pénicaud, maire ; Lamy de la Chapelle, secrétaire ; Disnematin de Salles, trésorier ; Pouyat, président du bureau ; Jabet ; Gay du Palland ; Tarneau ; Ardant et » Bourdeau de Lajudie. ✠ J'ai été nommée Madeleine par mon » parrain M. Pierre-Hubert Martin, baron de la Bastide, chevalier de la Légion d'honneur, et par ma marraine Mme Madeleine-Alexandrine Lamy de la Chapelle. — Gloria in excelsis » Deo. — Fonderie d'Orléans de Bollée Georges. »

**1878**. — PEYRILHAC (Haute-Vienne). — « ✠ Baptisée à Peyrilhac en août 1878. J'ai eu pour parrain M. Joseph-Charles-» Emile Martin-de-Fonjaudran de la Mothe, conseiller à la Cour » d'appel ; et pour marraine Mlle Marie-Alexandrine-Alix de » Bruchard de Chavaignac. M. le vicomte Marc de La Guéronnière, maire, officier de la Légion d'honneur. M. Mativet » Joseph, curé. — Poids 316 kilos. »

**1878**. — NAILLAT (Creuse). — « ✠ Parrain : René Desforges. » Marraine : Amélie Marlière. M. Moreigne, maire. Pascaud, » curé, 1878. — Bolée, fondeur à Orléans. Poids 790 kilos. »

**1878**. — NOTH (Creuse). — « ✠ Je m'appelle Marie-Claire. J'ai » pour marraine Mademoiselle Marie-Claire Lecardeur et pour

» parrain M. Pierre-Adolphe Coulon. M. Pierre-Auguste Lecar-
» deur, maire de Noth. M. Jean-Jules Périchon, curé de Noth.
» M. Pierre Peuchaud, président du conseil de fabrique. J'ai été
» bénite par M. Jean-Jules Périchon, curé de la paroisse, l'an
» 1878. St Pierre et St Paul patrons de la paroisse de Noth. —
» Georges Bollée, fondeur à Orléans. »

**1878**. — ROUZÈDE (Charente). — « ✠ J'ai été bénite en 1878.
» J'ai eu pour parrain Jean Arondeau-Chabrignac, maire de Rou-
» zède, et pour marraine Jeanne-Noémi Broussard. M. Cyprien
» Tressac, curé. — Fondue pour l'église de Rouzède par Antonin
» et Emile Vauthier, père et fils, à Saint-Emilion (Gironde), l'an
» 1878. »

**1879**. — SAINT-GENEST (Haute-Vienne). — « ✠ L'an 1879 j'ai
» été fondue pour la paroisse de Saint-Genest, sous l'administra-
» tion de M. Villette, curé. MM. Clappier, maire ; J. Deschamps,
» adjoint ; Pinchaud ; Blanc ; M. Deschamps ; Nabonne et Quin-
» quenet, fabriciens. Mon parrain est M. Joseph, marquis de
» Calignon ; ma marraine, Mlle Jeanne Servois. — Crouzet-Hilde-
» brand, fondeur à Paris, 1879. »

**1879**. — SAINT-GENEST (Haute-Vienne). — « ✠ L'an 1879 j'ai
» été fondue pour la paroisse de Saint-Genest, sous l'administra-
» tion de M. Villette, curé. MM. Clappier, maire ; J. Deschamps,
» adjoint ; Pinchaud ; Blanc ; M. Deschamps ; Nabonne et Quin-
» quenet, fabriciens. Mon parrain est M. Prosper Clappier, ma
» marraine, Mlle Marie-Louise Begougne de Juniat. — Crouzet-
» Hildebrand, fondeur à Paris, 1879. »

**1879**. — BRIGNAC (Corrèze). *Chapelle de Choine*. — « ✠ Sainte
» Pauline, 1879. Parrain : M. Marcel Mas. Marraine : Mlle Pauline
» Dartout. »

**1880**. — BALLEDENT (Haute-Vienne). — « ✠ Notre Dame de la
» Victoire de l'hérésie défendez-nous. — Triadou frères, Ville-
» franche, 1880. »

Cette cloche a 54 centimètres de diamètre et pèse environ 90 kilos.

**1881**. — SAINT-JUST (Haute-Vienne). — « ✠ Sanctificetur et
» consecretur, Domine, signum istud in nomine Patris et Filii et
» spiritus sancti. In honorem sancti Justi. Pax tibi. — Monsei-
» gneur Lamazou étant évêque de Limoges. Monsieur l'abbé
» Rokossowski, curé de la paroisse. J'ai eu pour parrain M[r] De-
» faye, cadet, propriétaire au Rouveix ; et pour marraine
» Mme Malevergne de Lafaye, née Berthe Desry-Dutheil. »

**1881**. — LA CHAPELLE-MONTBRANDEIX (Haute-Vienne). — « ✠ J'ai été donnée par M^me^ Marguerite Fleurat-Doumailhac, » marraine. M. Elie-Joseph Marvaud, parrain. M. Chemison-» Dubois. M. Gros de Veaud, maire, M. Béchade, curé. J'ai été » baptisée le 27 mars 1881. Je m'appelle Joséphine-Marguerite. » Chambon, fondeur, à Montargis. »

**1881**. — ECURAS (Charente). — « ✠ Sit nomen Domini bene-» dictum. — Je m'appelle Jeanne-Justine-Marie-Agnès. J'ai été » baptisée par Mgr Sébaux, évêque d'Angoulême, le 1er juin 1881. » Mon parrain : Jean-Justin-Georges Saumon d'Ecuras. Ma mar-» raine : Marie-Agnès Ricard d'Ecuras. — Pierre Ricard, maire. » Pierre Callendreau, président de la fabrique. Pierre Servant, » curé d'Ecuras. — Bollée, fondeur, Orléans. »

**1882**. — ISLE (Haute-Vienne). — « ✠ J'ai été bénite par M. Léon » Marevery, vicaire général. Parrain : M. Henri-Othon-Grégoire » Benoit de Lostende. Marraine : Mme Marie Adam, épouse de » M. Pierre Thomas du lieu de Thias. Curé de la paroisse d'Isle » M. Pierre-Elie Courteix. Maire, M. Joseph Beaubrun, 1882. »
Suivent les noms des conseillers municipaux.

**1882**. — ISLE (Haute-Vienne). — « ✠ Sit nomen Domini bene-» dictum. Parrain : Henri Bonnet. Marraine : Marguerite Verger, » 1882. »
Cette cloche pèse 43 kil. 500.

**1882**. — SAINT-LÉGER-LA-MONTAGNE. *Notre-Dame de Sauvagnac* (Haute-Vienne). — « ✠ Je m'appelle Marie, bénite en » 1882. J'ai pour parrain M. Charles-Guillaume-Frédéric de » Léobardy, chevalier de la Légion d'honneur et maire de la » Jonchère, et pour marraine Marie-Julie Des Marais, née de » Seiglière. M. de Bosgenest, grand vicaire de Limoges, restau-» rateur de Notre-Dame de Sauvagnac, et desservant mon dona-» taire. M. Lebouchard, curé de Saint-Léger-la-Montagne. — » Georges Bollée, fondeur à Orléans, 1882. »

Cette cloche, fondue en 1882, n'a été bénite et placée dans le clocher de la chapelle de Notre-Dame de Sauvagnac que le 8 septembre 1889. A cette époque la marraine, dont le nom est dans cette inscription, était morte. Elle fut remplacée par Mlle Noémie Benoit du Buis.

**1882**. — PENSOL (Haute-Vienne). — « ✠ J'ai été baptisée en » mars 1882 par M. Eugène Pinchaud, curé doyen de Saint-» Mathieu, assisté de M. Jean-Henry-Camille-Evariste Polony, » curé de Pensol. Le parrain a été Jean-Baptiste-Joseph-Jules

» baron de Verneilh-Puyrazeau. La marraine Jeanne-Amélie » Agar, née Redon, de Masbertier. Etant président de la fabrique » M. Eugène Jobert et maire Pierre Gourinchas. Bollée, fondeur, » à Orléans. »

**1882**. — ROYÈRE (Creuse). — « ✠ Vox clamantis in deserto » parate viam Domini, rectas facite semitas ejus. Sancte Ger- » mane, ora pro nobis. Curé : François Touraille. Maire : Victor » Cancalon. Parrain : François-Aristide Touraille, né en 1876, » fils de Joseph Touraille et de Léonie Pratique. Marraine : » Marie-Marguerite-Amarillis Durand, veuve Charrière, descen- » dante des Dandaleix de Vaux. »

La cloche de 1682 qui s'est cassée en 1880 a servi a fondre celle qui porte cette inscription.

**1882**. — BRIGNAC (Corrèze). — « ✠ IHVS. Ave Maria. Christus » vincit. Sancte Michael. Sancte Benedicte. Sancte Blasi. MCCCC » LXXXI.

» ✠ Maria-Noémi, 1882. Patrino : J.-B. Lableynie. Matrina : » Maria-Noémie Ninard. Parocho : J.-B. Laborde. Majore : » J.-B. Lableynie. Adjuncto : Joanne Faucon, 1882. — Pain- » tandre, fondeur. »

Cette cloche reproduit l'inscription de celle de 1481, et c'est avec le métal de cette dernière qu'elle a été fondue.

**1883**. — BIENAC (Haute-Vienne). — Une cloche de Bienac donnant la note *La*, en a remplacé une petite qui avait été brisée. Elle a été bénite le 29 juillet 1883, pèse 380 kilos et coûte 1.310 francs. Le parrain a été Paul-Marie-Guy de Reilhac de Châteaurocher et la marraine Marie-Thérèse de Reilhac de Châteaurocher. M. Junien étant curé. Elle s'appelle Marie.

**1883**. — NOUIC (Haute-Vienne). — « ✠ Fondue à Nouic en 1805, » au poids de 490 kilos, j'ai été refondue en 1883 au poids de » 510 kilos, F. Guillot étant curé de Nouic ; J. Marchadier, maire ; » Jean Des Montiers-Mérinville, président de la fabrique ; B. » Lesterps, trésorier ; et J. Mallet, secrétaire. J'ai eu pour par- » rain Pierre Des Montiers-Mérinville et pour marraine Marie- » Joséphine de la Briffe, marquise Des Montiers-Mérinville. — » Dieu soit loué. — Je me nomme Marie-Joséphine. — Georges » Bollée, fondeur à Orléans, 1883. »

**1883**. — EYMOUTIERS (Haute-Vienne). — « ✠ Mgr Blanger, » évêque de Limoges. M. J.-P. Maury, curé doyen, chanoine » honoraire. M. L.-P. Gorgeon, vicaire. L. Glangeaud, sacristain.

» M. François-Xavier Cramouzaud, chevalier de la Légion » d'honneur. M. Pierre Nony, maire, conseiller général. Parrain : » M. le vicomte Gaston-Joseph Tristan de L'Hermite. Marraine : » Anne-Gabrielle Cramouzaud, épouse Soumy. — Poids 660 kilos. » — Paroisse d'Eymoutiers, 1883. »

**1883.** — EYMOUTIERS (Haute-Vienne). — « ✠ Mgr Blanger, » évêque de Limoges, M. J.-P. Maury, curé doyen, chanoine » honoraire. M. L.-P. Gorgeon, vicaire. L. Glangeaud, sacristain. » MM. François-Xavier Cramouzaud, chevalier de la Légion » d'honneur, président de la fabrique ; Armand Soumy, trésorier; » G. Tristan de l'Hermite; V. Périer; Ernest de La Bachellerie, » fabriciens. Parrain : M. P. Nony, maire, conseiller général, et » marraine Françoise Cramouzaud, représentée par Mlle Thérèse » de La Bachellerie. — Je me nomme Thérèse-Pierre. — Poids » 940 kilos. — Paroisse d'Eymoutiers, 1883. »

**1883.** — GRAND-BOURG-DE-SALAGNAC (Creuse). — « ✠ Je » suis née l'an 1883. Je dois le jour à Mme Gabrielle-Zoé-Mathilde » Poissonnier, veuve d'Aristide Fressinaud. Mon parrain est » M. Antoine Roy et ma marraine Mlle Marie-Fernande-Andrée » Fressinaud. — Cantemus Domino. — Poids 595 kilos. »

**1883.** — SAINT-BONNET-PORT-DIEU (Corrèze). — « ✠ 1883, » paroisse de Saint-Bonnet. Léon Chapelobeau, curé. Maire : » Antonin Lapause. Pierre Rebière, parrain. Victorine Vial- » loreix, marraine. »

Cette cloche qui a été bénite par Mgr Denéchau, évêque de Tulle, pèse environ 210 kilos et sort des ateliers de M. Lhéritier, à Clermont.

**1884.** — ORADOUR-SUR-GLANE (Haute-Vienne). — « ✠ J'ai » été bénite par Mgr Blanger, évêque de Limoges en l'an de » grâce 1884. Mon parrain a été M. Henri Mosnier et ma mar- » raine Mlle Marie Barataud-Louis ; M. François Barat étant curé » d'Oradour-sur-Glane et M. Barataud-Louis, maire. Bienfaiteurs : » M. et Mme Mosnier, Mme Veuve Segret, M. et Mme Lageon, M. et » Mme Boudet, M. et Mme La Vérine et Mme Veuve Larmat. »

**1884.** — ORADOUR-SUR-GLANE (Haute-Vienne). — « ✠ J'ai été » bénite par Mgr Blanger, évêque de Limoges en l'an de grâce » 1884. Mon parrain a été M. Charles Lageon et ma marraine » Mlle Gabrielle de La Vérine. M. François Barat étant curé » d'Oradour-sur-Glane et M. Barataud-Louis, maire. Bienfai- » teurs : M. et Mme Mosnier, Mme Veuve Segret, M. et Mme Lageon, » M. et Mme Boudet, M. et Mme La Vérine et Mme veuve Larmat. »

**1885**. — JOURGNAC (Haute-Vienne). — « ✠ L'an 1885. Léon XIII » étant pape, Mgr Blanger, évêque de Limoges, j'ai été bénite » par M. l'abbé Emile Deschamps, archiprêtre de Saint-Yrieix, » assisté de M. Audoynaud, curé de Jourgnac. J'ai eu pour par- » rain M. Paul Martin-du-Puytison et pour marraine Mlle Mathilde » de Bourguet. Etant maire M. Henri Martin-du-Puytison ; pré- » sident de la fabrique, Léonard Grange ; trésorier, André Denis ; » membres, Léonard Labesse, Dujay et Champagnol. »

**1885**. — PAULHAC, commune de Saint-Etienne de Fursac (Creuse). — « ✠ Deo optimo Maximo. — Jésus. Marie. Joseph. — Je dois » mon existence à la générosité de M. Léon Pasquet, curé de la » paroisse. J'ai été fondue pour l'église de Paulhac, sous le pon- » ficat de Sa Sainteté Léon XIII, pape. Parrain : Jean-Eugène » Tissier. Marraine : Thérèse Granger. — Fondue par Emile » Vauthier à Saint-Emilion (Gironde), l'an 1885. »

**1885**. — SEGONZAC (Corrèze). — « ✠ Laudo Deum verum, » plebem voco.

» Charmeuse de nos jeunes ans,
» Lyre des morts et des vivants,
» Océan vaste d'harmonie,
» Concert de douce mélodie,
» Hymne de joie ou de douleur,
» En tout l'interprète du cœur. »

**1886**. — AIXE (Haute-Vienne). — « ✠ J'ai été bénite le 14 sep- » tembre 1886 par M. Bonnaud, curé doyen de Sainte-Croix. Je » porte les noms de Marguerite-Pierre-Ambroise. J'ai eu pour » parrain M. Pierre-Xavier David, ancien notaire et président » du conseil de fabrique, représenté par son petit-fils M. Pierre- » François-Etienne David, et pour marraine Mme Marguerite-Julie » Gicquet de Pressac, née Limousin. — Fondue par M. G. Bollée, » d'Orléans. Je pèse 670 kilos et je chante : O Crux Ave. »

Cette cloche donne la note *fa*.

**1886**. — CHÉNÉRAILLES (Creuse). — « ✠ Donnée par » Mlle Agathe-Hippolytaine Paliron ; Léon XIII étant pape ; » Delort, curie-doyen : Longevialle, prètre habitué ; Lemasson, » président de la fabrique ; Périchon, trésorier ; Auclair, Mou- » don, Déchamp, Lachambre, conseillers, 1886. »

**1886**. — SAINT-MAURICE, près La Souterraine (Creuse). — « ✠ Jésus. Maria. Joseph. — L'an de Notre Seigneur, 1886. » Léon XIII, pape. Monseigneur Blanger, évêque de Limoges, » M. Faure, curé de la paroisse depuis 62 ans, j'ai été bénite

» par M. Emmanuel Canappe, vicaire général ; j'ai été nommée » Marie-Pétronille-Eugénie par mon parrain M. Pierre Lebreton, » président du conseil de fabrique, et par ma marraine Mme Marie- » Anthellemine Caughy. J'ai été refondue par la générosité des » habitants de la paroisse. M. J.-B. Secretin, maire. MM. André » Bournaud, Vincent Lefaure, J.-B. Celestin-Deblois, Georges » Célestin-Deblois, fabriciens. — O Crux Ave. — Regina sine » labe concepta, ora pro nobis. Sancte-Maurici, ora pro nobis. » — Georges Bollée, fondeur à Orléans, 1886. »

**1886**. — SAINT-MAURICE, près La Souterraine (Creuse). — « ✠ Sancte Michael, ora pro nobis. — Messire Jacques Compain, » curé de la paroisse de Saint-Maurice. Parrain : Messire Mathieu » Morel, chevalier, baron de Fromental, comte de Clavière, » Saint-Tone. Marraine : dame Marie-Anne de Mondain de la » Maisonrouge, épouse de Messire Day de la Maisonrouge de » Montôtre, seigneur du Couret, le Monteil. Refondue aux dépens » des habitants à la diligence de M. André Poujaud, fabricien, » 1743.

» Refondue en 1886, j'ai été nommée Marie-Françoise par mon » parrain Simon-François Faure, curé de la paroisse, et par ma » marraine Marie-Sarah Maingaud. Etant fabriciens MM. P. Le- » breton, président, A. Bournaud, trésorier, Secretin, maire, » C. Deblois et V. Lefort. François Bertrand, curé auxiliaire de » Saint-Maurice. — Georges Bollée, fondeur à Orléans. »

**1886**. — LÉSIGNAC-DURAND (Charente). — « ✠ Deo nostro sit » jucunda decoraque laudatio. — L'an de grâce 1886, j'ai été » bénite sous le nom de Saint-Pierre-ès-liens, Mgr Alexandre- » Léopold Sebaud étant évêque d'Angoulême. M. Antoine Ange- » lergues, curé de Lésignac-Durand. M. Pierre Boutinaud, maire. » M. Jean Leclerc, adjoint. J'ai eu pour parrain M. François » Henrotte, pour marraine Mme veuve Anne-Clarisse Puibaraud- » Villard. — Fondue par Emile Vauthier, à Saint-Emilion (Gi- » ronde). »

**1887**. — BAZELAT (Creuse). — « ✠ J'ai été bénite en 1887, » Léon XIII pape, Mgr Blanger évêque de Limoges, M. Sabot » curé de Bazelat, M. Gadet, Jean-Baptiste, maire, et M. Bourni- » quet, adjoint. J'ai eu pour parrain M. Wasmer, Emile-Prosper, » et marraine Mme Lepeitre, Marie-Ester. — Je me nomme » Marie-Esther. — Saint-Pierre priez pour nous, Saint-Paul priez » pour nous. — Georges Bollée, fondeur à Orléans, 1887. »

Cette cloche qui a 70 centimètres de diamètre pèse environ 190 kilos.

**1887.** – PAULHAC, commune de Saint-Etienne-de-Fursac (Creuse).
« ✠ Saint-Jean priez pour nous. — Parrains : René Tanchon et » Emile Lafaye. Marraines : Palmyre Malabre, Marie Beauger, » Marguerite Aucompte et Camille Gouguet. — M. l'abbé J.-B. » Galateau, chanoine. — Refondue aux frais des habitants de » Paulhac, en 1887. — Emile Vauthier, fondeur à Saint-Emilion » (Gironde). »

L'église de la commanderie de Paulhac possédait une cloche de 1560 ; elle fut cassée en 1885 et refondue en 1887 avec l'inscription ci-dessus. Elle pèse 317 kilos.

**1888.** — SAINT-ETIENNE-DE-FURSAC (Creuse). — « ✠ Cette » cloche a été fondue l'an 1888. Léon XIII pape, l'abbé J.-B. » Feigneux curé. Le parrain a été André Béchade, la marraine » Jeanne Clemençaux. — Je me nomme Jeanne et je donne le » *fa*. — Bollée, fondeur à Orléans. »

Cette cloche pèse 635 kilos.

**1888.** — SAINT-JUNIEN-LES-COMBES (Haute-Vienne). — « ✠ Anno Domini 1888, in honorem S. Juniani, et vox pastoris » appellata. Parrain : M. René, comte des Montiers-Mérinville, » maire. Marraine : M^me^ Berthille Dupuy, comtesse des Mon- » tiers-Mérinville. Président de la fabrique : M. Fresne Genes- » teix. Favard, curé. — Bollée, fondeur à Orléans, 1888. »

La petite cloche de Saint-Junien qui porte cette inscription pèse 100 kilos.

**1889.** — AIXE (Haute-Vienne). *Chapelle de N.-D. d'Arliquet.* — « ✠ Bénite par Mgr Rougerie, évêque de Pamiers, le 16 juil- » let 1889, M. Pierre Bonnaud étant curé d'Aixe et M. Désiré » Prunier, son vicaire. Parrain : M. Jean-Frédéric-Charles de » Pressac. Marraine : M^me^ P.-Eugène Cheyroux, née Marguerite- » Elise Gicquel de Pressac. — Marguerite-Marie. — Je sonne le » *do* et pèse 180 kilos. — G. Bollée, fondeur à Orléans, 1889. »

**1889.** — AIXE. *Chapelle de N.-D. d'Arliquet* (Haute-Vienne). — « ✠ Offerte par M. et M^me^ Gustave Desproges-Gotteron. Bénite » par Mgr Rougerie, évêque de Pamiers, le 16 juillet 1889. Par- » rain : M. Marie-Joseph-Jean-Baptiste Desproges-Gotteron. » Marraine : M^lle^ Thérèse-Marie-Pie Rouard de Card. Je me » nomme Jeanne-Marie-Pie. Je sonne le *ré* et pèse 125 kilos. — » G. Bollée, Orléans. »

**1889.** — AIXE. *Chapelle de N.-D. d'Arliquet* (Haute-Vienne). — « ✠ Offerte par M. et M^me^ Gustave David-Defaye et leurs enfants.

» Bénite par Mgr Rougerie, évêque de Pamiers, le 16 juil-» let 1889. Parrain : M. Alpinien-André David. Marraine : » Mme veuve Léopold Marsicat, née Françoise-Fanny Mourier de » Lalande. Je me nomme Marie-Catherine. Je sonne le *mi* et pèse » 88 kilos. »

**1889**. — AIXE. *Chapelle de N.-D. d'Arliquet* (Haute-Vienne). — « ✠ Offerte par Mmes Augustine-Marie et Elise Gicquet de Pressac. » Bénite par Mgr Rougerie, évêque de Pamiers, le 16 juillet 1889. » Parrain : M. Marie--Joseph-Paul-Etienne de Villelume. Mar-» raine : Mme veuve Louis de Veyvialle, née Anne-Françoise du » Boucheron. Je me nomme Anne-Marie. Je sonne le *sol* et pèse » 65 kilos. — G. Bollée, Orléans. »

**1889**. — BONNAC (Haute-Vienne). — « ✠ J'ai été bénite l'an 1889, » Léon XIII étant pape, Mgr Renouard, évêque de Limoges, » M. C. Meunier, curé de Bonnac et M. J. Rousseau, maire. J'ai » eu pour parrain M. Guillaume de Belot, et pour marraine » Mlle Marie-Suzanne de Cous. Je me nomme Marie-Suzanne. — » Hodie si vocem ejus audieritis nolite obdurare corda vestra. — » Je sonne le *do* et pèse 220 kilos. — Georges Bollée, fondeur de » cloches, à Orléans. »

**1889**. — BESSINES (Haute-Vienne). *Communauté des religieuses.* — « ✠ Joséphine, 1889. — Donnée par M. l'abbé Navarre. — » Paintandre, fondeur à Turenne (Corrèze). »

**1889**. — PAGEAS (Haute-Vienne). — « ✠ Je m'appelle Marie. — » Marraine : Marie de Félix de Muy, marquise de Coustin du » Masnadaud. Parrain : M. Léon du Mazaubrun. Maire : » M. Edouard Raymondaud, 1889. — Donateurs : MM. Jean-» Baptiste Courbarien, ancien curé de Pageas, et Jean-Baptiste » Mérigaud, curé actuel. — Fonderie de cloches à Rodez (Avey-» ron). Maison Triadou, fondée en 1610. Amans Triadou. »

**1889**. — CHARTREUSE-DE-GLANDIER (Corrèze). — « ✠ Sancte » Johannes Baptista, ora pro nobis, 1889. Christus vincit. Ave » Maria. — Paintandre, fondeur à Turenne (Corrèze). »

**1890**. — SAINT-JUNIEN (Haute-Vienne). — « ✠ L'an de N. S. » 1890, année d'ostensions septennales. Léon XIII, pape glorieu-» sement régnant; Léon-Firmin-Joseph Renouard étant évêque » de Limoges; Michel Bichon, chanoine honoraire, archiprêtre » de Rochechouart; Pierre-Simon Delort, curé-doyen, chanoine » honoraire E. Sourioux, J.-B. Chadeyron, vicaires; Théogène » de Boisse, Junien Deserces, Vincent Deserces, E. Andérodias,

» Léon Codet, Amand Rigaud, François Labrunie, Emile Dordet, » conseillers de fabrique; moi, Marie-Blanche-Gustavie, donnée » à la paroisse par la fabrique, j'ai été baptisée par M. l'abbé » Jean-Paulin Leclerc, chanoine titulaire, curé-archiprêtre de la » cathédrale de Limoges, en présence d'une grande partie de la » paroisse. J'ai eu pour marraine Mlle Marie-Henriette-Blanche » Codet, et pour parrain M. Pierre-Marie Rigaud.

» Ut voce tubarum corruerunt muri Jericho, sic, me sonante, » corruit fortitudo demonum. — Je sonne le *fa* et je pèse » 760 kilos. — Je me nomme Marie-Blanche-Gustavie. »

**1890.** — SAINT-JUNIEN (Haute-Vienne). — « ✠ L'an de N. S. » 1890, année d'ostensions septennales. Léon XIII, pape, glorieu- » sement régnant; Léon-Firmin-Joseph Renouard étant évêque » de Limoges; Michel Bichon, chanoine honoraire, archiprêtre » de Rochechouart; Pierre-Simon Delort, curé-doyen, chanoine » honoraire; E. Sourioux, J.-B. Chadeyron, vicaires; Théogène » de Boisse, Junien Deserces, Vincent Deserces, E. Andérodias, » Léon Codet, Amand Rigaud, François Labrunie, Emile Dordet, » conseillers de fabrique; moi, Marie-Joseph-Noémie-Elisabeth, » j'ai été baptisée par M. l'abbé Jean-Paulin Leclerc, chanoine » honoraire, curé-archiprêtre de la cathédrale de Limoges, en » présence d'une grande partie de la paroisse. J'ai eu pour mar- » raine Mlle Elisabeth Merlin-Chabant, et pour parrain M. Marie- » Joseph Dordet.

» Prœcipue festis soleo laudare diebus
» Summâ voce Deum, populosque ad sacra ciere.
» Hæc duo divinas resonantia tympana laudes
» Sancte, tibi, tua plebs, o Juniane, dicat.

» Je me nomme Marie-Joseph-Noémie-Elisabeth. Je pèse » 480 kilos. » Voir la cloche de Saint-Léonard de 1763.

**1890.** — MÉASNES (Creuse). — « ✠ L'an de grâce 1890, Léon XIII, » étant pape, j'ai été bénite par Mgr Renouard, évêque de Limo- » ges, assisté de M. du Breuil de Souvolle. J'ai eu pour parrain » Joseph Berniguet et marraine Marie Peyrou; étant fabriciens » Silvain Dalot, François Peyrou, Jean-Baptiste Desbordes. »

**1890.** — MÉASNES (Creuse). — « ✠ L'an de grâce 1890, Léon XIII, » étant pape, j'ai été bénite par Mgr Renouard, évêque de » Limoges, assisté de M. du Breuil de Souvolle. J'ai eu pour » parrain Auguste Aubrun, et pour marraine Geneviève Sou- » brant; étant fabriciens Silvain Dalot, François Peyrou, Jean- » Baptiste Desbordes. »

**1895**. — BUSSIÈRE-BOFFY (Haute-Vienne). — « ✠ Mon parrain » a été Pierre-Marcel-Raymond, baron du Theil, ancien attaché » d'ambassade, commandeur de Saint-Grégoire-le-Grand, et ma » marraine Dame Demagnard de Claye, née Alexandrine-Marie-» Thérèse du Theil. Docteur Dony, maire. Vincent, curé. Je me » nomme Raymonde-Marcelle-Marie-Thérèse, 1895. »

**1895**. — BUSSIÈRE-BOFFY (Haute-Vienne). — « ✠ 1606. Par-» rain : François Dupin, écuyer, seigneur de Monts. Marraine : » Dame Ag. Duchiron. M. Chuigle, curé. Laudo Deum, plebem » voco, colligo clerum, Defunctos ploro, festas decoro, pestem » fugo, fulgura repello.

» Marie-Marguerite-Marcelle-Hélène. — Mon parrain a été » Jacques-Marie-Joseph-Marcel, baron de Magnanville. Ma mar-» raine Marguerite-Nelly d'Assier des Brosses, comtesse de » Saint-Mathieu. Docteur Dony, maire. Vincent, curé, 1895. »

**1896**. — BERSAC (Haute-Vienne). — « ✠ L'an de grâce 1896. » S. S. Léon XIII étant pape. Mgr F. Renouard, évêque de Limo-» ges, j'ai été bénite par M. E. Bertrand, vicaire général de » Limoges, en présence de M. J.-B. Delavaud, curé de Bersac; » Lascaux, maire; A. des Marais, président de la fabrique; » P. Laprade, trésorier; J. Bidoux, A. de Laborderie, L. Cham-» bon, fabriciens. Mon parrain Henri de La Celle, vicomte de » Châteauclos, et ma marraine Mlle Caroline de Laborderie, m'ont » nommée Henriette-Caroline. Née à Orléans, chez M. Bollée, je » suis la fille de la fabrique de Bersac. Officium, gaudia et funera » dicam. Vocabo, patrona ducet. »

Cette cloche pèse près de 600 kilos, et donne le *fa* dièse.

**1897**. — GUÉRET (Creuse). — « ✠ A. M. D. G. — Cette cloche » a été fondue et bénite en l'honneur de Saint-Joseph, époux de » la B. V. M., en mémoire de M. de Cessac, bienfaiteur de l'église » de Guéret; Léon XIII étant pape; Mgr Renouard, évêque de » Limoges; M. Félix Faure, président de la R. F.; M. Grégoire, » préfet de la Creuse; M. le sénateur Villard, maire de Guéret. » Le parrain a été M. Jean de Cessac, chevalier de Saint-Grégoire-» le-Grand; la marraine Mme Gallerand, née Louise-Marie-Marthe » Vollant. »

**1898**. — MARSAC (Creuse). — « ✠ Je me nomme Jeanne-Jacque-» line. J'ai été baptisée à Marsac, le 27 novembre 1898. J'ai pour » parrain Jacques Rendu et pour marraine Jeanne Ducoux. Mgr » Renouard étant évêque de Limoges; curé : Simon Lévêque;

» maire : Henri Tandeau de Marsac ; adjoint : François Delage ; » président de la fabrique : Pascal Baugé. J'ai été donnée à » l'église par les habitants de la commune. Je pèse 500 kilos et » je fais le *sol*. »

Cette cloche, qui vient de la fonderie Bollée, d'Orléans, pèse exactement 510 kilos et coûte 1.490 francs.

**1898**. — MOUSTIER-VENTADOUR (Corrèze). — « ✠ Vox cla- » mantis : Resurrexi et adhuc tecum sum. Parate viam Domini. » En l'honneur de Sainte Marie, de Saint Pierre et de Saint Paul, » de Jeanne d'Arc. Léon XIII pape. H.-C.-Dominique Denéchau, » évêque de Tulle. L. Léon Val, curé. B. Bordas, maire. Ballet, » président du conseil de fabrique. Paul Lacroix de Souny, par- » rain. Marie Gaillard de Couadon, marraine. »

La maison Pourcel et Plainecassagne, de Villefranche (Aveyron), a fourni cette cloche à la paroisse de Moustier-Ventadour, en 1898.

**1898**. — SAINT-HILAIRE-FOISSAC (Corrèze). — « ✠ Sancte » Hilari, ora pro tuâ parochiâ. Mgr Henri Ch. D. Denechau, » évêque de Tulle. Jean Bouniol, parrain. Marie Dumont, mar- » raine. Etienne Boulègue, maire. A. L. Albert, curé. — Pourcel » et Plainecassagne, fondeurs à Villefranche (Aveyron). »

**1899**. — — SAINT-JUNIEN (Haute-Vienne). — « ✠ L'an de Notre » Seigneur 1899, le dimanche 16 juillet. Léon XIII pape glorieu- » sement régnant ; Léon-Firmin-Joseph Renouard, évêque de » Limoges ; Pierre-Simon Delort, curé-doyen de Saint-Junien, » chanoine honoraire ; Jean Patier et Jean Guitard, vicaires ; » Emile Dordet, président du conseil ; Junien Deserces, Vincent » Deserces, Emile Andérodias, Léon Codet, Amand Rigaud, Vital » Labrousse, Jean-Michel-Olivier Bonneau, conseillers de fabri- » que : Pierre Codet, maire ; Moi, Gabrielle-Antonia, j'ai été bap- » tisée par M. l'abbé J.-P. Leclerc, doyen du chapitre de la » cathédrale, en présence d'une grande partie de la paroisse. » J'ai eu pour marraine Mlle Gabrielle Labrousse, et pour parrain » M. Antoine Michel. Je me nomme Gabrielle-Antonia.

» Laudo Deum verum, plebem voco, congrego clerum,
» Defunctos ploro, pestem fugo, festas decoro.

» Georges Bollée, fondeur de cloches, à Orléans, 1899. »

---

# DICTIONNAIRE DES FONDEURS DE CLOCHES

## QUI ONT TRAVAILLÉ DANS L'ANCIEN DIOCÈSE DE LIMOGES

ANS. Voir Hans.

AUBRY (L....) a fondu une cloche pour Oradour-sur-Glane en 1677.

Aubry (Nicolas) de Levecourt en Lorraine, en compagnie de Pierre Aubry, qui est peut-être son père, fond une cloche pour Saint-Sulpice-le-Dunois en 1671. Etant seul, il en fond une pour Saint-Maurice-près-La Souterraine en 1684, une pour Peyrat-la-Marche en 1691, et une pour Dompierre en 1698. Nous le voyons aussi associé avec Jean Roche pour fondre la cloche de Tarn en 1691. Avant de travailler chez nous, il avait fondu, en 1667, la cloche de Saint-Hilaire-de-la-Côte, aujourd'hui département de l'Isère. La marque de Nicolas Aubry est un médaillon portant au centre une cloche accostée des lettres N. A. et en exergue ✠ NICOLAS AVBRY FOND. le tout dans un cercle de perles.

Aubry (Pierre), né à Levecourt (Haute-Marne), le 2 novembre 1681 était le frère cadet de Nicolas Aubry qui précède. En 1714, il fondait une cloche pour l'église de Surin (Deux-Sèvres), et en compagnie d'autres fondeurs, en 1728, une pour Saint-Pierre d'Entremont (Isère). Il est mort aux Aubiers (Deux-Sèvres), le 6 avril 1744.

Aubry (Charles) est fils de Pierre Aubry qui précède. Il naquit aux Aubiers (Deux-Sèvres), le 6 octobre 1717, et mourut au même lieu le 11 septembre 1788. On trouve dans le département des Deux-Sèvres des cloches fondues par lui en 1748, 1754, 1759, 1761, 1768.

Antoine-René Peltier, beau-frère de Charles Aubry susdit, est né aux Aubiers le 25 ou le 26 février 1747 ; il a été fusillé par les *bleus* au moulin d'Argenton-Château (Deux-Sèvres), en 1793. Ensemble les deux beaux-frères ont fondu des cloches en 1766, 1767, 1771, 1776, 1781, 1784.

BARBETTE (André) a fondu une cloche pour Saint-Bonnet-le-Port-Dieu en 1783, et une pour Davignac en 1787.

BARBIER frères, ont fondu en 1861, à Oradour-Saint-Genest, une cloche pour l'église de cette paroisse et une pour l'église du Dorat.

BARRAUD, qu'on trouve aussi écrit Barreaud, Bareau, Baraud, est le nom d'une famille de fondeurs de cloche qui ont travaillé dans le diocèse de Limoges de 1711 à 1756.

Marc et Antoine Barraud fondent une cloche pour l'abbaye des Bénédictins de Limoges en 1711. La même année, on trouve la cloche de Champniers signée Barraud, sans aucun prénom ; en 1721, celle de Dournazac est signée Barau, et sur celle de Bussière-Badil de 1725 on lit : Fecit Barreau.

Marc Barraud en fond une pour Saint-Nicolas-de-Courbefy en 1718. Il en fondit aussi une pour l'église d'Ardilleux (Deux-Sèvres), qui est aujourd'hui dans celle de Saint-Hilaire-de-Melle, même département.

Jacques Bareau fondit une cloche pour Saint-Estèphe, en 1756. — La cloche de Notre-Dame de Xambes (Charente), a été faite en 1731 par un Barau, qui était de Mouton.

René et Louis Bareau, frères, fondent en 1732 la cloche de Brantôme (Dordogne). René Bareau fond seul, en 1731, celle de Blanzay-sur-Boutonne (Charente-Inférieure), et la même année signe avec Pierre Bareau le timbre de l'horloge municipale de Saint-Jean-d'Angély.

On trouve le nom de Louis Bareau en 1735, sur la cloche de Milhac-de-Nontron (Dordogne), et en 1744, sur celle de Souffrignac (Charente).

Dès la fin du XVIIe siècle, les Barraud habitaient la paroisse de Saint-Ciers (Charente). On les trouve aussi du XVIIe au XIXe siècle à Saintes et à Rochefort. La plus ancienne de leurs œuvres est la cloche fondue le 31 mai 1658 à Poursac (Charente) par « le nommé Barraud, de Mouton ». On signale des cloches fondues par eux en 1701, à Lussac (Charente-Inférieure), et en 1761, à Vars (Charente).

BAUDOUIN (François) a fondu la cloche de Bessines en 1707, et Jean-Baptiste Baudouin, en 1773, celle de Brillac, en collaboration avec E. Guichard et Merlin. Ils sont peut-être de la même famille que C.-F. Baudouin qui, en compagnie du chevalier Malnuit, fond une cloche pour Sainte-Agnès, département de l'Isère, en 1844, et d'Alexandre Baudouin, fondeur à Marseille, qui en 1880 en livre une à La Serre, même département.

BELOT (Jean) a fondu la cloche de Laguenne en 1630, et Claude Belot, celle de Saint-Léonard en 1676.

BEZOT (A.....), en compagnie de Tobie de La Paix, fond la cloche de Bellac en 1637. On trouve en 1656, Jean Bezot fondant deux cloches pour l'église de Dissais (Vienne), et une pour le collège des Jésuites, aujourd'hui lycée de Poitiers.

BOLLÉE. Cette famille est originaire de la frontière de Lorraine, dans la Haute-Marne. Auguste (?) Bollée naquit à Clefmon en 1811; il épousa une demoiselle Mutel, aussi d'une famille de fondeurs de de cloches, dont on connaît les œuvres depuis trois cents ans. Il commença à fabriquer pour son compte en 1830. Ses œuvres obtinrent une médaille d'argent en 1839 à l'exposition de Tours, et la grande médaille du même métal en 1842, à l'exposition du Mans. Plus tard, des médailles d'or et deux diplômes d'honneur. Il s'établit à Orléans en 1840, et céda sa maison à son fils, G. Bollée, en 1876. Le diocèse de Limoges possède un très grand nombre de cloches sorties de cette maison. La plus ancienne est celle Villefavard, signée : Auguste Bollée, 1852.

BONERA fond une cloche à Dun en 1743 et 1744.

BONNIN a fondu une cloche pour l'hospice de Limoges en 1824, et une autre pour l'église de Champagnac (Haute-Vienne), au mois de mai 1826, dans les ateliers de M. Parant, à la Monnaie de Limoges.

BOULANGER (Nicolas), en compagnie de Jacques Martin, ou Martinet, a fondu une cloche pour Châteauponsac et une pour Sourzac en 1775. On le retrouve en compagnie de Merlin, à Vouzon (Charente).

BOUHIER (François), de Cussac en Limousin, fondit en 1644 une cloche pour l'église de Notre-Dame de Xambles, diocèse d'Angoulême. C'est probablement le même que le suivant.

BOUYER (François), maître fondeur de cloches, épousa Marie Lemaistre, demoiselle des Arcis, née le 22 mai 1658, fille de Pierre Lemaistre, écuyer, sieur de La Couldre, paroisse de Cussac et de Gabrielle de Saint-Laurent. M. R. Drouault a trouvé dans les registres paroissiaux de Naillac, canton d'Hautefort (Dordogne), le décès de Madeleine Bouyer, morte en 1695, à l'âge de 23 ans, fille de feu Bouyer, maître fondeur de cloches et de Marie Laforge; elle fut inhumée à Saint-Aignan d'Hautefort. Madeleine est peut-être fille de François Bouyer, qui a pu se marier deux fois.

François Bouyer, en compagnie de Pierre Lallet, fondit une cloche pour l'hospice de Saint-Yrieix en 1645, et une autre pour Thiviers en 1660, puis deux pour l'abbaye de Saint-Martial à Limoges aussi en 1660, et une troisième en 1661. Il avait aussi travaillé en 1651 à Neuvic, et en 1661 à Saint-Julien-Saint-Apre (Dordogne). C'est probablement lui qui est indiqué sur la cloche de Massignac en ces termes : « Charpentier et Bouyer m'ont faite.

1665 ». Voir ci-dessous Jean Charpentier, qui était du bourg de Boubon, paroisse de Cussac.

On signale à La Rogne, département de l'Hérault, une cloche de 1630 qui porte : « Bouier m'a faict ».

CAUSARD (Jean-Baptiste) est un fondeur ambulant lorrain dont la première cloche connue est celle de Corgnac (Dordogne). On y lit : « Auguste Martin, Charles [ou peut-être chevalier] Malnuit, Causard *que opifices.* 1821 ». Il se fixa à Limoges, et je l'y ai vu travailler jusqu'en 1852, dans le jardin qui aujourd'hui forme l'angle de l'avenue du Pont-Neuf et de la rue du Clos-Sainte-Marie. Il allait fondre les cloches dans les paroisses, ou faisait le travail chez lui, selon le désir de ses clients.

Outre la cloche de Corgnac dont il est parlé ci-dessus, on le trouve en compagnie du chevalier Malnuit à Eygurande en 1823, à la Croisille en 1826, et à Magnac-Laval aussi en 1826. Puis, seul, il fond une cloche pour Bersac en 1828 ; deux pour la cathédrale de Limoges en 1830 et 1832 ; une pour Gentioux en 1831 ; trois pour Saint-Michel-des-Lions à Limoges en 1835 ; une pour Rancon en en 1836 ; une pour Laurière, pour Saint-Bonnet-la-Marche et pour Linards en 1837 ; une pour Jalèches en 1840 ; une pour Saint-Priest-sous-Aixe en 1841 ; une pour Dournazac en 1843 ; deux, fondues sur place, à Saint-Pardoux-la-Rivière (Dordogne) en 1845 ; une pour Droux en 1848 ; deux pour Le Buis en 1851 et 1852 ; et une pour Saint-Priest-Ligoure en 1852.

La marque de Jean-Baptiste Causard est un médaillon portant au centre une cloche, et en exergue le mot CAUSARD.

CELI. L'inscription d'une cloche de 1511, qui était au collège de Limoges, se termine par ce mot. Est-ce le nom du fondeur?

CHAMBON. La maison Chambon a été fondée à Montargis (Loiret), en 1862. Elle a fourni au diocèse de Limoges un bon nombre de cloches. La première est celle de Champagnac (Creuse), en 1870.

En 1692, il y avait un Chambon, maître fondeur au Puy-en-Velay, j'ignore si c'est de la même famille.

CHARPENTIER (Pierre) a fondu une cloche pour l'église de Champsac en 1628 ; pour Blond en 1636 ; pour Saint-Priest-les-Fougères en 1641 ; pour Saint-Marc-à-Frongier en 1646 ; pour Saint-Michel-des-Lions de Limoges en 1663. En compagnie de Pierre Lalay, il en fond une pour Saint-Pierre-du-Queyroix en 1631 ; pour l'église de Goulles en 1640. C'est encore lui, à moins que ce ne soit Jean qui vient ensuite, qui fond en 1665 celle de Massignac signée : « Charpentier et Bouyer ». On trouve aussi le nom de Pierre Charpentier en 1653, sur une cloche de l'église du Temple, département des Deux-Sèvres.

Jean Charpentier a fondu une cloche pour Favars en 1669. Il avait déjà travaillé en Poitou, car on lui doit la cloche de l'église de Sainte-Radegonde de Poitiers de 1648, et celle de l'église du Temple (Deux-Sèvres), de la même année. Il avait épousé Jeanne Parade, et était mort avant le 28 février 1699, car à cette date on trouve Jeanne Parade, veuve de Jean Charpentier, fondeur de cloches, demeurant au bourg de Boubon (Haute-Vienne), qui vend quelques parties de son héritage. Voir ci-dessus François Bouyer.

Un Charpentier travaille au Courdault, en Vendée en 1672, et à Mouilleron, aussi en Vendée en 1676. C'est peut-être à lui que l'on doit la cloche de Notre-Dame-la-Grande à Poitiers, de 1706.

CHARTON en compagnie de Dubois a fondu la cloche de Saint-Michel-des-Lions de Limoges en 1814. Il était d'une famille de fondeurs, car on connait Jean-Baptiste Charton qui fait en 1753 la cloche de Courcelles-sur-Seine, aujourd'hui à Bonafles (Eure); en 1774 celle de Sainte-Oportune-près-Vieux-Port, et en 1775 celle du Marais-Vernier, aussi dans le département de l'Eure. La marque de ce fondeur qui se voit sur la cloche de Courcelles est un médaillon circulaire, dans lequel, autour de la figure d'une cloche, est le nom JEAN-B.-CHARTON.

COCAHIS (François) a fondu, en 1784, la cloche de Séreilhac. Je me demande si ce nom assez bizarre, n'a pas été mal imprimé, ou mal lu. Le déplacement de la lettre H donnerait a peu près le nom de Cochois, qui est celui d'une famille de fondeurs de cloches. On lit sur une des cloches de Notre-Dame de Reims : « J'ai été fondue à Châlons, avec mes trois sœurs, en 1823, par Pierre-François Cochois, le jeune, de Champigneule, par Bourmont (Haute-Marne) ».

COMPAIN (Michel) travaillait en 1733, avec le sieur Le Brun, pour la fonte des cloches de l'abbaye de la Règle, à Limoges. Est-ce le même que M. Compain, qui en fondit une à Vergt (Dordogne), en 1782.

CORNEVIN. La cloche de Saint-Priest-Taurion a été fondue en 1813, par Cornevin et Mutel. C'est peut-être le fils de Jean Cornevin qui, en compagnie de Jacques Ducray, fondait une cloche à Coublevie en 1740, et signait seul, en 1741, celle de Morette, deux localités du département de l'Isère. Toutefois, c'est à la suite de sa réclame commerciale reproduite ci-dessous, qu'il fut chargé de faire la cloche de Saint-Priest-Taurion. On lit dans le *Journal de la Haute-Vienne*, n° du 20 octobre 1809, page 490 : « Cloches à vendre ou à échanger. — M. Cornevin, fondeur de cloches, demeurant à Breuvanes-sous-Choisseuil, département de la Haute-Marne, a déposé chez M. Saderne, tenant l'auberge du Charriot d'or, sur les boulevards de la Mairie de Limoges, une cloche pesant 241 livres, neuve et très sonore, pour échantillon de celles dont on pourrait lui donner commission. Il offre au public ses services pour échanger de vieilles cloches contre de neuves, du poids et du calibre qu'on désignera. Il en fournira aux demandeurs, en lui écrivant à l'adresse ci-dessus. Il en a depuis vingt-cinq livres jusqu'à mille livres de poids, et donne toute facilité aux communes pour le payement. »

COUTAUD (P....) a fondu la cloche des Carmes déchaussés de Limoges en 1701, et probablement aussi celle du collège des Jésuites de la même ville, qui portait, avec la date 1700, les initiales C. P.

Cette famille était de Limoges, car on y trouve avant 1755 Martial Coutaud, qui prête serment comme maître fondeur, et Etienne Coutaud, qui exerçait la même profession en 1756. C'est peut-être lui qui est l'auteur de la cloche de Châlus, fondue en 1718 et signée E. C., et de celle de Saint-Michel-des-Lions de 1726, signée E. C. E.

Dans l'arpentement des Orances, qui fut fait en 1782, on voit que les Coutaud de Limoges possédaient quelques terres en ce lieu.

Joseph Coutaud, en 1769, fondait une cloche pour l'église de Saint-Brice, et une pour celle de Saint-Dizier-Bourganeuf.

J'ai donné les deux contrats qu'il fit avec ces paroisses. Dans les conventions du premier, on remarque qu'il s'engage à fondre la cloche soit à Saint-Brice, soit à Limoges, au choix des habitants, qui devront se charger des frais de transport. En 1779, il en fit une pour l'église de Saint-Maurice de Limoges; en 1780, une pour Saint-Gilles; en 1782, une pour Rosier-Saint-Georges et une pour les Carmélites de Limoges.

Nous retrouvons le nom de ce fondeur dans une circonstance particulière : Lorsqu'une commission dite des Réguliers, nommée par le gouvernement, non pour réformer les ordres religieux mais pour les détruire, eut obtenu la suppression de l'Ordre de Grandmont, les arts perdirent une partie des richesses, qui faisaient du trésor de cette abbaye une collection artistique sans prix. « Pour donner une idée de ces irréparables pertes, dit M. L. Guibert, on rappellera que le sieur Courtaud, fondeur à Limoges, qui avait acheté tout le vieux cuivre existant dans le monastère, recueillit et revendit plus de *quarante quintaux* de ce métal. Or, dans ce « vieux cuivre » se trouvait un autel, les revêtements de plusieurs tombeaux, une grande croix placée à l'entrée de la bibliothèque, tous les cuivres ouvragés et émaillés qui ne servaient pas de reliquaires, et probablement quelques uns de ceux-ci. On en avait arraché à grands coups de marteaux les incrustations d'émail. »

CROUZET. Voir Hildebrand.

DECHARME, fondeur. On lui doit la cloche du Dorat de 1837, et celle de Saint-Martin-Terressus de 1839. Je ne connais pas son prénom, mais tout porte à croire qu'il est l'un des deux suivants :

François-Victor Decharme a fondu une cloche pour Le Geloux, département des Landes, en 1817; et une autre à Carceu, même département. Nous le voyons travailler en 1830 avec un autre fondeur du nom de Pierret.

Louis Decharme a fondu, dans le département de l'Isère, une cloche pour Montferra en 1822, et une pour Estrablin en 1839, mais cette dernière en compagnie de Brevignon.

DEUCAUSSE (Ursulin), fondeur à Tarbes, a fait en 1869 une cloche pour Saint-Sébastien-de-Chabanais, aujourd'hui dans le département de la Charente. Je trouve son nom sur une cloche de 1876 à Baigtz, département des Landes.

DUBOYS (Claude) a toujours travaillé en compagnie d'un autre fondeur. C'est avec Jean Duhamel qu'il fond la cloche de Varagne, en 1617, et avec Remy Rozier celle de Saint-Michel de Limoges, en 1621.

Nous trouvons ensuite dans notre siècle Robert Dubois, au Puy, qui signe en 1807 les cloches de Bourganeuf et de Nantiat, pendant qu'à la même date on voit sur celle de Saint-Sulpice-le-Guérétois : Dubois, neveu, au Puy. Sur la cloche de Nantiat se trouve sa marque. C'est un écusson portant une cloche. Il est entouré des mots : ROBERT DUBOIS, AU PUY. En 1813, la cloche de Seilhac est signée : Les Dubois, et en 1814 celle de Saint-Michel de Limoges : Les Dubois et Charton. Enfin en 1820 celle de Bessines porte : Robert Dubois, au Puy.

M. Lacroix, archiviste de la Drôme, a publié en 1875 une notice de laquelle il résulte que la cloche de Jacquemart, à Romans, aurait été fondue en 1544, par Nicolas Dubois, *campanyer du lieu de Neuchâtel en Lorraine*. Serait-ce un des ancêtres de nos Dubois?

Jean-Baptiste et Claude Duboys, en compagnie de Jean Cavillier et de Joseph Simonot fondirent, en 1751, la grosse cloche de Sainte-Croix de Bernay.

Antoine Duboys et Antoine Hauriot fondent en 1776 une cloche pour Le Tilleul-Lambert (Eure); et avec Ignace Hauriot, en 1781, trois cloches pour Beauvoir-en-Lyons (Seine-Inférieure).

F. Athanase Dubois fait en 1767, dans le département de l'Isère, une cloche à Bevenais, et une à Saint-Victor-de-Morestel.

On trouve encore le nom de Dubois, uni à celui de Dupont, sur une cloche de 1787.

DUBUISSON et GALLOIS, fondeurs à Paris. C'est la signature que portent deux cloches de Verneuil-sur-Vienne, qui sont de 1866.

DUHAMEL (Jean) est associé à Claude Duboys pour fondre la cloche de Varagne en 1617.

DUMAS, avec Lanoaille et Peigney, fond une cloche pour Cussac en 1856.

DUMONT (P.). Ce nom a été lu sur la cloche de Seilhac de 1760; mais il faut y voir celui de Dupont, qui suit.

DUPONT (P.). L'inscription de la cloche de Seilhac, de 1760, se termine par ce nom de fondeur, que quelques-uns ont lu Dumont. Jean-Baptiste Dupont fondit, en 1777, deux cloches pour Faverges, département de l'Isère. Le nom de Dupont est associé à celui de Dubois, sur une cloche de 1787.

DUTOT-JEROME et Cie, fondeurs à Paris. Cette maison a fourni un certain nombre de cloches au diocèse de Limoges : Deux à Peyrat-la-Marche en 1867; une à Blanzac en 1868; une à la chapelle de Saint-Martin, paroisse de Saint-Symphorien, en 1870; trois à Oradour-sur-Vayres en 1873.

FILLOUX. L'inscription d'une cloche conservée au château de Sannat, paroisse de Saint-Junien-les-Combes, se termine par ces mots : *M. Filloux me fecit. 1632.* C'est assurément le nom de l'artiste qui l'a fondue. Mais à l'église paroissiale il y en a une de même date, sur laquelle on lit : *Filloux, vicaire.* Est-ce le vicaire de la paroisse qui a fondu ces deux cloches? La chose est possible, car il y a d'autres exemples de cloches fondues par des hommes qui n'en faisaient pas leur profession. Par exemple celle de Bernes, dans le département de Seine-et-Oise, plus jeune seulement de dix ans que celles de Saint-Junien, sur laquelle on lit : « 1642. Faitte de la main de Mre Georges de Fresnoy sr des Vosseaux. »

FORGEOT. Le nom de ce fondeur est écrit Forgeau sur une cloche de Darnac en 1819. On trouve Forgeot et Mutel, associés pour fondre la cloche de Magnac-Laval en 1819, et celle de Compreignac en 1822. Puis Forgeot signe seul celle de Masléon en 1823, de Saint-Sébastien en 1856 et de Magnac-Laval en 1859. Il en a aussi fourni deux à Nontron en 1824.

FRANÇOIS (Michel) a fondu, en 1750, la cloche de Cieux, sur laquelle on voit un écusson portant une cloche autour de laquelle on lit en exergue MICHEL FRANÇOIS. La même année, en compagnie de Nicolas Gravier, il fondait celle de Saint-Mathieu, et seul, en 1760, celle de Montrol-Sénard.

FRÉRY (Dominique) a fait la cloche de l'hospice de Bellac en 1659, et en 1669 celle de l'église de Vacqueur, aussi paroisse de Bellac.

Simon Fréry fondait une cloche à Périgné (Deux-Sèvres), en 1662;

trois timbres d'horloge au collège des Jésuites de Poitiers en 1664; une cloche pour l'église d'Allonne (Vienne), en 1672; et une pour celle d'Andillé (Vienne), en 1689.

GALLOIS a fondu une cloche pour Saint-Bonnet-la-Rivière, en 1844. Puis nous le trouvons associé à Dubusson pour les deux de Verneuil-sur-Vienne, en 1866.

On connait aussi un Gallois qui a signé la cloche de Notre-Dame de Fontenay-le-Comte (Vendée), en 1466.

GAREAU (Peyronne). Ce nom de fondeur se lit sur une petite cloche de 1609 qui sert dans l'église de Pensol.

GAVIAR (Nicolas). Ce nom se trouve avec celui de Michel François, sur la cloche de Saint-Mathieu, fondue en 1750.

GAU (Antoine) a fondu une cloche pour l'église du Gros-Chastang, en 1673.

GUALBYOT (Désiré) a fait deux cloches pour l'abbaye de Saint-Martial à Limoges, en 1551.

GENMOT (G.). Sur la cloche de Vareilles on lit : « Fait par Perrien et Genmot. 1595. »

GOUYOT (Victor), en compagnie d'Auguste Martin, en 1828, a fait une cloche pour Dournazac. Seul, il en a fondu en 1829 une petite qui est au château de Faillemendi, commune de La Chapelle-Montbrandeix. Deux ans après il en fit une pour l'église de Saint-Martin de Fressengeas (Dordogne), sur laquelle on lit : « Gouyot Victor, de Breuvannes, 1831. »

Gouyot et Peigney, fondeurs à Angoulême, signent la cloche de Pageas en 1854. Celle de Saint-Jean-de-Cole (Dordogne) porte ces mots : « Fecit Peigney pour Gouyot. 1856. »

En remontant plus haut on trouve, en 1636, un fondeur lorrain, nommé Francois Guyot travaillant avec Honoré Rozier et Jean Richard, et en 1398, Etienne Guyot, de Sainte-Marie, diocèse de Langres, qui pourraient bien être de la même famille.

GUICHARD. Le nom de ce fondeur est écrit Juichard sur une cloche de Bord (Creuse), en 1733. Les lettres M. F. qui précèdent ce nom peuvent se traduire par ces mots : *m'a faite*. Mais si on les lisait : *M. François Guichard*, ce serait alors le même que l'auteur d'une cloche de l'église de Saint-Savin (Vienne), datée de 1759.

M. Nicolas Guichard, fondeur lorrain, a fait la cloche de Miallet en 1769. On connait aussi de lui celle de Goust (Dordogne), de 1765, et celle de Juvardeil en Anjou, de 1764. Il était natif de Chaumont-la-Ville.

E. Guichard et B. Salvat fondirent la cloche de Louignac en 1783 et celle du séminaire de Poitiers, qui est aujourd'hui à

Saint-Julien-l'Ars, datée de 1767. C'est la même signature qu'on trouve sur une cloche de 1774, à Villefranche-du-Clain, et sur une de 1775 à Saint-Maurice-de-Gencé, deux paroisses du département de la Vienne. E. Guichard a aussi travaillé en collaboration avec Jean-Baptiste Baudoin et Merlin, pour la cloche de Brillac en 1773.

La cloche de Chabanais de 1778 est fondue par un Guichard, qui n'indique pas son prénom; il en est de même pour celle de 1772 qui est à Mensignac (Dordogne).

« Les Guichard » est la signature que porte la cloche de Gleny de 1770. La même se trouve sur une de Craon (Vienne), de 1774.

GUILLAUME, père et fils, fondeurs à Angers, ont fourni en 1862 une cloche à l'église de Saint-Sébastien.

GUYOT, voir GOUYOT.

HANS. Ce nom est une transformation lorraine de Jean ou Johannes. C'est celui du plus ancien fondeur de cloches que j'aie trouvé dans le diocèse de Limoges. Il signe la cloche du Lindois en 1504, et nous le voyons ensuite travailler à Saint-Junien en 1510.

HILDEBRAND (Auguste), fondeur à Paris, a fourni une cloche à Loubert en 1854, et une à Nouic en 1857. L'église de Saint-Genest en possède deux qui sont signées : Crouzet-Hildebrand. Cette maison a fourni plusieurs autres cloches au diocèse de Limoges.

HOLTZER (Jacob), fondeur de cloches d'acier, à Unieux (Loire), a livré une cloche à l'Asile d'aliénés de Naugeat en 1864, et une à l'église de Rilhac-Rancon, en 1868.

JUICHARD, voir GUICHARD.

LALAY (Pierre). Ce nom est écrit quelquefois : Lallé et Lalet. Ce fondeur, associé à Pierre Charpentier, a fait la cloche de Saint-Pierre-du-Queyroix à Limoges, en 1631 ; et celle de Goulles, en 1640. Dès 1624 il signe seul une cloche de l'abbaye de Feize, qui est aujourd'hui dans l'église du Petit-Palais (Dordogne); et en 1648, celle de Châteauponsac. Il s'associa aussi avec François Bouyer, comme on le voit sur la cloche de l'hospice de Saint-Yrieix de 1645, sur celle de Saint-Martial de Limoges de 1660, et sur une de Thiviers de la même date. Sa marque, placée sur cette dernière, est un médaillon de forme ovale, portant une cloche au centre, et en exergue : LALAY PIERRE.

LAMY (F... de) a fondu, en 1676, la cloche qui est dans l'église de Turenne. Je ne connais qu'un autre fondeur de ce nom, c'est Me Hugues Lamy de Roanne, qui fit en 1633 une cloche pour l'église de Saint-Cyr-de-Favières (Loire).

LANOAILLE, en collaboration de Dumas et de Peigney, a fait une cloche pour l'église de Cussac en 1856.

LA PAIX (Tobie de), en compagnie de A. Bezol, a fondu la cloche de Bellac de 1637.

Cette famille lorraine a fourni d'autres fondeurs nomades : Nicolas de la Paix coule, en 1665, la cloche de Mouy ; puis, vers la fin du siècle, celle de Saint-Samson (Oise). Etienne de La Paix travaille en 1678 avec deux de ses compatriotes, Michel et Alexis Jolly, à une cloche de Saint-Pierre de Genève. En 1679, Antoine et Etienne de La Paix sont associés avec François Mutel, pour la cloche d'Amblainville, et celle d'Héronville. A. de La Paix en fond une pour Chaumont près Langres en 1684. N. de La Paix, en compagnie de Jean-Baptiste Lebrun, en 1719, en coule une pour Saint-Maixent (Deux-Sèvres).

LE BRUN (Jean-Baptiste), de Chaumont-de-Bassigny, signe ses œuvres par ces mots : « Faite par le sieur Le Brun. An 1733. » Il a fondu, à cette date, une cloche pour l'abbaye de La Règle, à Limoges, et, en compagnie de Michel Compain, une pour la cathédrale ; une aussi pour l'église de Maisonnais. En 1739 il en fait une pour Saint-Léger-Magnazeix ; en 1740 une pour Oradour-Saint-Genest, et en 1745 deux pour Vaulry.

Antérieurement à ces dates, en compagnie de N... de La Paix, il en avait fondu une, en 1719, pour l'abbaye de Saint-Maixent (Deux-Sèvres). Puis il signe seul celle de Clazay en 1721, et celle de Brie en 1722, dans le même département ; celle de Thevet en 1725 et celle de Jardes en 1732, dans le département de la Vienne.

Dans un devis pour la refonte des trois plus petites cloches de Saint-Ouen de Pont-Audemer, du 4 mars 1725, on lit : « Claude Brocard et Jean-Baptiste Le Brun. Adresse à Chartres, au Grand-Cerf, ou chez M. le curé d'Orbec. » C'était probablement le lieu où il travaillait alors.

En 1727, Jean-Baptiste Le Brun fondit une cloche à Saint-Jean-de-Cole (Dordogne). Ce fut la cause d'un procès entre Phébus-François de Bonneval, marquis de La Marthonie, se disant seigneur du lieu, et les religieux du prieuré de Saint-Jean-de-Cole qui lui contestaient ce titre.

On trouve ensuite des cloches signées : « J.-B. Le Brun et son fils » à Notre-Dame de Niort et à l'Hôtel-de-Ville de Niort en 1740, ainsi que dans les églises de Sainte-Pezenne et de Fors (Deux-Sèvres) en 1739.

LELUT (Jean). Une cloche de Tulle, de 1632, porte le nom de ce fondeur.

LE MAISTRE (Alexandre), qui habitait Pontoise, a fondu, en 1551, la cloche de Saint-Michel-des-Lions, à Limoges. Avant de travailler chez nous, il en avait fait quatre pour l'église de Notre-Dame de

Meulan, en 1542, une pour Génicourt en 1549, et une pour Le Bellay (Seine-et-Oise) en 1550. Sa marque est une cloche au-dessus de laquelle on lit en lettres gothiques : ALESAD̄RE LE MAITRE.

On voit dans un acte du 10 décembre 1561, qu'Alexandre Le Maistre, fondeur de cloches à Pontoise, et Perette Levasseur, sa femme, louent à François Guiffroy, aussi fondeur de cloches audit Pontoise, une maison et des terres à Imarmont, paroisse d'Osny.

LE ROYER, fondeur à Paris, en 1859, a fourni une cloche aux sœurs de Marie-Joseph au Dorat. Il est peut-être de la famille de Jean Le Royer, qui en 1541 en fondait une pour Mouettes, département de l'Eure.

On trouve aussi sur des cloches du département de l'Isère la marque de P. Royer en 1668 ; N. Royer en 1723 ; P. et A. Royer en 1733.

LHERITIER, fondeur à Clermont, a fait, en 1823, la cloche de La Bussière-Madeleine, paroisse de La Souterraine. C'est de la même maison que sort celle de Saint-Bonnet-Port-Dieu, en 1883.

LIÉBAUD (Bertrand), fondeur, 1728. Une cloche de Bourganeuf est ainsi signée. C'est la seule que je connaisse de ce fondeur.

MALNUIT (Le chevalier), fondeur à Breuvannes, était un ancien maître d'école de Romain-au-Bois (Vosges). Après avoir suivi les guerres du premier empire, il prit sa retraite à Breuvannes (Haute-Marne), où il établit une petite fonderie.

Son premier travail dans le diocèse de Limoges est à Pensol ; il y a fondu deux cloches en 1819. Puis, en compagnie de Causard, il en fait une pour Eygurande en 1823 ; une pour Saint-Méard en 1825 ; une pour La Croisille et une pour Magnac-Bourg en 1826. Associé ensuite avec Petitfour, ils en fondent une pour Nexon et une pour Aixe en 1828.

En 1821, il travaillait à Corgnac, en compagnie d'Auguste Martin et de Causard et en 1844 à Sainte-Agnès (Isère) avec C.-F. Baudoin.

MARTIN. C'est le nom d'une famille de fondeurs de cloches, qui pendant deux siècles en a fourni un grand nombre au diocèse de Limoges.

Jean Martin a signé la cloche de Châtelus-le-Marcheix, en 1680.

Jean-Baptiste Martin en a fondu une pour Brivezac en 1760 ; Les Angles, 1774 ; Nantiat, 1781 ; Liourdes, 1781 ; La Graulière, 1784 ; Bonnefond, 1785 ; Espagnac, 1787 ; Peyrat-le-Château, 1788. Sur une des Jacobins de Limoges, de 1781, on lisait : « N. Martin et J.-B. Martin », ainsi que sur une d'Astaillac de la même année.

Jacques Martin, associé à J.-B. Mutel, donne deux cloches à Saint-Aignan-de-Versillac en 1772. Avec Alexis Voillemin il en fond une pour Saint-Merd-les-Oussines en 1784. Après la Révolution nous le trouvons associé à François Martin pour fondre la cloche de Bersac en 1803; et il est seul en 1805 pour celle de Châteauponsac. Il se trouve encore associé avec un fondeur nommé Morlet pour la cloche de Saint-Jean-de-Colle de 1817. Voir aussi l'article Martinet.

La Chapelle-aux-Saints possède une cloche signée : « Martin, père et fils, 1803 ». C'est cette même signature que l'on trouve sur une de Sainte-Anne et une de La Croisille en 1845, tout comme sur une de 1842 à Audon, département des Landes.

François Martin qu'on a vu ci-dessus associé à Jacques pour fondre la cloche de Bersac en 1803, l'est aussi à Bernard Martin pour celle de Saint-Priest-Taurion en 1804. C'est encore en compagnie de Baptiste Martin qu'il fait celle de Peyrat-le-Château en 1821. Mais il signe seul celle de Saint-Denis-des-Murs en 1823. Il était de La Colombey-les-Choiseul, département de la Haute-Marne.

Bernard Martin, associé à François en 1804, travaille seul pour Dun-le-Palleteau en 1807, pour Aixe et pour Compreignac en 1813. Il avait signé, en 1809, la cloche de Saint-Maurice-de-Gençay (Vienne).

Auguste Martin, fondeur lorrain, en compagnie du chevalier Malnuit et de Causard, fond une cloche pour Corgnac (Dordogne), en 1821. Associé avec Alexis Martin et un autre fondeur nommé Réglot, il en fait deux à Saint-Junien en 1826. Il travailla seul à Auginhac en 1823, à Saint-Estèphe en 1822, à Abjat et à Dournazac en 1828. Il est père d'Edouard Martin avec lequel il fondit la cloche de Saint-Symphorien, près Niort en 1829.

« Martin et Mutel » ont fondu la cloche des Grands-Chézeaux, en 1851.

« Martin frères » qui ont fait la cloche de Nanteuil (Dordogne), en 1848, en donnent une à Peyrat le-Château en 1850, deux à Saint-Sylvestre en 1854 et une à Pluviers en 1855.

« Edouard et Adolphe Martin, de Breuvannes (Haute-Marne) signent la cloche de Milhac-de-Nontron en 1847, celle d'Abjat en 1865 et le premier, seul, celle de Saint-Martial-de-Valette (Dordogne) en 1839, ainsi que celle de Saint-Christophe (Charente) en 1859.

MARTINET (Jacques) est associé en 1775 à Nicolas Boulanger pour fondre une cloche à Sainte-Marie-la-Claire de Châteauneuf et une à Sourzac. Leur signature est : « Jacques Martinet, Nicolas Boulanger, fondeur. » Il pourrait se faire qu'il fallut lire : « Jacques Martin et Nicolas Boulanger. »

MERLIN a fondu, en 1773, la cloche de Brillac, étant alors associé à J.-B. Baudouin et à E. Guichard. Il signe celle d'Echourgnac (Dordogne) en 1781. Il habitait Bergerac lorsqu'il en fit une pour Saint-Paul-de-Serre en 1785. Puis on trouve son nom en 1788 à Saint-Germain-de-Morancenne (Charente-Inférieure) ; en 1789 à Germinac, même département, et enfin en 1790, en compagnie de Boulanger, à Vouzon (Charente).

MÉTIVIER (Ph...) a fait, en 1744, la cloche de l'église de La Mazière-Basse.

MORIN (Joseph) habitait Limoges. On trouve aux archives de la Haute-Vienne (C. 510) sa prestation de serment, comme maître fondeur de la ville de Limoges. Il a fait une cloche pour l'église de Saint-Martin-Terressus en 1732; une pour Saint-Martial de Limoges en 1733; une autre pour l'abbaye des Bénédictins de la même ville, la même année; enfin une pour Couzeix en 1743.

MORLET. Ce fondeur est associé avec Jacques Martin, en 1817, pour fondre la cloche de Saint-Jean-de-Cole.

MUTEL. Cette famille de fondeurs lorrains est connue par ses œuvres depuis plus de deux siècles. François Mutel, qui écrivait son nom Mustel, fondait en 1679 avec Antoine et Etienne de La Paix, une cloche pour Amblainville (Oise) et une autre, vers la même époque, pour Hérouville (Seine-et-Oise). Une de l'église de Notre-Dame-des-Victoires à Roanne, porte la signature : « F. et Nicolas, les Mutel, 1719 » et une seconde : « L. Mutel, 1726. »

Chez nous, Jean-Baptiste Mutel, associé à Jacques Martin, fond deux cloches pour Saint-Aignan-de-Versillat en 1772. « Mutel et Cornevin » en font une pour Saint-Priest-Taurion en 1813; « Mutel et Forgeot » une pour Magnac-Laval en 1819 et une pour Compreignac en 1822.

Emile Mutel a fourni une cloche à Bazelat, aux Grands-Chézeaux et à La Souterraine en 1846, à Chavanat en 1848 et à Châteauponsac en 1849.

« Mutel et Martin » en fondent une pour les Grands-Chézeaux en 1851.

OSMOND, fondeur du roi, à Paris, a fourni une cloche à l'église de Fromental en 1830 et peut-être une à Balledent en 1820.

Un fondeur de ce nom existait au XIVe siècle : c'est Jean Osmond, de Paris, qui avec Collin Houry de Ruffec, fondait une cloche pour l'horloge municipale de Paris en 1387.

PAINTANDRE. Les membres de cette famille qui existe à Turenne ont exercé de père en fils la profession de fondeur de cloches. Parmi les nombreuses cloches qu'ils ont fournies au diocèse de Limoges, celle de Turenne est signée : « Paintandre, frères, 1834 ». Le nom de Paintandre seul se voit sur celles de Sarran, 1847 ; Seilhac, 1862; Le Glandier, 1889.

M. Paintandre venait de livrer un carillon de dix cloches à Villelongue-de-la-Salanque (Pyrénées-Orientales), lorsqu'il est mort en janvier 1897. Par suite d'arrangements intervenus entre ses héritiers et MM. Paintandre frères, fondeurs à Vitry-le-François, cousins du défunt, ces derniers prennent la suite de la fonderie jusqu'à ce que le fils de M. Paintandre soit en âge de reprendre l'industrie à Turenne.

PEIGNEY. Quelques membres de cette famille de fondeurs lorrains ont écrit leur nom : Peignier. Le musée des antiquités de Poitiers possède la règle d'un N. Peigney, qu'on croit du XVIIe siècle. On sait que la règle d'un fondeur est une planchette de buis, sur laquelle sont gravées les lettres, chiffres, marques et ornements divers qui doivent figurer sur les cloches. Or, celle dont il est question pourrait bien avoir appartenu à Nicolas Peigney qui, en 1787, fondait chez nous une cloche pour l'abbaye d'Aubepierre et une pour l'église de Fresselines. Il semble être le père du suivant.

François-Charles Peigney, naquit en 1800, en Lorraine, à Damblain (Vosges). Il était au Dorat en 1827, où je trouve sa première cloche. Sa présence est signalée à Poitiers de 1819 à 1830. Vers cette dernière date il s'établit à Saint-Florent, aux portes de Niort, avec son frère qui abandonna plus tard la fonte des cloches pour entrer dans le service de l'octroi à Niort et mourut en 1861.

Vers 1840-1843 Charles-François Peigney est fixé en Vendée, à Mortagne, puis vers 1848 sa résidence est à Confolens (Charente). Il y possède un atelier, ce qui ne l'empêche pas d'aller fondre dans le Poitou, le Limousin et le Périgord. En 1854, en compagnie de Gouyot, il signe la cloche de Pageas; et en 1856 celle de Cussac qu'il a fondue en société avec Lanoaille et Dumas. La même année il fond sur place celle de Saint-Jean-de-Cole (Dordogne), sur laquelle on lit : « Fecit Peigney pour Gouyot. » Enfin on le trouve à Poitiers en 1857 et il en partit pour aller chercher fortune en Espagne.

PERRIEN. L'inscription de la cloche de Varcille, fondue en 1595, se termine par ces mots : « Fait par Perrien et Genmot. »

PETITFOUR (Paul) qui était de Brevanne (Haute-Marne) a signé la cloche de Bellegarde en 1834. Précédemment, il était associé avec le chevalier Malnuit pour fondre en 1828 celle de Nexon et celle d'Aixe.

PINESTRAN (Jacques), maître fondeur de cloches, fit celle de Laguenne en 1614 et pour cela fit un procès avec les habitants de cette paroisse.

PLAINECASSAGNE. Voir Pourcel.

POINCARRÉ (Joseph), maître fondeur de cloches, habitant ordinairement la ville de Neufchasteau, diocèse de Toul, fondit la cloche du Vigen en 1765. Il mourut le 23 mai 1766. Son gendre, nommé Mariotte, et son seul héritier, comme époux de Marguerite Poincarré, reçut le prix de son travail par l'intermédiaire de M. Beaulieu, subdélégué de l'intendant de Limoges.

POURCEL et Plainecassagne, fondeurs à Villefranche (Aveyron) ont fourni, en 1898, une cloche à Saint-Hilaire-Foissac et une à Moutier-Ventadour.

RÉGLOT, en compagnie d'Auguste et d'Alexis Martin, travaille à la fonte de deux cloches pour Saint-Junien en 1826.

RENAUDIN (N...) a fondu une cloche pour l'église de Camps en 1741 et une pour celle de Meymac en 1747.

RICHARD (Jean-Baptiste) a fondu la cloche de Rilhac-Lastours en 1768. Il est peut-être le même que « Richard » qui a signé une cloche au Touvet (Isère) en 1772.

Au siècle précédent on trouve Jean Richard, Lorrain, qui travaillait à la cloche de Notre-Dame-des-Ermites en 1636 et l'année suivante au bourdon de l'abbaye d'Einsiedeln. Claude Richard, maître fondeur à Grenoble, fit une cloche pour Tèche et Beaulieu en 1659, et une pour Saint-Gervais en 1660, le tout dans le département de l'Isère.

ROCHE (Jean) et Nicolas Aubry fondirent en 1691 une cloche pour l'église de Tarn, à Aixe. C'est celle qui a été transportée à Saint-Pierre-du-Queyrois, à Limoges, en 1809.

ROLLAND ou ROULAN (François), dit Lanseman, habitait le faubourg de la Porte-Boucherie à Limoges. Son surnom de Landsmann, compatriote, pays, porte à croire qu'il est venu des Flandres ou de l'Allemagne. Il figure sur la liste des maîtres fondeurs de Limoges en 1560. Sous la ligue il fondit des canons pour le roi. Il se trouva aussi mêlé aux troubles qui eurent lieu à Limoges en 1589. C'est à lui que l'on doit le grand candélabre de la confrérie du Saint-Sacrement, qu'il refit en 1579. Martial de Gay, dans son Livre de Raison, nous dit qu'il lui acheta en 1596 un candélabre de salle et un lustre. Il a fondu en 1567 la cloche de la chapelle du cimetière de sa paroisse, Saint-Maurice, à Limoges.

Hélie Rolland, aussi maître fondeur à Limoges, est probablement le fils de François qui précède. Il épousa Peyronne Fayolle et en eut un fils, nommé François, qui fut baptisé dans l'église de Saint-Maurice le 26 juillet 1605. C'est apparemment lui qui, le 6 décembre 1646, sous le nom de « Rolland dit Lansement » est un des prud'hommes chargés d'élire les consuls de Limoges. Une cloche de Sainte-Marie-la-Claire, à Châteauneuf, porte le nom d'Hélie Rollant, 1677.

Cette famille fixée à Limoges dès le XVIe siècle, y conserva des représentants. On y trouve, en 1621, Cécile Roland « fille de sire Etienne Roland, marchand libraire de Limoges. » En 1704, le 14 septembre le baptême « d'Etienne Roland, fils d'autre Etienne Roland, libraire, et de Marguerite Noni. » Un Rolland, gendre à Reyx, fut élu consul de Limoges pour le faubourg Boucherie, le 9 décembre 1710.

ROZIER (Remy), associé à Claude Dubois, signe en 1621 une cloche de Saint-Michel-des-Lions, à Limoges.

Pierre Rozier, en 1626, mit sa marque sur une cloche de Pullay (Eure). Elle est formée d'un cartouche ovale, orné de quatre fleurs de lis disposées en croix, portant autour d'une cloche le nom : PIERRE ROZIER.

Honoré Rozier travaillait en 1636 avec François Guyot et Jean Richard à la cloche de Notre-Dame-des-Ermites et l'année suivante au bourdon de l'abbaye d'Einsiedeln, en Suisse.

De 1785 à 1864 des fondeurs du nom de Rozier ont fourni un grand nombre de cloches aux églises du département de l'Isère.

SALVAT (B...) associé à E. Guichard a fondu la cloche de Louignac en 1783.

SEVROT (Claude) a fait la cloche d'Eygurande en 1732. Au bas de cette cloche est sa marque : un écusson portant une cloche entourée de son nom : CLAUDE-SEVROT. Une cloche de Saint-Bonnet-des-Quarts, département de la Loire, est signée : « B. Sevrot, 1650. » Une autre à Saint-Cyr-de-Valorges, dans le même département, porte « Jacques Sevrot, 1685. » Mais ce nom est accompagné de la marque d'un fondeur, qui est un rectangle, inscrivant un cercle dans lequel on lit : BLAISE SEVROT et au milieu du cercle est une cloche. Jacques est probablement le fils de Blaise, dont il emploie encore le cachet.

SIMONNET (Pierre) a fondu en 1733 la cloche de Peyrissac et en 1735 celle de Sarran. Entre ces deux dates on le trouve à Deauville (Calvados), où il signe une cloche : « Faite par maistre Pierre Simonnet, fondeur de Brevanne, en Lorraine, 1734. » Deux cloches d'Evreux, de 1780, portent le nom de Pierre Simonnet. Pierre Simonet de 1733 est-il le même que celui de 1780 ?

Nicolas Simonnet eut trois fils : 1° Joseph Simonnet, époux de Marie-Anne Le Roy, dont naquit Joseph-Nicolas ; 2° Pierre Simonnet qui était chez nous en 1733 et en 1735 ; 3° Nicolas Simonnet,

Ces trois frères Joseph, Pierre et Nicolas fondirent en 1736 la grosse de Damville. Nicolas Simonnet en avait fait deux à Beaulieu en 1724.

SOYER (Jean-Baptiste) a fait la cloche de Rilhac-Saintrie en 1733. On le trouve plus tard travaillant à Valbonnais (Isère) avec Vallier, en 1757. Puis à Saint-Jean-de-Bournay, même département, où il signe : « J. Soyer et J.-B. Picander, 1775. »

TORTOTOU (P...). Ce nom, qu'il faut peut-être lire Tortolou, se trouve à la fin de l'inscription d'une cloche de La Souterraine de 1525. Est-ce le nom du fondeur ou celui du parrain ?

TRIADOU (Amans), fondeur de cloches à Rodez (Aveyron), a fourni une cloche à l'église de Pageas en 1889. Cette maison aurait été fondée en 1610.

VANDER GHAM (Pierre) a fondu à Louvain en 1548 une cloche qui est venue à Saint-Pierre-du-Queyroix, à Limoges. En 1558 il en faisait une autre qui est aujourd'hui à Montmédy et sur laquelle on lit son nom « Peeter Vanden Ghein ghegoten (clochetier) ».

Jean Vanden Ghein en a fondu une en 1559, qui est à Saint-Pierre-le-Divion, commune de Tiepval, département de la Somme.

A Chaumont (Haute-Marne) il en existe une signée « Andreas Vanden Geyn me fudit Lovani anno 1727. » Celle que nous avons à Saint-Léonard porte également « Andreas Vanden Chein me fudit Lovani anno 1763. »

Les célèbres fondeurs Vanden Gheyn, de Malines, ont encore aujourd'hui des représentants à Louvain; les Van Aerschodt-Vanden Gheyn exercent actuellement l'industrie de leurs ancêtres.

VAUTHIER (Antoine) a fondu une cloche pour Grenor en 1862; trois pour Saint-Michel-des-Lions à Limoges en 1868, une à Lastours et une à Teyjat en 1874, une à Saint-Jouvent et deux à Miallet en 1876. Celle de Rouzède, de 1878, porte « A. et E. Vauthier père et fils ». Emile Vauthier en signe deux pour Paulhac en 1885 et 1887 et une pour Lésignac-Durand en 1886.

La maison Vauthier, fondée à Saint-Emilion (Gironde), en 1840, a fourni bien d'autres cloches au diocèse de Limoges.

VOILLEMOT ou VOILLEMIN (Alexis), associé à Jacques Martin, a fondu en 1784 la cloche de Saint-Merd-les-Oussines, transportée à Ambrugeat. Son nom a été lu sur cette cloche Voillemin. Il semble être parent et peut-être le fils de F. Voillemot qui, en 1742, signait la cloche de La Gresle (Loire). Ils descendent de maître Claude Voullemot, du bourg d'Ambélin, en Lorraine, qui fondit, en 1686, une cloche à Vif, en Dauphiné, et en 1692 une autre à Arbresle (Rhône).

# LOCALITÉS DONT LES CLOCHES SONT CITÉES DANS CETTE ÉTUDE

## ET DATES AUXQUELLES ON LES TROUVE

Abjat, 1641, 1828, 1865, 1877.
Aignant-de-Versillac (Saint), 1490, 1772, 1772.
Aixe, 1813, 1828, 1886, 1889, 1889, 1889, 1889.
Albignac, 1604.
Albussac, 1675.
Allassac, 1582, 1614.
Allois (Les), c. de La Geneytouse, 1519.
Altillac, xvi$^{e}$ siècle.
Ambazac, 1124, 1779, 1849.
Ambrugeat, 1784, 1854.
Angles (Les), 1774.
Anne (Sainte), 1604, 1845.
Argentat, 1525, 1538.
Artige (L'), c. de Saint-Léonard, 1489.
Arrènes, 1510.
Astaillac, 1571, 1781.
Aubepierre, 1787.
Aubusson, 1520, 1748.
Auginhac, 1579, 1823.
Auriat, 1509.
Avit-le-Pauvre (Saint), 1744.
Avit-de-Tarde (Saint), 1672, 1864.
Ayen, 1604.
Azérables, 1850, 1867.
Balledent, 1820, 1880.
Barthélémy (Saint), 1559,
Bascuge (La), 1511.
Basile (Saint), 1611.
Bassignac-le-Bas, 1671.
Bazelat, 1843, 1887.
Beaulieu, 1507, xvi$^{e}$ siècle, 1712, 1715, 1724.
Beaune, 1623, 1723.
Bellac, 1637, 1659, 1669, 1722, 1824, 1824,
Bellegarde, 1550, 1834.
Berneuil, 1524, 1688.
Bersac, 1803, 1828, 1896.
Bessines, 1707, 1820, 1889.
Beynac, 1630, 1638, 1756, 1802, 1802, 1852.
Beyssenac, xv$^{e}$ siècle.
Bienac, 1664, 1883.
Billac, xv$^{e}$ siècle, 1650, 1858.
Blanzac, 1575, 1868.
Blessac, 1713.
Blond, 1636.
Bonnac, 1856, 1889.
Bonnefont, 1785.
Bonnet-la-Marche (Saint), 1575, 1837.
Bonnet-la-Rivière (Saint) (aujourd'hui Saint-Bonnet-Briance), 1673, 1844.
Bonnet-le-Port-Dieu (Saint), 1783, 1883.
Bort, 1499, 1602, 1713, 1733.
Bourganeuf, 1617, 1728, 1807, 1839, 1877.
Bregère (La), 1727, 1750.
Brice (Saint), 1769.
Brignac, 1481, 1879, 1882.
Brigueil, 1640, 1846.
Brillac, 1525, 1773, 1873, 1873.
Brive, 1499, 1546, 1581.
Brivezac, 1524, 1760.
Bugeat, 1755.
Buis (Le), 1851,
Burgnac, 1662.
Bussière (La), 1615.
Bussière-Badil, 1725.
Bussière-Boffy, 1606, 1895, 1895.
Bussière-Madeleine (La), 1823.
Camps, 1745,

Cars (Les), 1714.
Chabanais, 1778, 1836, 1862, 1869, 1877.
Chabrignac, 1506, 1652.
Chalard (Le), 1633.
Châlus, XIIIe siècle, 1718.
Chamboret, 1404, 1488.
Champagnac, 1718, 1826, 1870.
Champagnac-la-Noaille, 1600, 1621.
Champagnac-la-Prune, 1565, 1582.
Champnétery, 1582.
Champniers, c. de Reilhac et Champniers, 1711.
Champsac, XIVe siècle, 1628, 1751.
Chanac, 1764.
Chapelle-aux-Brocs, 1608.
Chapelle-aux-Saints, 1803.
Chapelle-Baloue, 1561.
Chapelle-Montbrandeix, 1724, 1829, 1877, 1881.
Chapelle-Taillefer, 1329.
Chapelle-Spinasse, 1536.
Chaptelat, 1596.
Charrières, c. de Saint-Maureil, 1509.
Chartrier, 1525.
Châteauneuf, 1677, 1775.
Châteauponsac, 1648, 1805.
Châtelus, 1680.
Chauffour, 1592.
Chavanat, XIVe siècle, 1616, 1848.
Chénérailles, 1631, 1886.
Chéronnac, 1579.
Christophe (Saint), 1581, 1730, 1859.
Cieux, 1750.
Compreignac, 1813, 1822.
Concèze, 1475.
Corrèze, 1595.
Couffy, 1772, 1866.
Colondannes, 1863.
Courbefy, c. de Saint-Nicolas, 1616.
Couzeix, XIIIe siècle, 1743.
Croisille (La), 1826, 1845, 1870.
Croix (La), 1595.
Crozant, 1872.
Curemonte, 1543, 1788.
Cussac, 1781, 1856.
Dampniac, 1478.
Darnac, 1526, 1819.
Davignac, 1787.
Denis-des-Murs (Saint), 1823.
Dinsac, XIVe siècle.
Dizier-Bourganeuf (Saint), 1535, 1740, 1771.
Dompierre, 1698.
Donzenac, 1634.
Dorat (Le), 1060, 1600, 1622, 1824, 1827, 1837, 1859, 1861.
Dournazac, 1598, 1648, 1721, 1828, 1843.
Droux, 1849, 1849.
Dun, 1702, 1743, 1750, 1807, 1863, 1863.
Eloi (Saint), 1326.
Eloi-de-Ségur (Saint), 1532.
Escuras, 1881.
Espagnac, 1638, 1787.
Espartignac, 1764.
Estèphe (Saint), 1756, 1822.
Estivaux, 1474.
Etienne-de-Fursac (Saint), 1560, 1616, 1885, 1887, 1888.
Eygurande, 1732, 1823.
Eymoutiers, 1552, 1625, 1629, 1883, 1883.
Eyren, 1733.
Favars, 1619, 1669, 1813.
Feyre (Sainte), 1572.
Fiel (Saint), 1735.
Folles, 1496.
Fontgaland, c. du Trucq, 1616.
Fontmerle, XVIe siècle.
Fromental, 1642, 1830, 1875.
Fursac (V. Saint-Etienne et Saint-Pierre-de-Fursac).
Gence (Saint), 1584.
Genest (Saint), 1879, 1879.
Geneytouse (La), 1519.
Genier-Curemonte (Saint), 1543, 1788.
Genouillac, 1575.
Gentioux, 1812, 1831.
Germain-Beaupré (Saint), 1776, 1846, 1846, 1869.
Gilles (Saint), 1601, 1780.
Gimel, 1608, 1790.
Gioux, 1620.
Glandier (Le), 1889.

Liourdres, 1520, 1781.
Lonzac (Le), 1558, 1635.
Loubert, 1597, 1854.
Louignac, 1783.
Lussac-les-Eglises, 1789.
Lussas, 1728.
Magnac-Bourg, 1826, 1877.
Magnac-Laval, 1819, 1830, 1859.
Mailhac, 1505, 1876, 1876.
Maisonnais, 1733.
Maisonnisse, 1616.
Mansac, 1542.
Marc-à-Frongier (Saint), 1646.
Marcillac-la-Croisille, 1572, 1749.
Marie-la-Claire (Sainte). (V. Châteauneuf).
Marie-de-Vaux (Sainte), xv^e siècle.
Marsac, 1898.
Martial-de-Valette (Saint), 1790.
Martin (Saint), 1870.
Martin-Terressus (Saint), 1732, 1837.
Marval, 1572.
Mascheix, 1616, 1620.
Masléon, 1823.
Massignac, 1665.
Mathieu (Saint), 1750.
Maureil (Saint), 1509.
Maurice (Saint), 1684, 1743, 1886, 1886.
Maumont, c. de Rosier-d'Egletons, xv^e siècle, 1720.
Mazière (Voir La Mazière).
Méard (Saint), 1825.
Méasnes, 1787, 1890, 1890.
Mestes, 1667.
Meymac, 1701, 1745.
Meyssac, 1585.
Meyze (La), xiv^e siècle.
Milhaguet, 1726.
Moissannes, 1539, 1575.
Montbrun, c. de Dournazac, 1648.
Montrol-Senard, 1760.
Montrollet, 1510, 1869.
Mortemart, xiii^e siècle, 1712.
Morterolles, 1708.
Moustier-Ventadour, 1898.
Moutier-Roseille, 1685.
Naillat, 1878.
Nantiat, 1781, 1807.
Naugeat, 1864.
Nedde, 1766.
Néoux, xvi^e siècle, 1877.
Nespouls, 1534, 1813.
Neuvic, 1538, 1655, 1780.
Nexon, xv^e siècle, 1784, 1828.
Nicolas-de-Courbefy (Saint), 1504, 1616, 1718.
Nieul, 1876.
Noailles, 1533.
Nonards, 1693.
Noth, 1878.
Nontronneau, 1631.
Nouic, 1805, 1857, 1883.
Obazine, 1159, xiv^e siècle.
Oradour-Saint-Genest, 1740, 1861.
Oradour-sur-Glane, 1677, 1884, 1884.
Oradour-sur-Vayres, 1613, 1714, 1873, 1873, 1873.
Orliac-de-Bar, 1600.
Ouen (Saint), 1575, 1615.
Pageas, 1854, 1889.
Palazinge, 1555, 1775.
Palisse, 1517.
Pardoux-Lavaud (Saint), 1647.
Pardoux-Rancon (Saint), 1504.
Paulhac, c. de Saint-Etienne-de-Fursac, 1560, 1616, 1885, 1887.
Pensol, 1609, 1819, 1819, 1882.
Perpezac-le-Blanc, 1550.
Perpezac-le-Noir, 1594.
Peyrabout, 1616.
Peyrat-le-Château, 1508, 1665, 1788, 1821, 1850, 1866.
Peyrat-la-Marche, 1691, 1867, 1867.
Peyrelevade, 1519.
Peyrilhac, 1878.
Peyrissac, 1628, 1733.
Piégut, c. de Pluviers-Piégut, 1615.
Pierre-de-Fursac (Saint), 1786.
Piquets (Les), c. de Juillac, 1636.
Plain (La), c. de Tersannes, xv^e siècle.
Plénartige, c. de Nedde, 1766.
Pluviers-Piégut, 1855.
Port-Dieu (Le), 1595, xvi^e siècle.
Priest-la-Feuille (Saint), 1522, 1875, 1875.
Priest-Ligoure (Saint), 1810, 1852, 1852,

## ERRATA

| | | | | |
|---|---|---|---|---|
| **1503.** | *au lieu de* | LENTEUIL | *lisez* | LANTEUIL. |
| **1505.** — (St-Pardoux) | — | **1505** | — | **1504.** |
| **1520.** | — | LIOURDES | — | LIOURDRES. |
| **1781.** | — | LIOURDE | — | LIOURDRES. |

## OUVRAGES DU MÊME AUTEUR :

*Nobiliaire du diocèse et de la généralité de Limoges.* — Quatre vol. gr. in-8°. — Limoges, imp. Ve H. Ducourtieux, 1863-1882 (très rare).

*Nobiliaire de la généralité de Limoges,* par Simon des Coustures, procureur de Sa Majesté en la vérification des titres de noblesse faite en 1666 par M. d'Aguesseau. — Limoges, Ve Ducourtieux, 1901, 1 vol. in-8° 10 fr.

*Armorial des évêques de Limoges et de Tulle.* — Brochure gr. in-8°. — Limoges, Chapoulaud frères, 1872 .............................. 1 fr.

*Généalogie de la famille Lamy de La Chapelle.* — Petit in-8. — Limoges, Chapoulaud frères, 1873. (Non mis dans le commerce).

*Généalogie de la famille du Breuil de Souvolle.* — Petit in-8. — Limoges, Chapoulaud frères, 1875. (Non mis dans le commerce).

*Généalogie de la famille de Saint-Georges.* — Gr. in-8. Limoges, Chapoulaud frères, 1869. (Non mis dans le commerce).

*Généalogie de la famille Nadaud de Buffon.* — Gr. in-8. — Limoges, Chapoulaud frères, 1879 (Non mis dans le commerce).

*Généalogie de la maison de Lambertie.* — Limoges, imp. Ve H. Ducourtieux, 1895. Gr. in-4° de 178-cccxxii p. Titre rouge et noir, orné de 160 reproductions d'armoiries, 16 vues de châteaux et 41 portraits en héliogravure .............................. 50 fr.

*Généalogie de la famille Germain de La Pomélie.* — Gr. in-4°. — Limoges, imp. Ve H. Ducourtieux. 1896 (Non mis dans le commerce).

*Les Fanaux en Limousin.* — Brochure gr. in-8°. — Limoges, Chapoulaud frères, 1863 (épuisée).

*Étude sur les Lanternes des Morts* (première partie). — Grand in-8° avec vingt-neuf gravures. — Tulle, Crauffon, 1882 .............................. 3 fr.

*Étude sur les Lanternes des Morts* (deuxième partie). — Grand in-8, avec neuf gravures. — Tulle, Crauffon, 1883 .............................. 2 fr.

*Etude sur les mises au tombeau.* — Brochure gr. in-8°. — Limoges, Ve Ducourtieux, 1888 .............................. 1 fr.

*Etudes sur les cloches de l'ancien diocèse de Limoges*, en cours de publication.

*Etude sur les souterrains-refuges de l'époque gauloise dans le département de la Haute-Vienne.* — Limoges, Ve Ducourtieux, 1893, in-8.

*La vierge ouvrante de Boubon.* — Brochure gr. in-8°. — Limoges, Ve Ducourtieux, 1889 .............................. 1 fr. 50

## OUVRAGES DU MÊME AUTEUR (*suite*)

*Visite archéologique à la cathédrale de Limoges.* — Brochure in-8°. — Paris, Ernest Thorin et Delagrave, 1878.... ................ 50 c.

*Inscriptions limousines en langue romane.* — Brochure grand in-8°. — Limoges, Chapoulaud frères, 1882........................ 1 fr.

*Monographie du canton de Nantiat, 1869 ;*
— — *de Châteauponsac, 1872 ;* 2e édit. 1893.
— — *de Bessines, 1873 ;*
— — *de Châteauneuf-la-Forêt, 1875 ;*
— — *de Saint-Mathieu, 1884 ;*
— — *d'Aixe-sur-Vienne, 1887 ;*
— — *de Nieul, 1894 ;*

(Brochures gr. in-8°. — Limoges, Chapoulaud frères et Ve Ducourtieux). Chaque monographie 1 fr., sauf celle de Saint-Mathieu 1 fr. 50.

*Monographie de la commune de Compreignac.* — Brochure grand in-8° avec trois gravures. — Limoges, Ve Ducourtieux, 1890........ 2 fr.

*Monographie de la commune de Thouron.* — Brochure grand in-8 avec deux gravures. — Limoges, V Ducourtieux, 1893............ 2 fr.

*Monographie de l'asile d'aliénés de la Haute-Vienne.* — Brochure grand in-8 de 87 pages avec cinq photogravures et un plan de Naugeat. — Ve H Ducourtieux, 1901.............................. 2 fr.

*Pouillé du diocèse de Limoges,* dédié à Monseigneur Louis-Charles du Plessis-d'Argentré, évêque de Limoges. 1773. Orné d'une carte du diocèse de Limoges. — Limoges, Ve Ducourtieux, 1887, in 8°......... 4 fr.

*Chroniques ecclésiastiques sur la Marche et le Limousin.* — 1 vol. in-8°. Tulle, Mazeyrie, Limoges. Ve Ducourtieux, 1891.............. 10 fr.

*Chronique du monastère de Saint-Pierre de Solignac.* — Limoges, Ve Ducourtieux, 1 vol. in-8°, orné de gravures, 1896............ 3 fr.

*Martyrs et Confesseurs de la foi du diocèse de Limoges pendant la Révolution française,* tome Ier. — 1 vol. in-8. — Limoges, Ve Ducourtieux, 1892.......................................... 9 fr.

*Martyrs et Confesseurs de la foi du diocèse de Limoges pendant la Révolution française,* tome II. — 1 vol. in-8. — Limoges, Ve Ducourtieux, 1900.......................................... 9 fr.

Limoges. Imprimerie Ve H. Ducourtieux, 7, rue des Arènes.

www.ingramcontent.com/pod-product-compliance
Ingram Content Group UK Ltd.
Pitfield, Milton Keynes, MK11 3LW, UK
UKHW022100260726
13993UKWH00001B/241